HELMING · MONTESSORI-PÄDAGOGIK

SCHRIFTEN DES WILLMANN-INSTITUTS
MÜNCHEN — WIEN

HELENE HELMING

MONTESSORI-PÄDAGOGIK

Ein moderner Bildungsweg in konkreter Darstellung

7. Auflage

Mit 44 Abbildungen

HERDER

FREIBURG · BASEL · WIEN

Dieses Buch ist im Lande Nordrhein-Westfalen genehmigt für Berufsbildende Schulen, Abteilungen Hauswirtschaftlich-Sozialpflegerischer Fachrichtung und Sozialpädagogischer Fachrichtung unter der Kennziffer 4.380 601.

Alle Rechte vorbehalten — Printed in Germany
© Herder & Co. GmbH., Freiburg im Breisgau 1958 / 1963
Herder Druck Freiburg im Breisgau 1974
ISBN 3-451-13674-0

INHALT

	Einleitung	1
I	Leben und Bedeutung Maria Montessoris	5
II	Erziehung als Hilfe zum Leben	11
III	Das Unbewußte im Lebensaufbau	18
IV	Ein Kinderhaus als pädagogisch vorbereitete Umgebung	23
V	Die Übungen des täglichen Lebens	32
VI	Das Montessori-Material	39
VII	Das Phänomen der Polarisation der Aufmerksamkeit	53
VIII	Die freie Wahl der Arbeit	62
IX	Die Stille	71
X	Spiel und Arbeit im Leben des Kindes	76
XI	Die Einbildungskraft	86
XII	Hand und Geist	91
XIII	Der Fuß und das Gleichgewicht	98
XIV	Kindergarten und Schule	103
XV	Die sprachliche Bildung	108
XVI	Die Bildung des mathematischen Geistes	124
XVII	Die Natur in der Montessori-Schule	130
XVIII	„Realien"	134
XIX	Freiheit und Bindung in der Pädagogik Montessoris	141
XX	Erziehung zur Mitmenschlichkeit	146
XXI	Erziehung zum Guten	152
XXII	Religiöse Erziehung	161
XXIII	Erzieherische Grundhaltung	171
	Ausblick	180
	Literatur	182

EINLEITUNG

Daß dieses Buch in siebter Auflage erscheint, entspricht der Tatsache eines neuen lebendigen Interesses für die Pädagogik Maria Montessoris. Die Gefährdung der Erziehung des Kindes durch die großen Veränderungen in unserer Zivilisation erweckt erhöhte Aufmerksamkeit. Es ist offenbar, daß Kindergarten und Schule, so wie sie sind, nicht genügen, um der Not des Kindes und des jungen Menschen zu entsprechen. Andererseits sind die Forderungen, die unsere Zivilisation an den Menschen stellt, so, daß eine Hebung des Niveaus der Bildungsstätten dringend wird. Von dieser Situation aus wird auch die Pädagogik Montessoris neu beurteilt. Ihr erstes Kinderhaus entstand schon 1907, ihre grundlegenden Bücher wurden vor mehreren Jahrzehnten veröffentlicht. Nach eigenen Äußerungen Montessoris enthalten ihre Schriften manches, was durch die Entwicklung der Wissenschaft ergänzt oder geändert werden wird. Es ist aber offenbar, daß die Einsichten Montessoris in mancher Hinsicht der Wissenschaft voraus waren. Die Anthropologie und Psychologie kommen heute zu der Erkenntnis, daß die frühe Kindheit, wie sie gelebt wird, entscheidend ist für das Leben des einzelnen Menschen. Ferner weisen sie immer mehr auf die große Dynamik der ersten Kinderjahre hin und auf die Möglichkeiten der Bildung in dieser Zeit.

Montessoris pädagogische Einsichten und ihre Praxis entsprechen den Einsichten solcher Wissenschaft. Sie weiß auch um die Wichtigkeit des Unbewußten und Unterbewußten und richtet ihre pädagogische Praxis danach ein. Es ist für ihre Pädagogik günstig, daß Montessori Ärztin war.

Montessori ist nicht in erster Linie Theoretikerin, aber ihr Kinderhaus und ihre Schule haben eine klare Gestalt. Montessoris Bedeutung liegt in der Tatsache, daß sie eine geniale Konzeption der Grundgestalt des Kinderhauses und der Schule hatte und daß sie dazu kam, Kinderhaus wie auch Grundschule nach ihrer Konzeption verwirklicht zu sehen. Es bestätigt sich die Gültigkeit ihrer Konzeption, und ein Besuch in einem gut geführten Kinderhaus oder einer Montessori-Schule gibt die Überzeugung, daß eine kind- und zeitgemäße pädagogische Wandlung erfolgt ist.

Die Diskussion, die von den Anhängern der Fröbelschen Tradition in scharfer Gegnerschaft und von den Anhängern Montessoris oft in einseitiger Bewunderung für das Werk der „Dottoressa" geführt wurde, hat sich behoben. Es ergibt sich die Einsicht, daß die Pädagogik der Romantik Fröbels sowie des damit verbundenen deutschen Idealismus gegenüber den Veränderungen in unserer Kultur nicht standhalten und dem Leben des

Kindes und Jugendlichen nicht mehr die Hilfe bringen können, die sie brauchen. Mit der Zuwendung zu Montessori ergibt sich aber gleichzeitig die Einsicht, daß das, worauf Fröbel uns aufmerksam macht, die Wichtigkeit des Spiels in einer von Montessori bestimmten pädagogischen Praxis einen Ort finden kann und muß.

Es wird heute viel davon gesprochen, daß die Kinder früh lernen können und wollen. Die vorschulische Erziehung des Kindes wird aber oft einseitig von intellektueller Entwicklung oder vom Erlernen der Technik des Schreibens und Lesens her gesehen. Montessoris Pädagogik kann helfen, das „Lernen" in der vorschulischen Zeit bei den Kindern in rechter Weise zu fördern und zugleich ein entsprechendes Bewußtwerden des Kindes und seine personale Stärkung zu erreichen. Sie beachtet den ganzen Menschen im Kind. Vor allem warnt sie vor Zwang und Einseitigkeit. Sie schlägt für das kleine Kind eine vorbereitete Umgebung vor, in welcher es von Anfang an in die Art der Freiheit des Menschen und in die von ihm zu bejahenden Bindungen hineinwachsen kann. Sie beachtet sein Streben nach Unabhängigkeit und seine Anpassung an die Gemeinschaft. Sie hat ein bis heute gültiges „Material" für die leibseelische Entwicklung des Kindes geschaffen. Sie zwingt das Kind nicht, sie bewahrt es vor der Gefahr, daß sich in ihm früh Aggression oder Entmutigung entwickeln.

Die heutigen Bemühungen um die vorschulische Erziehung des Kindes und die Reform der Schule bringen viele Vorschläge in bezug auf das Ziel der Bildung, aber sie wissen nicht, in welcher Weise man diese Ziele erreicht. Montessori zeigt auf, wie man das Kind zu Freiheit und Bindung führt, wie man es achtet und ihm hilft, in die menschliche Gemeinschaft würdig hineinzuwachsen. Ihre Pädagogik dient dem Kind und dient der menschlichen Gesellschaft, die sich durch das Kind erneuern muß.

Dieses Buch, das in der siebten Auflage unverändert bleibt, möchte in konkreter Weise einen Einblick in die Pädagogik Montessoris geben, so daß interessierte Erzieher, seien es Eltern, Kindergärtnerinnen oder Lehrer, angeregt werden, für ihre pädagogische Haltung und Arbeit die Weisung Montessoris anzunehmen. Das Buch geht aus langjährigem Studium sowohl der Schriften Montessoris und der Literatur über sie wie auch der von ihr angeregten Praxis hervor, aus persönlichem Kontakt mit Montessori selbst, die in ihren internationalen Kursen eine einzigartige Lehrerin war, und aus ständiger naher Verbindung mit der sich besonders in Nordrhein-Westfalen entwickelnden Praxis im Sinne Montessoris. Die Fotos mit dem lebendigen gesammelten Gesichtsausdruck der Kinder geben Zeugnis für die Richtigkeit der Pädagogik Montessoris.

Es sei hier mein Dank ausgesprochen für die gute Hilfe der Pädagogen aus Kinderhäusern und Montessori-Schulen. Die Art der Darstellung in diesem Buch entspricht dem Wunsch, der pädagogischen Praxis und der Wirklichkeit des Kindes nahezubleiben. Das Buch möchte vor allem dem Kind unserer Zeit dienen, dem durch die vom Erwachsenen noch nicht kulturell und moralisch bewältigten Verhältnisse überall der Spielraum für seine Entwicklung und Heranreifung genommen wird. Das Buch möchte im Erwachsenen die Bereitschaft wecken, dem Kind Lebenshilfe zu leisten. Wenn in unserer sich durch Wissenschaft und Technik so erstaunlich aufbauenden Zivilisation nicht der Raum für das Kind freigegeben und bereitet wird, wenn es mitten in der menschlichen Gesellschaft nicht vom verantwortlichen Erwachsenen, sei er Erzieher oder Politiker, liebevoll aufgenommen wird, so kann vom Kind her nicht die notwendige Erneuerung unserer Kultur gesichert bleiben, sondern Dekadenz wird erfolgen, und der wichtigste Grund dafür wird sein, daß man das Kind als Mitmenschen verrät.

Helene Helming

I

LEBEN UND BEDEUTUNG MARIA MONTESSORIS

Es empfiehlt sich, zum Verständnis ihres pädagogischen Werkes, zu Anfang einer solchen Schrift auf das Leben Maria Montessoris und die Entwicklung ihres Schaffens hinzuweisen und zu versuchen, auch von daher ihren Platz in der Geschichte der Pädagogik zu erkennen.
Sie wurde am 31. August 1870 in Chiaravalle, Prov. Ancona, geboren, kam aber früh nach Rom, wo sie als einziges Kind glücklich mit ihren Eltern lebte und ihre Studien machte, sich ihrem Beruf hingab, bis sie einmal von dort aus in die Welt hinausziehen sollte. Sie strebte zum Studium, wie es damals für ein Mädchen noch keineswegs gewöhnlich war, besuchte eine Knabenschule und erreichte, daß der Zugang zur Universität sich ihr öffnete. Sie dachte zuerst an ein Studium der Mathematik, wie es ihrer Begabung entsprach, wandte sich aber dann der Medizin zu, zunächst gegen den Wunsch ihres Vaters und gegen das Verbot des Studiums der Medizin für Frauen. Sie fühlte sich zum Studium des Menschen und zur Verantwortung für ihn innerlich hingeführt. Nachdem sie von den Studenten keineswegs freundlich aufgenommen worden war, eroberte sie sich durch ihre auffallende Begabung ihren Platz. Sie fühlte eine Aufgabe. „Wir sind nicht dazu geboren, uns einfach des Lebens zu freuen", ist ein Ausspruch von ihr. Mit 25 Jahren war sie Ärztin, sie wurde Assistentin an der Universitätsklinik in Rom und kam in der Nervenklinik zur Arbeit an schwachsinnigen Kindern. Sie hatte Erfolg in der Förderung der Kinder, und zwar dadurch, daß sie nicht nur deren physische Pflege und Behandlung beachtete, sondern die erzieherische Aufgabe sah und diese mit der ärztlichen zu verbinden wußte. Bei ihren Studien stieß sie auf die Namen der französischen Ärzte Itard und Séguin [1], der Bahnbrecher für eine pädagogische Beachtung Schwachsinniger. Sie besuchte in Paris das Bourneville Institut für schwachsinnige Kinder, und sie studierte die Werke Séguins, die fast vergessen waren. Sie erhielt in Rom einen Lehrauftrag für Anthropologie, leitete zwei Jahre eine Schule für

---

[1] Für diese und die folgenden Angaben s. M. Montessori, La Scoperta del bambino (1951), S. 22 ff. Die Zitate dieses Buches aus fremdsprachigen Büchern wurden von mir ins Deutsche übersetzt. Siehe Literaturliste S. 182 f.

Schwachsinnige und hielt Vorträge über die Behandlung Schwachsinniger. Ihr erzieherischer Erfolg bei den schwachsinnigen Kindern entwickelte ihr Interesse für Pädagogik. Sie gab die erlangte Stellung als Ärztin und Dozentin auf und studierte Psychologie und Pädagogik. Sie suchte nach einer Gelegenheit, Erfahrungen in der Erziehung normaler Kinder zu machen, und diese fand sich, als in St. Lorenzo in Rom eine gemeinnützige Baugesellschaft Arbeiterwohnungen errichtete. Man wünschte die ungepflegten, unbeaufsichtigten Kinder in Kindergärten zu sammeln, damit sie in den Gebäuden und Anlagen keine Zerstörungen anrichteten. So erging an Maria Montessori die erwünschte Aufforderung, sich um diese Einrichtungen für Kinder von drei bis sieben Jahren zu kümmern. 1907 entstand in einem Wohnblock das erste Montessori-Kinderhaus. Ein Mädchen ohne fachliche Vorbildung wurde unter der Leitung Montessoris angestellt, und Maria Montessori selbst brachte viel Zeit bei und mit den Kindern zu und machte dort ihre „Entdeckungen". Man kann sagen, daß sich schon in den ersten Kinderhäusern in Rom und dann 1908 in dem in Mailand, und zwar auch in einer Proletarierumgebung gegründeten, alle für das „Kinderhaus" konstruktiven Elemente aus Montessoris pädagogischer Erfahrung ergaben. Sie war durch das Studium der Schriften von Itard und Séguin darauf gekommen, Materialien von ihnen zu übernehmen und solche auch nach eigenen Angaben herstellen zu lassen, welche den Kindern erlaubten, durch Eigentätigkeit ihre Entfaltung zu fördern. Eines Tages erfuhr sie, daß schon ein Kind von drei Jahren sich einem Gegenstand der Übung in freier Wahl zuwenden und zu großer Konzentration dabei kommen kann. Es war ihre bekannte „Entdeckung". Von nun an beurteilte sie den Wert der Entfaltungsmaterialien von dem Gesichtspunkt aus, ob sie das Kind zu spontaner Wahl einer Tätigkeit brachten, die Sinne und Bewegung der Hand einbezog und durch Hingabe an den Gegenstand der Übung die Gesamterziehung des Kindes wesentlich förderte. Montessori erfuhr im Umgang mit den Kindern, daß deren freie Wahl der Arbeit bei rechter Einrichtung des Kinderhauses möglich und erzieherisch fruchtbar sei. Sie erfuhr, wie eine Umgebung pädagogisch vorzubereiten und mit Stimulantien zur Förderung der Bildung des Kindes auszustatten sei. Sie beobachtete die Kinder, unterhielt sich mit ihnen, ließ sich von der angestellten Leiterin berichten und gab ihre Anweisungen. Immer wieder änderte sie die Materialien, bis diese das ganze Interesse des Kindes fesselten. Sie wurde in dieser Zeit mit der jungen Anna Maccheroni bekannt, und diese verband sich ihr lebenslänglich als Schülerin und Mitarbeiterin in der gleichen pädagogischen Leidenschaft. Anna Maccheroni berichtet in einem kleinen

Buch von den ersten Jahren der Arbeit mit Montessori und sagt von ihr: „Sie arbeitet wie einer, der eine neue Macht entdeckt, nicht als einer, der seine eigenen Theorien anwendet"². Maria Montessori wiederholte oft, daß die Kinder sie ihre „Methode" lehrten. Sie „entdeckte" im Kinde die „neue Macht", die den Menschen aufbauende leib-seelische Dynamik. Wenn Montessori eine Erfahrung machte, wie die beim Kind, das so konzentriert mit den Einsatzzylindern arbeitete, so fragte sie sich z. B.: „Was ist hier geschehen, warum hört das Kind jetzt auf, nachdem es von all den äußeren Störungen nicht veranlaßt wurde, in seiner Arbeit aufzuhören?" Oft sagte sie sich bei solchen Erfahrungen auf Fragen, die sich ihr stellten: „Wir wissen es nicht und brauchen es nicht zu wissen, wir müssen nur dem Kind helfen, daß es aus dem Geheimnis seines Lebens heraus sich zum Guten hin erziehen kann." „Sie betrachtete das Leben oder die Seele nie als etwas, das man ganz erkennen kann."³

Anna Maccheroni leitete das erste Mailänder Kinderhaus. Es war ein großer Raum mit Nebenraum, Garten, Goldfischteich und Hühnerhof. Sie berichtet, wie auffallend sich in den Kinderhäusern in Rom und in Mailand das Benehmen der Kinder änderte. Maria Montessori spricht in ihren Büchern darüber, wie nicht nur ihr, sondern vielen Menschen der Wandel bei den Kindern auffiel. Diese Kinder, die unerzogen und ungepflegt, unsauber und unterernährt in das Kinderhaus eintraten, zeigten bald ein auffallend gutes Benehmen, stießen sich nicht mehr gegenseitig beim Eintritt, lärmten nicht mehr und zeigten intensives Interesse für die ermöglichte „Arbeit". Aus den Berichten von Montessori und Maccheroni geht hervor, daß dieses gute Benehmen der Kinder schon in den ersten Kinderhäusern sich aus ihrer intensiven, selbstgewählten Tätigkeit ergab und aus der Achtung, die man ihnen entgegenbrachte, aus der Atmosphäre des Glaubens an die kindliche Persönlichkeit, der Vermeidung des Mißtrauens und einer Lebensweise, die sich möglichst nur nach aufbauenden Elementen bestimmte und das Niederziehende ausschloß. „Wir vermieden es, über persönlichen Kummer zu sprechen, aber wir sprachen über das häusliche Leben der Kinder, wie man Mutter hilft usw., was ein Kind tun kann. Es gab kein Schelten, nicht einmal Lehren, nur ein Erkunden der täglichen Dinge des Lebens."⁴ Die Art des Umgangs mit den Kindern, die Beachtung der Höflichkeit, ist, wie aus Montessoris und Maccheronis Erzählungen hervorgeht, für das Leben in den Kinderhäusern und für deren erzieherische Bedeutung grundlegend gewesen. Es entstand eine Atmosphäre, in welcher der Wille zum Guten sich aufgerufen fühlte.

Bald richtete sich die Aufmerksamkeit der Öffentlichkeit auf die Kin-

---

² Anna Maccheroni, A True Romance. Doctor Montessori as I knew her, S. 16. — Manche der gemachten Angaben gehen auf diese kleine Schrift zurück, die vom Anfang der „Methode" sehr reizvoll berichtet. ³ Ebd. S. 17. ⁴ Ebd. S. 21.

derhäuser Montessoris, sie wurden besucht, ihr Ruf verbreitete sich. Montessori fühlte sich veranlaßt, 1909 in Rom ihren ersten Kursus zur Einführung in ihre pädagogische Lehre und Praxis zu halten. Es war charakteristisch, daß schon der erste Kursus Teilnehmer aus aller Welt hatte. Ihm folgten im Laufe der nächsten Jahrzehnte viele Kurse, die Montessori selbst leitete und für die sie in jedem Land besondere Mitarbeiter gewann. Sie hielt Kurse in London, in Paris, in Barcelona, in Indien. Sie gab 1909 das erste ihrer Bücher heraus: „Il metodo della pedagogia scientifica applicato all'educazione infantile nelle case dei bambini", und 1916 ihr Werk: „L'Autoeducazione nelle scuole elementari." Das erste dieser Bücher und der erste Band des zweiten erschienen 1913 und 1926 deutsch, sind jedoch längst vergriffen. Später folgten andere Schriften, sie sind am Schluß dieser Schrift aufgeführt.

Maria Montessori hatte große Erfolge, sie stieß auch auf starke Widerstände, und oft ging das, was aufgebaut war, wieder zugrunde. Dies letztere geschah bei der spanischen Revolution in Barcelona, es geschah ferner durch den Faschismus in Italien, durch den Nationalsozialismus in Deutschland. Der zweite Weltkrieg störte auch in anderen Ländern die Weiterentwicklung ihrer Pädagogik. Montessori befand sich bei Ausbruch des Krieges in Indien, wo sie Kurse gehalten und viele Freunde hatte; sie fühlte sich der Grundhaltung des großen indischen Führers Gandhi verwandt, die darauf gerichtet war, nicht zu töten, nicht zu bekämpfen, sondern zu glauben, aufzubauen und dem Frieden zu dienen. Montessori wurde mit ihrem Mitarbeiter Mario Montessori, der sie seit Jahren begleitet hatte, in Indien von den Alliierten interniert, aber sie erhielt die Freiheit, Kurse zu halten und ihre Studien weiterzuführen. Nach dem Kriege kam sie nach Europa zurück und hat noch in einzelnen Ländern Kurse geleitet, einen in London 1946. Leider ist ihr Wunsch nicht mehr erfüllt worden, in Deutschland wiederum einen Kursus zu halten, da die äußeren Umstände dies hinderten. Maria Montessori starb am 6. Mai 1952 in Noordwijk-aan-Zee in Holland, einem Land, wo in sehr vielen Städten Montessori-Kinderhäuser und -Schulen sind.

Es ist noch zu früh, Montessoris Platz in der Geschichte der Pädagogik abzugrenzen, aber einiges ist deutlich. Sie gehört nicht einer idealistischen pädagogischen Richtung an, die ihre Theorie und ihre Aufforderung zur Praxis nach einer Idee und einem vorgefaßten Bild richtet, welche abgehoben sind von der Erfahrung. Montessori ist auch anders als Fröbel, dessen „romantische Konzeption" des Kindergartens eine so große Bedeutung hatte für die Entwicklung der Kleinkinderpädagogik. Montessori baute ihr erstes Kinderhaus nicht in der Idylle Thüringischer Kleinstädte auf, sondern in den proletarischen Vierteln von Großstädten, sie konnte ihr Kinderhaus, ihre Schule nicht innerhalb einer dem Organischen noch sehr verbunden Kultur begründen, sondern sie sah das Leben des Kindes von einer naturfremden Zivilisation bedroht, und wurde dahin geführt, sein Recht dem Erwachsenen gegenüber verteidigen und diesem den Lebensraum des Kindes abringen zu müssen. Innerhalb einer Zivilisation, die epochale Veränderungen im Leben der Menschen bringt, sieht sie den Anfang des Menschen, das Kind, wie zum erstenmal. Es fällt in ihren Schriften auf, wie sie sich dessen bewußt ist. Manchen Leser mag es stören, daß sie ihre Forderungen für das Kind so als neu erfährt. Gewiß ist nicht alles, was sie sagt, „neu", aber es ist doch so, daß sie den Erwachsenen solcher Zeit lehrt, kindhaftes Leben in einem vielleicht noch nie dagewesenen Gegensatz zu sich selbst zu sehen und fast erschreckend zu erfahren. Sie zeigt auf, daß der Anfang des Menschen, das Kind, in größter Gefahr ist. Montessoris Bedeutung ist es, daß sie in einer Zeit, in welcher ein pädagogischer Idealismus in Skepsis umschlagen mußte, das konkrete Kind sah und intuitiv erfaßte. Sie baute aus ihrer Erfahrung, die kein Empirismus war, sondern ein durch wissenschaftliche Beobachtung gestütztes intuitives Sehen der Phänomene, ihr Kinderhaus und ihre Schule auf. Sie stützte sich auf ein gründliches Studium der Anthropologie und der Tiefenpsychologie und wurde die selbständige Begründerin einer neuen pädagogischen Praxis. Buytendijk, der holländische Naturforscher und Philosoph, welcher die Bedeutung Montessoris erkannte, sagte in einem Aufsatz: „Die Philosophie kann uns wohl die menschlichen Möglichkeiten erkennen lassen, aber niemals kann sie uns die Wirklichkeit der Existenz eines konkreten Menschen enthüllen." [5]

Montessori hat das Verdienst, pädagogisch der Wirklichkeit des Kindes entsprochen zu haben und den Grundriß eines Kinderhauses, einer Schule zu finden, welche die von der neueren Pädagogik geforderte Einbeziehung der Initiative und Selbsttätigkeit des Kindes in einer Weise ermöglichen, wie sie so ganzheitlich auch von einer Aktivitäts- oder Arbeitsschulpädagogik noch nicht erreicht wurde.

---

[5] F. J. J. Buytendijk, Gelebte Freiheit und sittliche Freiheit im Bewußtsein des Kindes, in: Vierteljahrsschrift für wissenschaftliche Pädagogik 3 (1952), S. 171.

II

ERZIEHUNG ALS HILFE ZUM LEBEN

Maria Montessori faßt Pädagogik auf als „Hilfe zum Leben". „Dem Leben helfen, das ist unser erstes, fundamentales Prinzip."[1] Mutter, Vater, Erzieher können dem Werk der Schöpfung helfen, das Kind aber muß, gehorsam dem in ihm wirkenden Gesetz, sich selbst aufbauen. Niemand kann dieses Leben machen; der Mensch aber verwirklicht sich auch nicht „von selbst", nur durch ein Wachstum von innen her; er braucht erzieherische Hilfe, die sich der erwachenden Einsicht und dem Wollen des Kindes verbindet, das seinen Geist „inkarniert". Montessori braucht das Wort „Inkarnation" oft und deutet damit ihre Auffassung von Seele und Leib an. „Wir nennen diese fundamentale Anstrengung der Selbstverwirklichung ‚Inkarnation' . . . unsere Hilfe in der Erziehung muß diesem Prozeß der Inkarnation helfen."[2] Montessori denkt an den Menschen während seiner ganzen Entwicklungszeit, von der Geburt bis zur Universität[3], sie betont, daß sie sich damit von Pädagogen unterscheide, welche einseitig die Schule beachten. „Die Persönlichkeit des Menschen ist unzweifelbar durch die verschiedenen Entwicklungsstufen hin eine Einheit. Da die Persönlichkeit eine Einheit ist in den verschiedenen Entwicklungsperioden, muß man sich ein Erziehungsprinzip denken können, das für jede Lebenszeit gilt."[4] Man kann Montessoris Arbeit also nicht mit der Begründung einer neuen Schulform identifizieren, so groß in verschiedenen Ländern auch ihr Einfluß auf eine Wandlung der Schule ist und war. In den letzten Jahren ihres Lebens war Montessoris Interesse besonders auf die Entwicklung des Kindes in den ersten drei Lebensjahren, welche sie als die am meisten formative Zeit erkannte, konzentriert und auf die Frage, wie man ihm nicht nur physisch, sondern gesamterzieherisch von der Geburt an helfen muß. Das erste Lebensjahr bezeichnet Montessori als eine noch em-

---

[1] M. Montessori, Het onbegrepen kind (Amsterdam) S. 24.
[2] Dies., The Absorbent Mind, S. 78. — Dieses letzte Werk Montessoris enthält die Darlegungen über ihre Auffassung der frühen menschlichen Entwicklung. Dem englisch in Indien 1949 erschienenen Werk folgte die überarbeitete und ergänzte italienische Ausgabe: La mente del bambino (Garzanti 1953).
[3] Vgl. dies., De l'enfant à l'adolescent (Desclée de Brouwer, Paris o. J.).
[4] Dies., a. a. O. Anm. 1, S. 10.

bryonale Periode. Sie spricht vom geistigen Embryo dieser Zeit. Ihre Auffassung steht in Übereinstimmung mit der von Adolf Portmann in seinem Aufsatz: „Die Entscheidungen des ersten Lebensjahres", in: Hochland (Oktober 1956). In Rom wurde ein Institut zur Heranbildung von Kinderpflegerinnen nach Montessoris Anregungen gegründet.

Dem Prinzip des Lebens muß alle pädagogische Sorge zugewandt sein. Mit dem Begriff „Leben" ist das Ganze des Menschen gemeint, besonders sein geheimnisvoller Anfang und die Einheit, aus der alles hervorgeht, in der alles gegründet ist und sein Ziel und seinen Sinn hat. „Wir leben, um zu leben", sagt Carell, auf den Montessori sich gelegentlich bezieht. „Was ist der Sinn des Lebens? Der Sinn des Lebens ist Leben."[5] „Der Mensch ist geschaffen, zu leben, und nicht, zu produzieren."[6]

Leben ist Selbstbewegung von innen her, und „je höher ein Wesen ist, desto mehr ist, was aus ihm hervorströmt, ihm innerlich"[7]. „Das Wissen um die Gegenwart dieser Innerlichkeit ist das Besondere unserer heutigen biologischen Arbeit."[8] Jedes Lebewesen entwickelt sich durch Bewegung. Beim Tier ist diese Bewegung determiniert, von den Instinkten getragen, von der ererbten Lebensform bestimmt. In Übereinstimmung mit der neueren Biologie sieht Montessori im Kind die Möglichkeit und Notwendigkeit, in jeder gegebenen Umgebung seine Verhaltensweise selbst aufzubauen. „Des Menschen Bewegung ist unbegrenzt. Jedes Individium entwickelt einen Teil der möglichen Bewegungen. Jedes kann einen eigenen Typus aufbauen ... So baut sich jedes Individium auf durch Bewegung in der Umgebung."[9]

Montessori sucht nach einem Namen für das im Kind zur Entwicklung drängende Leben. Sie deutet hin auf die Bezeichnung „Élan vital" bei Bergson und auf die Bezeichnung „Libido" bei Freud. Sie selbst wählt die Bezeichnung „Hormé", und sie meint damit den ererbten Lebensdrang, der das Kind veranlaßt, sich unbewußt aufzubauen. Es ist leider in der deutschen Pädagogik durch die Betonung des Lebens aus ganzheitlicher Einstellung, verstärkt durch die Einflüsse der Nazi-Zeit, auch viel Unklarheit entstanden. Montessori verficht bei aller Beachtung des leib-seelischen Lebens die klare Führung durch den Geist, dem alles im Menschen sich zu- und unterordnet. Ihre pädagogische Praxis entspricht mit ihrer Intellektualität und Lebensverbundenheit dem Spannungsreichtum menschlichen Daseins.

---

[5] Carell, Méditation, in: Le voyage de Lourdes (Librairie Plon, 1949), S. 167.
[6] Ders., Fragments de Journal, ebd. S. 113.
[7] Thomas-Brevier 5 (Pieper).
[8] J. Uexküll, Streifzüge durch die Umwelt von Tieren und Menschen, Einleitung, Portmann, S. 14 (ro-ro-ro).
[9] 23. Vortrag, London 1946.

Die Auffassung, als ob das Lebewesen in unfaßbarer Winzigkeit von Anfang an gegeben sei und sich nun „entfalte", ist wissenschaftlich aufgegeben. Montessori weist auf die moderne Zellphysiologie hin. Das Supermikroskop weiß wenig davon festzustellen, was bei der Entwicklung des Embryo und bei dem weiteren Aufbau des Menschenwesens vor sich geht. Das Protoplasma ist da, Zellteilung geschieht, aber dieser Aufbau entsteht doch fast wie aus dem Nichts durch die innere Aktivität, die inneren Tendenzen und ihren unsichtbaren Bauplan. Der Aufbau gelingt aber nur, wenn das Kind in Verbindung mit seiner Umwelt tritt. Montessori weist darauf hin, daß es sich nicht nur darum handelt, daß das Lebewesen sich aus der Umwelt ernährt, es findet Kontakt mit dieser Umwelt, es fügt sich zugleich ein, es gehört mit zum Ganzen des Kosmos, baut mit an ihm. Die Umwelt des Tieres ist begrenzt, so wie seine Körperform festgelegt und sein Instinkt determiniert ist. Das Tier gehört morphologisch zu einer bestimmten Umwelt, wo es sein Leben findet und seine Aufgabe hat. Der Mensch kann sich fast an jedem Platz der Erde ansiedeln. Er baut sein Verhalten auf, er erwirbt einen mehr oder weniger großen Reichtum an Bewegungen, in denen er sich mit der Welt verbindet, indem es zugleich seine Umwelt begrenzt. Der Mensch ist letztlich auf Welt und Kultur, nicht auf eine enge Umwelt eingestellt. Montessori würde dem Wort Portmanns zustimmen „Nur der wird die menschliche Entwicklung tiefer erfassen, der in jeder ihrer Etappen das Werden eines Menschen sieht, eines Organismus mit einzigartiger aufrechter Haltung, mit der Sonderart weltoffenen Verhaltens und einer durch die Sprache gestalteten sozialen Kulturwelt."[10]

Montessori braucht in Übereinstimmung mit führenden heutigen Anthropologen und Biologen, wie z. B. A. Portmann, das Wort „Aufbau" oder „Konstruktion" lieber als das Wort „Entwicklung". Zwar geschieht dieser Aufbau unbewußt, man könnte sagen ähnlich wie im Tier oder in der Pflanze, er ist mit dem kosmischen Geschehen verbunden. Aber mit der Kraft der „Hormé" steht von Anfang an in untrennbarer Verbindung der wirkende und mitaufbauende, schlummernde Geist des Kindes. Montessori spricht davon, daß ein Hinstreben zur Bewußtheit von vornherein dem Menschen eigentümlich ist. Die Förderung des Erwachens zur Bewußtheit, welche sich bei Montessori mit der starken Beachtung der Vitalität des Kindes verbindet, unterscheidet sie von Decroly wie auch von manchen Vertretern einer vitalistischen Ganzheitspädagogik. „Das, was im Anfang nur ein vitaler Impuls war (Hormé), wird Handlung des Willens; zuerst handelt das Kind instinktiv, dann handelt es bewußt und freiwillig, und das

---

[10] A. Portmann, Biologische Fragmente zu einer Lehre vom Menschen (Basel 1951), S. 85.

ist ein Erwachen des Geistes."[11] Der Geist ist im Kind, nach den Darlegungen Montessoris, von vornherein da. Wiederholt spricht sie davon, das Seelische sei immer das erste[12], die Seele erwerbe ihre Organe. „Der Anfang der kindlichen Aktivität liegt im Psychischen und nicht in der Bewegung." Sie spricht von der Psyche, die am Werk, und von dem Geist, der im Erwachen ist. Auch diese Weise der Schau auf den ganzen Menschen und die Zurückhaltung gegenüber einer zu betonten Unterscheidung von Körperlichem und Seelischem ist charakteristisch für Montessori und für die moderne Anthropologie. „Wir suchen heute durch das Studium des Verhaltens die unbekannte Wirklichkeit intakt, vor aller früh etwa eingeführten Gliederung als die uns ursprünglich gegebene Einheit zu erfahren und in ihrem Tätigsein zu erkennen. Ähnlich beginnt ja auch die neue Menschenkunde, die Anthropologie, in unserer Zeit sich auf das Handeln des Menschen, auf die Eigenart seiner Beziehungsweisen zu richten und anerkennt keine dieser Untersuchung vorangehende Abschnürung von ‚Komponenten' wie Leib — Seele — Geist oder Bios und Logos als Glieder des Lebendigen."[13] Damit ist nicht gesagt, daß Geist nicht von anderer Qualität sei als Leib, Logos als Bios.

Es konnte nur angedeutet werden, was Montessori über den Aufbau des Lebens sagt. Was folgert sie pädagogisch aus ihren Darlegungen? Derjenige, der pflegt und erzieht, muß dem Selbstaufbau des Kindes die rechten Mittel und die rechte Umgebung bereiten, soweit sie nicht von selbst da sind. Und beim Menschen sind sie eben nicht von selbst da. Der Mensch ist in seiner langen Kindheit der Sorge der Mutter und anderer Erwachsener, ihrer bereitwilligen Aufnahme anheimgegeben. Die Wirklichkeit des sich selbst aufbauenden Lebens fordert vom Erzieher Pflege der Umgebung, Darbietung der rechten Dinge, eine Bereitschaft zur Begegnung mit dem Kind, in welcher es als Mensch beachtet und angesprochen wird. Das Kind braucht den Erwachsenen, es braucht nicht nur Nahrung und körperliche Pflege, sondern Ansprache, Zärtlichkeit, Miteinbeziehung in das Leben der Familie und der anderen Bereiche, in welche das Kind eintritt[14].

Die Erziehungshilfe muß sich nach den Lebensphasen des Kindes richten und nach den „sensiblen Perioden", die in der Kindheit besonders deutlich

---

[11] M. Montessori, La mente del bambino, S. 251.
[12] Zum Beispiel: Kinder sind anders, S. 120; La mente del bambino, S. 74.
[13] A. Portmann, Probleme des Lebens, S. 15. — Es sei in diesem Zusammenhang auf das bedeutsame Büchlein von Gustav Sieverth hingewiesen: Der Mensch und sein Leib (Johannes-Verlag, Einsiedeln 1953). Die Auffassung der Kindheit darin verbindet es mit der Pädagogik Montessoris. Die Lebenserscheinung der sensiblen Perioden wird jedoch mißverstanden.
[14] Vgl. Montessori, La mente del bambino, Kap. IX; vgl. auch A. Portmann, Die Entscheidungen des ersten Lebensjahres, in: Hochland 1 (1956).

auftreten. Darunter versteht Montessori Zeiten, in denen für die Erwerbung einer bestimmten Fähigkeit die Begabung so gegeben ist wie zu keiner anderen Zeit, einer Fähigkeit, die bleibt und zum Wesen des Menschen gehört, die aber jetzt hervortritt und sich ihr Organ zueignet. Das Kind lernt z. B. zu einer bestimmten Zeit gehen. Es muß dann spontan gehen und laufen dürfen und von dieser Grundbewegung aus Spielraum haben zu klettern und zu anderen Übungen, die sein Gehen weiterentwickeln. Das Gehen führt es in eine weitere Welt ein, es handelt sich nicht um ein nur körperliches Geschehen. Das Kind kann nun besser forschen und sich orientieren. Montessori beschreibt die Weise, wie ein kleines Kind sich ganz anders als der eilige Erwachsene auf einem Spaziergang verhält[15]. Der Erwachsene muß mit dem Kind gehen, es nicht mit sich ziehen.

Das Kind lernt auch zu bestimmter Zeit sprechen. Es lernt jedoch nicht sprechen, wenn es die Erwachsenen um es herum nicht sprechen hört und nicht angesprochen wird. Sprache ist nicht angeboren. Die Mutter, die das Kind pflegt, wird es zärtlich als ihr Kind aufnehmen, mit ihm spielen, zu ihm reden. Nicht das Kind, das hygienisch einwandfrei in Kliniken gepflegt wird, sondern das, welches zu Haus geboren wird und dort seine erste Lebenszeit verbringt, ist, wie Montessori mit heutigen Ärzten und Anthropologen hervorhebt, das besser versorgte Kind. Das Kind braucht vor allem psychische Hygiene.

„Das kleine Kind, das langsam anfängt, sich in der Außenwelt umzusehen, beginnt die wichtige Epoche des Beobachtens. Es sammelt Bilder um Bilder und prägt sie in seinem Gedächtnis ein. Der Erwachsene kann nichts Unmittelbares dazu tun, dieser Arbeit zu helfen; aber er muß sich immer dessen bewußt sein, daß er sie nicht stören darf.

Erwachsene, die Kinder auf den Arm nehmen, ohne den Ausdruck des kleinen Gesichtes zu verstehen, oder die ein Kind schaukeln oder mit ihm spielen, ohne zu wissen, was das Kind eigentlich möchte, stören es vielleicht bei einer wichtigen Arbeit. Ein kleines Kind muß aufmerksam und lange alles Neue betrachten, sei es das Gesicht eines neuen Menschen oder sei es ein Gegenstand. Wie oft hat ein kleines Kind bei einer solchen Störung schon geweint, und niemand hat die Tränen verstanden."[16]

Die Lebensphasen des Kindes sind auch in Kinderhaus und Schule zu beachten. Leben heißt nicht, daß kontinuierlich etwas gleichmäßig zunimmt, sondern Leben bereitet seine Ereignisse, seine zukünftigen Erwerbungen lange vor, bis eruptiv etwas nach außen tritt. Der Erzieher muß warten können, der Lehrer darf seine Aufgabe nicht materialistisch sehen, indem er glaubt, den Kenntnissen des Kindes regelmäßig Stück um

---

[15] Dies., Kinder sind anders, S. 113 f.
[16] Dies., Grundlagen meiner Pädagogik, in: Handbuch der Erziehungswissenschaft von Eggersdorfer, Ettlinger, Raederscheidt, Schröteler, III. Tl., B. 1, S. 271.

Stück hinzufügen zu können. Die Lebenszeit bis zu drei Jahren ist nach Montessori, wie auch nach anderen führenden Anthropologen, die Zeit des schöpferischen Aufbaus. Die Zeit von drei bis sechs Jahren, in welcher viele Kinder den Kindergarten besuchen, umgreift die Jahre, in denen das vorher Erworbene erweitert und befestigt wird und in der Fehlentwicklung noch korrigiert werden kann. Die Lebenszeit vom sechsten bis zum zwölfen Lebensjahr ist weniger ereignisreich, sie ist eine Zeit ruhigerer Entwicklung und kann eine Zeit schulischen Lernens sein [17]. Aber auch in dieser wird der Erzieher beachten, daß das Wesentliche nur durch das eigene Tun des Kindes und sein Interesse erfolgt. In dieser Zeit reift, wie Montessori sagt, die Fähigkeit des Kindes, Gut und Böse zu unterscheiden und auf sein Gewissen zu hören. Es ist auch die Zeit, in der das Kind nicht nur einen größeren äußeren Raum erwandert, sondern fähiger wird, zu abstrahieren und sich lernend im Bereich des Abstrakten zu bilden. Die Zeit vom 12. oder 13. Lebensjahr bis zum 15. oder 16. ist wieder eine Phase schöpferischen Aufbaus. In den Schulen wird die Eigentümlichkeit und Bedeutung dieser Phase, in welcher das Kind weniger den intellektuellen, rein schulischen Leistungen zugewandt ist, um so mehr aber dem Hineinwachsen in die Gemeinschaft und der Besinnung auf sich selbst, kaum beachtet. Die Belastung mit Lehrgut, mit Unterrichtsstunden ist die gleiche wie in anderen Schuljahren. Keine wesentliche Anpassung erfolgt, eine Lebenshilfe ist nicht zu erkennen. Von den Phasen der Entwicklung des Menschen ist, für Montessori, die der Pubertät an Bedeutung der frühen Kindheit verwandt, aber die letztere ist die grundlegende, sie ist mehr als Phase, sie ist Menschwerdung, das Kind ist Vater des Menschen, ja das Kind bleibt im Menschen, der zur Reife und zur Fülle des Menschlichen kommt, der Anfang behält Anteil am Wachstum.

Es kann hier nicht eingehender dargelegt werden, welchen Charakter die Lebensphasen haben und welche Hilfe zu geben ist. Montessori faßt Erziehung in ihrem ganzheitlichen Charakter auf. Leben führt zur Gestalt, Leben strebt nach Einheit. Montessori legt immer wieder dar, welche wichtige Aufgabe es sei, daß das Kind zu dieser Einheit gelangt. Alle Prinzipien ihrer Pädagogik, besonders die ständige Einbeziehung der Bewegung in die pädagogische Sorge, nehmen darauf Bezug.

Daß für Montessori das leitende Prinzip „Leben" heißt, bedeutet nicht, das sehen wir auch an anderer Stelle, daß sie der geistigen Entwicklung nicht genug Aufmerksamkeit zuwendet. Man hat sie, welche als Erzieherin und Anthropologin im Bereich der Pädagogik die Aufmerksamkeit so sehr auf den Lebensaufbau gelenkt hat, merkwürdigerweise intellektualistisch genannt, weil sie das Gesetz des Gegenstandes, den das Kind kennenlernt

---

[17] Vgl. die Darlegungen in der Schrift Montessoris „De l'enfant à l'adolescent".

und erkennt, mit größter Strenge beachtet. Sie fordert für die Schule ein höheres geistiges Niveau, denn Hilfe zum Leben bedeutet Hilfe zum menschlichen Leben, und das Leben des Menschen vollendet sich im Leben des Geistes, der allerdings der engen Verbindung mit dem Leib nie entraten kann. Diese Verbindung setzt Spannung voraus und ist eine nicht leichte Aufgabe für den Menschen. Er ist ungesichert, sein Gleichgewicht ist labil. Des Menschen Leben ist nicht einfach, aber es soll reich sein [18]. Sein Gleichgewicht muß bei einem Gehen und Stehen auf schmalem Grat gewahrt werden. Die Mitte, von der aus die Einheit des Lebens gesichert wird, birgt aber unerschöpfliche Kraft und sicherste Weisung, wenn diese Mitte aufgerufen und mit Gott, dem Schöpfer des Lebens, durch das Ja des Menschen verbunden ist. Je stärker diese Verbindung ist, desto größer können Wagnis und Reichtum des Lebens sein.

Montessori gibt Hilfe zur Erstarkung der Mitte des Menschen, sie betont Sammlung und Gleichgewicht, Interesse und eigene Initiative. Das Kind wird von innen her geführt, von daher muß es lernen, zu unterscheiden, seinen Weg zu merken, den Ruf der Dinge zu hören, damit es nicht dem Außen verfalle. Es muß auch die durch das Böse hervorgerufenen Widersprüche in seinem Leben zu meistern, das Maß des eigenen Lebens zu erwerben lernen. Das alte Wort „Maß" bedeutet ganzheitliche Meisterung des Lebens. Sie kann nur in der zugewiesenen Gemeinschaft und Situation erfüllt werden. Wir werden sehen, wie Montessori die Bildung des einzelnen in Situationen fördert, die sich inmitten der Gemeinschaft ergeben.

„Daß sie das Leben in Fülle haben", wird den Gläubigen versprochen [19]. Das geschaffene Leben des Menschen soll aufgenommen werden in ein ewiges Leben. Montessori betont auch für die religiöse Erziehung, daß es sich um eine Hilfe zum Leben, und zwar um das volle Aufnehmen des Kindes in das sakramentale Leben der Kirche handelt. Das recht gelebte und geordnete natürliche Leben ist ihr die gute Grundlage des übernatürlichen Lebens in der Gnade.

[18] Der holländische Naturforscher und Phänomenologe F. J. J. Buytendijk weist besonders darauf hin, daß des Menschen Leben im Unterschied zum Tier die Eigenschaft des Reichtums hat. Vgl. Erziehung zur Demut, S. 9.
[19] M. Montessori, I bambini viventi nella chiesa (Neapel 1922) und The Child in the Church (London 1930).

III

DAS UNBEWUSSTE IM LEBENSAUFBAU

Wir waren gewohnt, seit der Aufklärungszeit und ihrer Überschätzung der logisch folgernden Verstandestätigkeit nur das Bewußtsein des Menschen pädagogisch zu bedenken, die Entwicklung von Erkennen und Wollen, Gedächtnis und Gefühl, soweit sie dem Menschen bewußt und, wie man glaubt, erzieherisch zu beeinflussen sind. Die Tiefenpsychologie, angefangen mit Freud, hat auch für die Pädagogik den Bereich des Unbewußten entdeckt. Die Tatsache, daß es ein unbewußtes oder ein vorbewußtes seelisches Leben im Menschen gibt, konnte nie unbekannt sein. Aber die Neuzeit, die Zeit wissenschaftlichen Denkens und einer das Bewußtsein absolut setzenden Philosophie, hat des Unbewußten so wenig geachtet, daß diese „Entdeckung", und zwar in Verbindung mit nervösen Erkrankungen des Menschen, geschehen mußte. Daß dem Bewußtsein ein leib-seelisches, unbewußtes Leben vorgelagert sei, das in das bewußte Leben stets hineinwirkt und in das umgekehrt bewußte Vorgänge zurückwirken, darauf machten stets Erscheinungen wie die Träume, die Beziehung des Schlafes zum geistigen Leben, das Vergessen, der „plötzliche" Einfall und anderes aufmerksam. Auch auf Erfahrungen der Mystik darf hingedeutet werden. Maria Montessori hat sich mit der Tiefenpsychologie, besonders mit Freud, im Zusammenhang mit ihren eigenen Beobachtungen des Kindes befaßt. In ihrem letzten Werk: La mente del bambino, behandelt sie ausführlich das unbewußte Leben des kleinen Kindes, für das sie aus den beim Kind zu beobachtenden Phänomenen Schlußfolgerungen zieht Während die Tiefenpsychologie das unbewußte Leben des Menschen hauptsächlich vom Aspekt geistiger Störungen und leibseelischer Erkrankungen her betrachtet, sieht Montessori seine Bedeutung für den normalen Aufbau der Persönlichkeit und für deren ganzheitliche Beachtung. Sie erkennt die Bedeutung Freuds, verurteilt aber dessen einseitige Art, das Sexuelle in seiner Wirkung auf den Menschen und schon für das Kind zu überschätzen; auch sprach sie in ihren Kursen [1] dagegen, daß Freud die seelischen Erkrankungen auf Bindung an die großen Wirklichkeiten und Autoritäten: Gott, Familie, Kirche, Gewissen, zurückführte, Wirklichkei-

---

[1] Zum Beispiel in London 1946.

ten, deren Anerkennung sie für die seelische Gesundheit voraussetzt, deren falsche Auffassung nur die Entwicklung des Menschen stören.

Zu Freuds Auffassung von dem Entstehen der Neurosen durch eine Nichtbewältigung der seelischen Beziehung zu diesen Werten ist also Montessoris Hinweis auf die Notwendigkeit ihrer frühen Berücksichtigung eine positive Ergänzung [2].

Ein Begriff ist es, der bei ihrem Hinweis auf das unbewußte Leben des kleinen Kindes hervortritt, der Begriff „absorbierender Geist", verbunden mit dem Begriff „Mneme", dem leib-seelischen Gedächtnis.

In der ersten Zeit nach der Geburt, der Zeit des „geistigen Embryo", in welcher der im Kind schlummernde Geist unbewußt tätig ist, darauf macht Montessori aufmerksam, ist es wichtig, die starke seelische Dynamik im Kind, welche bewußte geistige Vorgänge vorbereitet, zu berücksichtigen, da es von der Umgebung, besonders von den Menschen in der Nähe des Kindes und ihrem Umgang mit ihm, abhängt, ob die folgende Entwicklung gute Vorbedingungen findet oder lange nachwirkende, ja vielleicht nicht mehr zu beseitigende Störungen entstehen [3]. Dieses unbewußte Leben, die erwachende Seele brauchen Nahrung und Ansprache.

Das hilflose Kind, das den Menschen anlächelt, der sich ihm zuwendet, und das damit die ersten Regungen seines Geistes bekundet, ist dem Mitmenschen intensiver anvertraut, als er bedenkt. Es ist eine geniale Konzeption Montessoris, daß sie von dem „absorbierenden Geist" des Kindes spricht, das noch nicht die Schutzwehr des Bewußtseins hat, das aber mit ungemein lebendigen Augen, dies kann jeder beobachten, die Umgebung betrachtet, ja erforscht und — dies folgert Montessori aus den Erwerbungen, die das Kind früh macht — mühelos in sich aufnimmt, was es sieht und hört, vor allem die Sprache des ihm nahen Menschen und seine Gebärden, seine Sitten und seine Haltung. „Das Kind absorbiert mit seinem seelischen Leben."[4] Es nimmt ganzheitlich Bilder genau auf, so mühelos wie eine fotografische Platte, aber — das ist der Unterschied — sein aktiver Geist wählt das ihm Gemäße, Menschliche. Was Montessori in ihrem Werk „La mente del bambino" von der ersten Lebenszeit des Kindes bis zum Erwachen des Bewußtseins sagt, enthält überzeugende Folgerungen aus ihrer Beobachtung und ihrem intuitiven Verständnis des Kindes. Mit 2 1/2 Jahren spricht das Kind die Sprache seiner Umgebung relativ vollständig. Dieses Sprechen muß lange im unbewußten Leben vorbereitet worden sein. Es handelt sich nicht um Erbe. Auch das Kind von Eltern eines fremden Landes lernt, wenn es früh in deutsche Umgebung gekommen ist, das Deutsche als seine Sprache. Die inneren Vorgänge sind ge-

---

[2] Vgl. das Kapitel über religiöse Erziehung.
[3] M. Montessori, La mente del bambino, VII: L'embrione spirituale, S. 61 ff.
[4] Ebd. S. 25.

heimnisvoll und nicht genau zu beschreiben. Der absorbierende Geist ist durch das Bewußtsein nicht geschützt, aber auch nicht gehemmt. Er ermüdet nicht, erst das Bewußtsein führt zu Anstrengung und Ermüdung. Er schafft eine unzerstörbare Verbindung mit der Umgebung, mit der das Kind sich so vereint wie später mit keiner anderen Umwelt, so daß, was es aus ihr aufnimmt, so drückt sich Montessori aus, gleichsam sein „geistiges Fleisch" wird. „Das Kind baut sein eigenes ‚geistiges Fleisch', indem es die Dinge seiner Umgebung gebraucht."[5] Wie ist sonst, fragt Montessori, z. B. eine Heimatliebe zu verstehen, die bewirkt, daß der Mensch in der Fremde vor Heimweh krank werden kann oder daß er im Alter nach dem Land seiner frühen Kindheit zurückdrängt. Ob ein Land schön oder nicht schön, angenehm oder beschwerlich ist, hat damit nichts zu tun.

Montessori macht einen Unterschied zwischen dem Unbewußten und dem Unterbewußten, das dem Bewußtsein näher ist und aus dem auch die willkürliche Erinnerung schöpft, während diese das Unbewußte nicht erreicht.

Mit dem Begriff des absorbierenden Geistes untrennbar verbunden ist die „Mneme". Montessori versteht darunter die unbewußte Gedächtniskraft des Kindes, die sich vom gewohnten Begriff des Gedächtnisses dadurch unterscheidet, daß das durch diese Kraft Aufgenommene nicht bewußt erinnert werden kann, weil es sich eng mit dem sich aufbauenden Leben verbunden hat; es ist nicht zu objektivieren und abzulösen und ist kaum von dem, was Erbe ist, zu trennen. Montessori ist der Überzeugung, daß Muttersprache, Orientierungen, Geschmack, Eigenheiten früh unbewußt erworben werden, und sie stimmt darin mit den Ansichten der heutigen Verhaltensforscher überein. Man wird auch an „Newman's Grammar of Assent" erinnert. Seine Darlegungen über die unbewußte Vorbereitung der „First principles", die alles Zustandekommen einer realen Erfassung der Wahrheit oder der Zustimmung zu ihr beeinflussen, bedeutet eine Beachtung des unbewußten Lebens längst vor dem Entstehen der Tiefenpsychologie.

Was folgert daraus der Erzieher, fragt Montessori. Das kleine Kind gehört in die gepflegte Häuslichkeit, wo man es mit Liebe aufgenommen hat und von vornherein in ihm das Menschenkind sieht. Es ist Zeit, daß man in der Erziehung nicht nur an das Kindergarten- und Schulalter denkt, sondern weiß und beachtet, daß das Kind schon in der ersten Lebenszeit ein personal anzusprechendes Wesen ist, in dem der Menschengeist nach dem Erwachen strebt und schon in der Realisierung dessen, was zum Menschen gehört, seine wichtigen Anfänge macht. Im Kapitel über das Prinzip des Lebens wurde schon darauf hingewiesen.

---
[5] Ebd.

Das Unbewußte nicht nur leiblicher, sondern auch geistiger Vorgänge wirkt jedoch nicht nur in der frühen Kindheit im Menschen, es bleibt, die bewußten Vorgänge begleitend, sie fördernd oder hemmend, weiterhin in ihm wirksam und muß Spielraum haben, wenn kein Schaden durch seine Unterdrückung oder Einengung entstehen soll. Es ist nicht gut, daß der Mensch stets bewußt Verstand und Willen anspanne, es muß zum Gedeihen seines geistigen Lebens und seiner Arbeit auch Entspannung sein, Pause, Spielraum, Schlaf und Traum, welche zwar seine vom Geist beherrschte Haltung nie ganz aufheben dürfen, sie vielmehr sichern, tief gründen und vor Verengung und Verarmung bewahren helfen. Spontaneität, Einfall, Initiative haben ihren geheimnisvollen, nicht zu erzwingenden Ansatz nicht im Bewußtsein; Glaube und Gnadenempfang sind nicht den bewußten Vorgängen allein zugeordnet. Eine Schule, in welcher das Kind viele Stunden und Jahre seines Lebens verbringt und in der es geistig wachsen soll [6], muß Raum für das unbewußte Leben geben, welches das bewußte vorbereitet und es auch zum Ausruhen und Ausreifen bringt. Wenn in der Schule nicht nur ein Trainieren, ein Lernen im engen Sinn sein soll, muß man dem Geist seinen Spielraum lassen. Im Montessori-Kinderhaus und in der Montessori-Schule verbleibt dem Kind infolge der freien Wahl der Arbeit Raum für seine inneren unbewußten Vorgänge; seine Hinwendung zur Arbeit wird nicht plötzlich erzwungen, sondern kann sich von innen her ergeben; es hat Muße, das Geübte, Erlernte und Gehörte in sich wirken zu lassen; es braucht nicht sofort zu reproduzieren und sich zu äußern, es darf still dasitzen, seine Pause machen, Aufgenommenes verarbeiten. Der Erzieher setzt das geistige Leben nicht mit dem bewußten gleich, obwohl es in diesem sich vollenden soll. „Wenn ein Keim in Geist und Herz gelegt ist, entwickelt er sich nicht nur durch unsere Arbeit, unsere Gedanken und Anstrengungen, sondern auch durch eine Art dumpfer Gärung, die in uns ohne uns vor sich geht. Dies gibt das Evangelium zu verstehen, wenn es sagt: „. . . Ein Mensch streut Samen auf das Ackerland. Er legt sich zur Ruhe und erhebt sich wieder, Nacht für Nacht und Tag für Tag, und die Saat geht auf und wächst, er weiß nicht wie. Von selbst trägt die Erde Frucht" (Mark. 4, 26—28). „Ebenso bringt unsere Seele aus sich selbst Frucht."[7] Es ist wichtig, daß die Struktur des Kinderhauses und der Schule diesen notwendigen und schöpferischen Spielraum gewährleistet durch das Warten auf die Initiative des Kindes, die in ihr möglich ist, ohne daß Unordnung entsteht, und durch den Verzicht auf Zwang und Leistung des Ehrgeizes. Ein Kind darf auch Träumen und Einfällen nachgehen, das schöpferische Element in der Bil-

---

[6] Auch die Stunden der Hausaufgaben sind den Unterrichtsstunden durchweg eng zugeordnet, ohne freieren eigenen Atem zu erlauben.
[7] A. Gratry, Die Quellen, 1. Tl. 1925, S. 49 f.

dung des Geistes wird nicht verneint. Das Unbewußte erwirbt leicht, es stützt das lernende Bewußtsein. So ist letzteres durch den gewährten Spielraum nicht beeinträchtigt, sondern gestützt, das Kind lernt gründlicher, und es behält mehr. Die Spannung zwischen den geistigen Forderungen, die in der vorbereiteten Umgebung an die Kinder ergehen, und der geschenkten Freiheit ermöglicht ein Aufkeimen und Merken der inneren Bedürfnisse und Regungen, die sich bei einem Vorherrschen von klassenmäßig gelenkter Schularbeit nicht aus dem Unbewußten lösen und melden können. In der Montessori-Schule ist nicht genug damit getan, sagte Montessori einmal, daß das Kind etwas begriffen hat. Sie weist auf die spontane Wiederholung der Übungen und später beim Schulkind auf Parallelübungen hin, wozu das Kind sich durch die Art des Materials aufgefordert sieht. Diese Wiederholung ist meditativ [8], keine willensmäßige Anspannung des Bewußtseins. Es ist hier auch hinzuweisen auf Montessoris Betonung der Stille, auf ihre Schweigeübung und auf das Phänomen der Konzentration. Es entsteht dabei im Kinde die Ruhe, von deren Bedeutung für das geistige Leben Gratry sagt: „Man kann sagen, daß die Früchte der Arbeit sich in der Ruhe bilden und daß der Gedanke in unserer Seele sich wie ein Kristall oder ein Diamant ablagert, wenn die längere Zeit bewegte Mutterlösung zur Ruhe kommt."[9] Montessori achtet die Spontaneität des kindlichen Geistes, die man nicht systematisch und willentlich durch direkte Einwirkung auslösen kann. Soll die geistige Bildung nicht nur ein Trainieren und Anlernen sein, soll der Geist des Kindes zur Eigenbewegung gelangen, so muß es ihm ähnlich geschehen können wie dem Genie, von dem Mörike sagt, daß in der „nötigen Rast" und in der Entspannung „auf den geheimnisvollen Wegen, auf welchen das Genie sein Spiel bewußtlos treibt, ihm die feinen flüchtigen Eindrücke" zufallen, „wodurch es sich gelegentlich befruchtet"[10].

---

[8] Vgl. die Kapitel: „Das Montessori-Material" und „Die Polarisation der Aufmerksamkeit".
[9] A. Gratry, Die Quellen, S. 50 f.
[10] Mörike, Mozart auf der Reise nach Prag, in: Sämtl. Werke (Max Hesses Verlag), S. 243.

IV

EIN KINDERHAUS ALS
PÄDAGOGISCH VORBEREITETE UMGEBUNG

Das Prinzip der vorbereiteten Umgebung ist für die Praxis wie die Theorie der Pädagogik Montessoris entscheidend. Montessori ist, könnte man sagen, naive, aber geniale Realistin. Sie erkennt das Gegenständliche der Dinge, letztlich der Welt für den Menschen ohne Einschränkung an. Ohne eine geeignete Umgebung gibt es kein erbauendes Tun des Kindes, keine Aufforderung und Möglichkeit zur freien Wahl der Arbeit. Die Umgebung kann nicht eine Zusammensetzung von Spiel- oder Gebrauchsdingen sein, sie muß Gestalt haben und auf die ganzheitliche Aufnahme des Kindes, nicht auf eine Summe von Möglichkeiten hingeordnet sein. Es soll in diesem Kapitel zusätzlich zu dem, was über einzelne Faktoren dieser Umgebung zu sagen ist, auf das Ganze der Erscheinung des Kinderhauses hingewiesen werden. Daß die pädagogisch vorbereitete Umgebung Gestalt habe, daß sie einheitlich sei, gilt für jede bildende Umgebung. Man denke an die Bildungsstätten alter Kultur, an Klöster, an Universitäten wie Oxford und Cambridge. Am Beispiel des Kinderhauses sei aufgezeigt, was hier damit gemeint ist; an seiner schönen Einheit als „luogo chiuso" tritt dieses Prinzip Montessoris am deutlichsten hervor. Später öffnet sich die Schulumgebung des größeren Kindes zu Wegen nach draußen hin. Das ist buchstäblich und symbolisch zu verstehen. Die das kleine Kind schützende einheitliche Umgebung hat nichts Starres, sie wandelt sich mit den Bedürfnissen des Kindes, und sie hat, wie Montessori es ausdrückt, eine „offene Tür" zum Elternhaus, zum Garten, zur Schule hin. In unserer Gegenwart entstand durch die Zerstörungen des Krieges, aber auch durch pädagogische Einsichten, die mit der Entwicklung der Wissenschaft in Verbindung stehen, eine große Anzahl moderner Schulbauten. Für die Schule wurde, da Schulpflicht besteht, zuerst gesorgt. In den letzten Jahren baute man auch viele Kindergärten. Die moderne Bauweise kann sich aufs schönste mit der neueren Pädagogik einen, wenn der Architekt auch vom Kind her zu denken weiß. Das Wesen eines solchen Baues mit seiner Helligkeit, seinem Verzicht auf überflüssige, Raum versperrende Dinge, seinen leichten Möbeln fordert zu der

Bewegung auf, aus welcher der bewohnte Raum der Gemeinschaft sich bildet. Es gibt auch die unechte Mechanisierung solcher Bauart, eine Verfälschung, welche die Technik des modernen Bauens äußerlich anwendet und das Wesentliche versäumt: den Ruf an den Menschen, seine Bewegung zu finden und sich das Wohnen mit dem Mitmenschen, dem, wie er selbst, in der Masse und der Enge der Stadt bedrängten und vereinzelten, neu zu schaffen. Daß der moderne Baustil den Menschen als einen sich bewegenden, selbsttätigen, schaffenden voraussetzt, ordnet ihn der Pädagogik zu und bestärkt unsere Hoffnung, zu neuer Menschenbildung zu kommen, indem wir in dem Chaos der industrialisierten Zivilisation menschlichen Spielraum schaffen. Ein „Kinderhaus" vor allem muß so sein, daß in allem das Kind sich aufgefordert fühlt, tätig sein Wohnen mitzuschaffen und zugleich sich seine eigene Bewegung zu erwerben.

Das Kinderhaus braucht nicht unbedingt ein moderner Bau zu sein, mancher zu gläserne Bau ist keine Häuslichkeit für Kinder. Das eine Kinderhaus ist dem anderen nicht gleich, jedes hat seinen Ort und ist zu seiner Stunde geschaffen. Das eine, ein einfaches älteres Haus, wurde der Natur nahe gebaut, das andere wird in städtischer Umgebung neu errichtet, Feld und Wald sind fern, Gartenland und Fenster müssen für die Nähe zum Wachsenden und zum Wetter, zu Luft und Licht sorgen, so gut es möglich ist.

Wenn ich nun hier ein Kinderhaus schildere, so soll es ein konkretes sein, das einmal bestand. So vermeide ich, Angaben zu machen, die schematisch wirken. Jedes Kinderhaus hat Teil an menschlicher Geschichte. In dem Jahrzehnt vor 1935 leitete ich in Aachen ein Kindergärtnerinnen- und Jugendleiterinnenseminar. Dieses war mit einem großen Fröbelschen Kindergarten verbunden. Ich wandelte zunächst eine der fünf Gruppen in ein Montessori-Kinderhaus um. So entstand die Gelegenheit, die Einrichtungen nebeneinander zu sehen und sie zu vergleichen; Werte des Fröbelschen Bereiches konnten in das neue Kinderhaus hinüberwirken, und umgekehrt Werte des Kinderhauses die Fröbelschen Gruppen beeinflussen. Es sollte sich jedoch nicht die eine Art mit der anderen äußerlich vermischen. Der Stil weder der einen noch der anderen sollte verdorben werden. Es gibt Verschiedenheiten der Lebensstile auch im Gebiet der Kinderbereiche, es gibt sie in den aufeinanderfolgenden Zeiten, auch in einer Zeit nebeneinander. Das erfuhren wir bei dieser Gelegenheit.

Um das Jahr 1900 hatte man das Gebäude für Seminar und Kindergarten errichtet, man hatte bedeutende Mittel dafür bereitgestellt, und der Bau, der den damaligen Forderungen an eine solche Einrichtung entsprach, hob sich freundlich von der älteren häßlichen Schulkaserne ihm gegenüber ab. Das Kindergartengebäude war einstöckig. Ein kleiner, von den Gruppenzimmern aber schwer zu erreichender Garten umgab das Haus, eine Rose rankte zwischen den Fenstern, ein Kirschbaum stand im Garten, dessen Früchte die Drosseln des anschließenden Stadtgartens auf dem Dach der Seminarkindergartenküche verzehrten. Diese Küche war ursprünglich als Frühstückszimmer aller Kinder gedacht, sie hatte Reihen von kleinen Glasfächern für die mitgebrachten Butterbrote. Diese Einrichtung setzte voraus, daß die Kinder reihenweise in den Raum geführt und nach dem Frühstück wieder zurückgeführt wurden. Auch die übrige Einrichtung des Hauses, so fortschrittlich sie damals erschien, setzte eine Organisation des Kinderlebens voraus, welche zwanglosen Umgang miteinander und mit den Dingen nicht gestattete. Am langen, mit weißen Fliesen belegten Flur lagen die Gruppenräume und zwischen ihnen eine Toiletteneinrichtung für alle gemeinsam. Von dem Flur gelangte man in den von den Fenstern der Gruppenzimmer nicht zu überschauenden, abseits liegenden Spielhof, zu dessen Seiten sich eine gedeckte Halle mit Sandkästen befand. Man hatte in etwa mit dem Schulkasernenstil gebrochen und einen gegliederten, freundlichen Bildungsbereich geschaffen, aber nicht daran gedacht, daß die Kinder freiere, individuellere Bewegung und die Gruppen ihr Eigenleben haben müßten. Die Kinder sammelten sich morgens zuerst im Spielsaal zu einer lärmenden Menge und wurden von da reihenweise in ihre Gruppen geführt. Die Inneneinrichtung paßte sich den Kindern in etwa an. Es gab Stühlchen und niedrige Kindertische, diese waren aber schwer und sehr lang, und es gehörten zu ihnen lange Bänke, auf denen viele Kinder nebeneinander Platz hatten. Hübsche kleine Glasschränke bargen einen Teil des „Beschäftigungsmaterials", das übrige war in einem Wandschrank untergebracht und für die Kinder nicht zu sehen und nicht zu erreichen. Die Beschäftigungsmaterialien, z. B. die Baukästen, waren je in vielen Exemplaren vorhanden, damit eine gemeinsame, gleiche, von der Kindergärtnerin geleitete Gruppenbeschäftigung ermöglicht werde. Die niedrigen Tische und kleinen Stühle und Schränke standen zu den Maßen der Räume und zu der großen Höhe der breiten Fenster, deren Fensterbänke von den Kindern nicht erreicht werden konnten, in keinem guten Verhältnis. Ein natürliches Kinderleben fand in diesem Gebäude, das für die damalige Zeit modern war, doch starke Hemmungen. Es ergab sich für die vielen Kinder, welche Spielhof, Sandkasten, Toiletten gemeinsam hatten, viel Zwang. Die Kinder konnten nur zu bestimmten Zeiten die abseits von den Gruppenräumen liegenden Einrichtungen gruppenweise gebrauchen. Sie wurden daher hin und her geführt, und die freie Spielbewegung, die zu einem Fröbelschen Kindergarten gehören sollte, ergab sich höchstens in der Intimität des Gruppenzimmers in guten Stunden. Ich habe noch das laute, taktmäßige Marschieren im Ohr, das dann allmählich verschwand. Die langen Tische und Bänke gehörten zu einer Methode — Belege dafür fand ich in Konferenzberichten — mit klassenmäßigen Lektionen, etwa über einen „Monatsgegenstand", mit Vor- und Nachmachen, Vor- und Nachsprechen. Wenn die Kinder Kreis spielten, so war, das fiel mir auf, oft nicht die Anmut da, welche zu unbefangenem Spiel gehört. Fröbel hat über das Spiel philosophiert, über seinen Sinn, den er methodisch pflegen wollte. Nichts aber nimmt leichter Schaden als das Spiel, wenn man ihm mit Absichten nahe kommt. Als das Montessori-Kinderhaus mit den Fröbelschen Gruppen entstand, geschah bald auch in diesen eine Auflockerung und Ordnung, die sich mehr auf die freie Bewegung der Kinder und allmählich weniger auf äußere Disziplinierung gründete. Ich spreche von diesen Dingen, damit vom Tun des Kindes her und von der Entwicklung der Kindergartenpädagogik aus die Bedeutung der äußeren Gestalt der Umgebung gesehen und der notwendige Einfluß Montessoris erkannt wird.

Unser „Kinderhaus" begannen wir in einem der Räume an dem gemeinsamen Flur. Wir bekamen kleine Stühle und Einzeltische [1], so leicht, daß die Kinder selbst sie tragen und auch zu zweien oder mehreren zusammenstellen konnten, einen größeren runden Tisch dazu und ein für das Material eingerichtetes offenes, niedriges Regal. Es war eine breite Kommode da, in der jedes der Kinder eine Schublade hatte. Die Leiterin hatte ihren höheren Tisch mit Stuhl. Ein Treppchen ermöglichte den Kindern, an die Pflanzen auf den Fensterbänken zu kommen oder durch das Fenster in den Vorgarten zu sehen. Auf dem Flur standen Fächer für die Schuhe der Kinder, da sie diese beim Eintritt und vor dem Hinausgehen nach draußen wechselten. Von dem Raum des Kinderhauses war ein bisher unbenützter Binnenhof leicht zu erreichen. Dort ließen wir einen Sandkasten anlegen. Der breite Märchenfries, welcher die Wände des Raumes entlangging, wurde hell im Ton der Wände überstrichen. So konnten wir dort Borte in Augenhöhe der Kinder für Bilderbücher, Haken zum Aufhängen von Putzgerät und andere Dinge anbringen. Die Kinder hatten doch keinen Blick mehr für die immer gleichen Märchenfiguren, welche ihre eigene Phantasie behinderten.

Als wir nach ein paar Jahren mit dem Kinderhaus die erste Schulklasse verbinden konnten, wurde uns in freiem Gelände in der Nähe des Seminars ein flaches Holzhaus aufgerichtet, eine „Baracke" für Kinderhaus und Schule. Nun bekamen wir ein richtiges „Kinderhaus". Welcher Fortschritt! Nur ein paar Schritte aus dem Arbeitsraum hinaus, und die Kinder waren im Garten, der um das Haus lag oder im angrenzenden Spielhof. Beide waren von den Gruppenräumen aus zu übersehen. Durch die niedrigen Fenster sahen die Kinder, wenn sie an ihren Tischen saßen,

---

[1] Die Firma Widmayer, Eßlingen/Neckar, stellt Einzeltische in verschiedener Ausführung her.

ins Freie. Sie beobachteten das Wachsen und Arbeiten in den Gärten, und Wind und Wetter wurden ihnen vertraut.

Schauen wir das Ganze dieses Kinderhauses an. Der hellgrau gestrichene einstöckige Bau streckte sich lang hin, in der Mitte die blaugestrichene Tür, durch die man in den kleinen Flur eintritt, der zwischen Kinderhaus und Schulklasse liegt. Beide gehören zusammen und sind in einem Haus vereint. Die Verbindung von Kinderhaus und Schule zu einem einheitlichen Lebensbereich des Kindes konnte ohne Bruchstelle verwirklicht werden [2]. Die nicht zu großen, dicht beieinander sitzenden Fenster der Front und der Rückwand haben außen blau- und innen rotgestrichene Rahmen. Das ergibt, wenn sie im Sommer geöffnet sind, ein fröhliches Bild. Das Haus steht im Garten, an diesen schließt sich ein Spielplatz an. Im Vorgarten blühen im Sommer Sonnenblumen, welche hoch zu den Fenstern heraufreichen, die niedrig eingesetzt sind. Die Kinder können sie selbst öffnen. Gegenüber liegt das Gebäude eines Gärtners mit vielen Obstbäumen. Die Baracke ist hinter den Häusern einer Straße in einem Gelände aufgestellt, das einem Bereich von Schrebergärten benachbart ist. So kommt der Straßenlärm nicht nahe an das Haus heran, und die Natur ist nicht fern. Im Winter hängen vor den Fenstern Brettchen und Kokosnußschalen mit Futter für die Vögel. Die Samen der Sonnenblumen werden dafür gesammelt. Auf den Beeten vor dem Haus blüht es im Sommer bunt, die Kinder pflücken und schneiden dort Blumen für ihre Räume oder Sträuße für besondere Anlässe. Die Leiterin kann Kinder, die sich im Garten beschäftigen, die Wege reinigen, welke Blätter oder Raupen entfernen, durch das Fenster sehen.

Wir gehen durch das Türchen im Holzzaun des Gartens durch diesen hindurch die zwei Stufen zur Haustür hinauf und durch sie in den Vorraum, wo an einer blanken Stange die farbigen Bügel für die Mäntel der Kinder hängen. Über der Stange ist ein Brett für Mützen und Hüte, auf dem Boden stehen Fächer für die Schuhe. An den Vorraum schließen sich Toiletten und Waschvorrichtungen an, die für die einzelnen von den Räumen der Kinder einfach zu erreichen sind.

Wir treten links in den Raum der Drei- bis Sechsjährigen ein. Es ist vor 9 Uhr. Noch sind nicht alle Kinder da. Ab 8 Uhr kommen sie einzeln an und beginnen zu „arbeiten", nachdem die Helferin sie im Vorraum empfangen und geholfen hat, daß sie ablegen und die Schuhe wechseln. Sie treten ein, begrüßen die Leiterin und gehen an eine selbstgewählte Arbeit. Der Beginn ist kein gemeinschaftlicher. Die Art des Arbeitsbeginns

---

[2] Leider ist sie in unserem Land, wo Kindergarten und Schule von verschiedenen Ministerien verwaltet werden, selten möglich.

entspricht der Tätigkeitslust der Kinder am Morgen, die am besten durch unmittelbar begonnenes Einzeltun oder durch freie Arbeit zu zweien oder dreien befriedigt wird. Später beim Frühstück bildet sich die Gemeinschaft. Zunächst aber holt sich jedes Kind das von ihm gewünschte Material und läßt sich an einem selbstgewählten Platz nieder. Der Raum ist von den vielen Fenstern überall hell. Im Kinderhaus haben wir die meisten Tische im Oval geordnet. Jeder steht etwas im Abstand vom anderen. In einer Ecke des Raumes steht noch ein größerer runder Tisch mit mehreren Stühlchen, nahe an den Fenstern stehen gesondert ein paar einzelne Tische mit je einem Stuhl.

Ein Kind, das kommt, wird sich erst nach einigem Zaudern schlüssig, was es beginnen will, es tut dies und jenes, bis es seine Hauptarbeit findet; ein anderes Kind steuert zielbewußt auf eine Tätigkeit zu. Vielleicht hat es die „Arbeit" vom Vortage her schon im Sinn. Manches Kind setzt eine Arbeit, z. B. eine Zeichnung, fort, die es am Tage vorher begonnen und in seiner Schublade aufgehoben hat. Auf einem Regal an der Querwand gegenüber der Tür und auf einzelnen Tischen steht jedes Ding klar für sich da. Die Kinder finden leicht zu dem hin, was sie brauchen, oder sie fühlen sich zu etwas Neuem angeregt. Jedes Material ist, mit einzelnen Ausnahmen, nur einmal da, das bringt seine Bedeutung zum Bewußtsein, und es erhöht seine Anziehungskraft; es führt auch dazu, daß die Arbeit der Kinder mannigfaltig bleibt, diese vor Einseitigkeit bewahrt werden, ohne daß die Leiterin eingreift. Ist ein Material schon vergeben, so muß das andere Kind warten, bis es frei wird.

Um 9 Uhr sind alle Kinder da. Man hat mit den Müttern verabredet, daß diese Ordnung gewahrt bleibt. Man sieht also, besonders im ersten Teil des Vormittags, die meisten Kinder bei verschiedener Einzelarbeit. Das eine Kind arbeitet mit den Einsatzzylindern, ein anderes zeichnet mit Hilfe der geometrischen Figuren, ein anderes hat die Farbtäfelchen vor sich, zwei größere Kinder machen mit den Schattierungen des dritten Kastens der Farbtäfelchen ein beliebtes Spiel, wie es die Kinder in einem Kinderhaus selbst erdacht haben. Ein Kind hat aus der Ecke, wo, zusammengerollt und mit je einem Band gebunden, kleine Teppiche stehen, einen herbeigeholt, ihn auf den Boden gebreitet und die blau-roten Stangen geholt, die es nun auf dem Teppich auslegt, dazu legt es die Zahlen von eins bis zehn. An einem Fenster sitzt ein Mädchen und malt mit Wasserfarben, an einem anderen eins mit einem Webrahmen, es hat einen Kasten mit bunten Wollresten neben sich und wählt daraus die Fäden, die es mit einer langen Nadel durch aufgespannte Längsfäden zieht. Die Kinder weben gern. Es sind mehrere Webrahmen da in der soliden, gut auf dem Tisch aufliegenden Form, wie wir sie beim Schreiner bestellt haben, und besonders in der Zeit vor Weihnachten wird gern ein Webstück hergestellt, aus dem die Leiterin Taschen und andere Dinge für die Mütter machen hilft. Auf einen Tisch hat ein Kind ein Wachstuch gebreitet. Es holt die Vasen mit Blumen von den anderen Tischen herbei, einen Eimer, einen Krug mit Wasser, und es gießt das Wasser aus den Vasen in den Eimer und frisches aus dem Krug in die Vasen, die es wieder mit den Blumen füllt, nachdem es die welken Teile fortgetan hat. Die Vasen mit den neugeordneten Blumen stellt es an ihren Platz zurück, das übrige Wasser gießt es im Nebenraum in den Ausguß aus, es holt ein Tuch und wischt das Wachstuch trocken, und es nimmt, wenn nötig, das verschüttete Wasser am Boden mit dem Aufnehmer auf. So ist es lange und hingegeben beschäftigt. Wenn es kein Wasser verschüttet hat, ist die Arbeit gut getan. Neben der Tür zum Nebenraum steht ein kleiner Waschtisch, nicht mit fließendem Wasser, sondern mit Schüssel, Kanne, und Eimer, mit Seifenschale, Nagelreiniger und Handbürste. Ein Kind ist hier in eine beliebte Beschäftigung vertieft, es wäscht sich die Hände, weniger weil es das nötig hat, als weil es seine Lust daran hat, vorsichtig aus der Kanne Wasser in das Becken zu gießen und nach dem Gebrauch in den Eimer und alle die einzelnen Tätigkeiten vorzunehmen, die sich beim Händewaschen ergeben. Bei einer gemeinschaftlichen „Lektion" hat die Leiterin den Kindern gezeigt, wie man die Hände wäscht, indem sie es ihnen langsam vorgemacht hat. — Ein größeres Kind ist in den Garten gegangen und hat Blumen geschnitten. Nun geht es zu einem Regal, in dessen einem Fach eine Anzahl verschiedener Vasen stehen. Es wählt mit Hilfe der Leiterin eine für seine Blumen und ordnet sie am Tisch. Auf einem Tisch am Fenster steht ein Aquarium. Die Kinder bleiben bei ihren Gängen gern eine Weile davor stehen und beobachten die Fische oder die Kaulquappen, die sich so auffallend verwandeln.

Auf der Wand des Raumes, der Tür gegenüber, hängt ein farbiges Marienbild, die heilige Mutter mit dem göttlichen Kind, eine Wandvase an der einen Seite, an der anderen ein Leuchter mit einer Kerze. Ein paar Kinder kommen, eins zündet die Kerze an, ein anderes beginnt ein Lied zu singen, ein Grüppchen stimmt ein, dann bläst eines die Kerze wieder aus. Dieser Platz an dem Bild ist auch geeignet für Kinder, die zu Hause nicht gebetet haben, um hier ihr Morgengebet zu sprechen. Sie tun es unbefangen und selbstverständlich, nachdem die Leiterin den Vorschlag bei einem gemeinsamen Gespräch gemacht und gelegentlich dazu angeleitet hat.

Auch an den runden Tischen sitzen Kinder, sie haben Bilderbücher vor sich. Zwei vergnügen sich mit dem beliebten Buch „Der dicke fette Pfannkuchen", und ein drittes hat ein Tierbilderbuch, eines von den bekannten „Blauen Büchern". Es stehen nur wenige Bilderbücher auf dem Brettchen an der Wand, aber sie werden von Zeit zu Zeit ausgewechselt.

Gegen 10 Uhr, die Zeit ist nicht genau festgesetzt, damit die Arbeit nicht schroff abgebrochen wird, steht ein Kind auf und beginnt im Nebenraum den langen Tisch zu decken; die Kinder holen nach und nach ihre Butterbrote aus den Taschen und setzen sich eins nach dem andern zum Frühstück hin[3]. Ein paar Kinder schenken Milch ein. Es ergibt sich ein fröhliches Plaudern. Nach dem Frühstück spülen die Kinder an dem niedrigen Spültisch, und sie tragen das Geschirr wieder in einen Schrank. Sie falten sorgsam die bunten Decken und behandeln das zerbrechliche Porzellan mit Bedacht. Die Kinder setzen dann in dem großen Raum ihre Tätigkeit fort, wenn die Arbeitsintensität es so ergibt; oder es finden gemeinschaftliche Übungen statt, es wird erzählt oder gesungen, ein Gespräch entsteht am Ende der Woche darüber, ob alles im Kinderhaus schön war oder zukünftig etwas zu ändern ist. Die Leiterin hat Gelegenheit, auf dies und jenes aufmerksam zu machen, auch auf den Sonntag oder ein Fest. Am Nachmittag sind nicht viele Kinder da. Es ist gut, wenn die Eltern die meisten zu Hause halten können, da das Kinderhaus kein Ersatz für das Elternhaus und seine Werte und Bildungsmöglichkeiten ist, sondern eine Ergänzung der häuslichen Umgebung. Mit den Kindern, die kommen, ist die Leiterin bei gutem Wetter nachmittags viel draußen, sie macht Gartenarbeit mit ihnen; es wird im Sandkasten gebaut, man nimmt die Bälle mit heraus, die in einem Netz neben der Tür hängen, oder es werden Spaziergänge im nahen Stadtgarten gemacht.

Solches nicht täglich gleiche, sondern durch Ereignisse gewandelte und bereicherte Kinderleben ging in unserer „Baracke" vor sich. Diese war kein neues Gebäude, sie war von anderswo hierhergesetzt worden, frisch gestrichen und umgeändert. Man kann sich ein passenderes Haus für die Kinder denken. Kinder brauchen jedoch keine am Geldwert gemessen kostbare Umgebung; eine gewisse Unfertigkeit und Primitivität derselben ist ihnen sogar bekömmlich, wenn keine Uniform damit gegeben ist. Ohne Spielraum jedoch und geeignete, gutgeordnete, für Sinne, Hand und Geist bereite Dinge gedeihen sie nicht. Für Montessori ist, wie wir sahen, die Einbeziehung der Bewegung ein Fundamentalprinzip ihrer Pädagogik. Das Kind inkarniert seinen Geist durch das Tun, der Geist ordnet sich die Bewegung zu und wird in der rechten Umgebung der Möglichkeiten leiblicher und zugleich geistiger Bewegungen inne. Kinder werden nervös in der Enge des Wohnens mit dem Erwachsenen, ihre Bewegungen sind fahrig, ihr Geist wird ruhelos, wenn der Vorgang der Verleiblichung und Selbstformung nicht zustande kommen kann. Es ist für sie

---

[3] Die Weise zu frühstücken ist in den Montessori-Kinderhäusern verschieden. Ist der Raum eng, so holt jedes Kind, was es zum Frühstück braucht, an seinen kleinen Tisch, wann es will. Ist ein runder Tisch da, so ergibt sich dort eine Tischgemeinschaft, und die teilnehmenden Kinder wechseln.

lebensnotwendig, daß unter den heutigen Verhältnissen ihnen in Kinderhaus und Schule eine naturnahe, aber gestaltete Umgebung geschaffen wird, in der sie durch spielhaftes und zielgerichtetes Tun zur Bildung kommen.

Diese vorbereitete Umgebung ist ein Ganzes, das sich vom Leben des Kindes her formt. Ihr Charakteristikum ist die sie durchdringende Ordnung, die aber nicht nur zweckhaft gesetzt ist. Mit der Ordnung verbunden ist die Schönheit und der Reichtum des Lebens. Wenn man in ein Kinderhaus eintritt und einen Eindruck vom Leben der Kinder empfängt, so fällt auf, wie heiter sie sind. Die Fröhlichkeit der Kinder überzeugt davon, daß man sich mit der Vorbereitung und Pflege einer solchen Umgebung den guten Kräften der von Gott geschaffenen Natur des Kindes verbunden hat.

V

DIE ÜBUNGEN DES TÄGLICHEN LEBENS

Im guten Fröbel-Kindergarten wie im Montessori-Kinderhaus werden die Kinder in die alltäglichen Hausarbeiten eingeführt, es wird ihnen Gelegenheit gegeben zu „Übungen des praktischen Lebens". Maria Montessori hat diesen große Aufmerksamkeit geschenkt und sie für einen bedeutenden Teil der frühkindlichen Betätigung gehalten. Mit ihren Mitarbeitern zusammen hat sie die Möglichkeiten zu diesen Übungen genau durchgearbeitet, und die gemachten Erfahrungen haben das Leben im Kinderhaus sehr bereichert.

Überall wo Kinder sind und man sie nicht hindert, wollen sie an der täglichen Hausarbeit teilnehmen, kaum daß sie laufen können, und sie ahmen alles nach, was sie aufnehmen und überschauen. Jeder kann dies beobachten. Wohl dem Kind, das in einem einfach und klar eingerichteten Hauswesen das, was zu diesem gehört, allmählich erkennen und dabei mittun kann. Pestalozzi hat betont, wie entscheidend es für die menschliche Bildung des Kindes ist, tätig in die Familie und die Gemeinschaft der Menschen hineinzuwachsen und in der häuslichen „Wohnstatt" daheim zu sein, dem Mittelpunkt des alltäglichen Daseins, „in welchem die Anschauungserkenntnis unseres Geschlechts, d. h. der ganze Umfang der sinnlichen Fundamente unserer Geistesbildung hierfür vereinigt"[1].

Zwar ist das Haus, wo Vater, Mutter und Kinder zusammen leben, die eigentliche Stätte der häuslichen Übungen des Kindes. Aber überall, wo eine Kinderbildungsstätte entsteht, lassen sich viele dieser Tätigkeiten auf ungezwungene Weise einführen und, wenn die Kinder heranwachsen, aus Übung und Spiel in Arbeit wandeln. Gerade diese Arbeiten helfen dazu, Kindergärten und Schulen den Charakter eines schlichten Lebensbereichs zu geben, wie es zu Kindern gehört. Sie machen den Bildungsraum wirklicher, fügen ihn in das menschliche Dasein, wie es ist, ein und bewahren ihn davor, eine Stätte zu sein, wo das Kind zwar spielt, arbeitet und lernt, aber sein Herz den freien einfachen Schlag nicht hat, der alles Tun durchpulst, menschlich bindet und so erst realisiert. Auch wir Erwachsenen streben un-

---
[1] Schwanengesang, in: Pestalozzis Werk, hrsg. von Schohaus, Bd. 3, S. 301.

willkürlich danach, wo immer wir sind, uns häuslich miteinander einzurichten. Der Mensch will wohnen, er weiß es im Innersten und behält es in aller Unruhe seiner Umtriebe, daß er es soll und sich nicht zu weit davon entfernen darf. Und doch sind wir in einem Zustand europäischer „Kultur", der das Gefühl dafür ungemein gefährdet.

Solche Erfahrung wird uns um so mehr veranlassen, Kinderhaus und Schule durch Einführung häuslicher Übungen einen echten Wohncharakter zu geben. Es ist heute eine andere Zeit, als die Pestalozzis es war, aber wir müßten noch mehr als damals eine den Verhältnissen angepaßte Weise finden, zur „Wohnstube" des Menschen alle Wege, die möglich sind, aufzutun. So soll auch das Kinderhaus helfen, im Kind den Sinn für menschliches Wohnen zu pflegen und das Gefühl für die gemäße Umgebung und die Verantwortung dafür zu bilden. Frau Montessori nimmt die Hausarbeiten der Kinder nicht weniger wichtig als die Übungen mit ihrem besonderen „Material", die das Kind beiseite läßt, wenn die Zeit dafür vorbei ist. Die Dinge für die häusliche Arbeit haben einen anderen Charakter, die zugehörigen Geräte haben etwas Bleibenderes, sie sind im volleren Sinne „Dinge". Diese Übungen des täglichen Lebens setzen, ihrem Wesen und Ursprung gemäß, die ungezwungene Bewegung des einzelnen voraus und gedeihen nur, wo freier Umgang mit den Dingen möglich ist. Die Grundstruktur eines Kinderhauses und einer Montessori-Klasse ist günstig für sie.

Das kleine Kind, so beobachtet man in der Familie, fängt, sobald es beginnt Herr über seine Bewegungen zu sein und um Herr über sie zu werden, an, Vater und Mutter und andere Personen der Umgebung in ihren Tätigkeiten nachzuahmen. So nimmt das Kind seine Sinne und Glieder in Besitz und paßt sich in seine Umgebung ein, indem es sich tätig orientiert. Das Kind nimmt Tag für Tag das Bild der Tätigkeiten in sich auf, die zum Leben der Familie gehören, und kommt früh dazu, sie selbst vollziehen zu können. Durch die Aktivität, in welcher es seine Existenz gewinnt, wächst es auch in die Familie inniger hinein. Es gehört mit zu ihr, wenn es der Mutter hilft, und, wo es noch möglich ist, dem Vater in Werkstatt und Garten. Es ist sehr natürlich, daß das Kind das tun will, was Vater und Mutter und andere liebe Erwachsene tun, und daß es dies auch tun kann, weil es eben vom Beginn seines Lebens an das Bild solcher Übungen aufnimmt. In diese Übungen, die zum menschlichen Alltag gehören, geht viel von der seelischen Haltung der Menschen ein. Es sind daher wichtige Übungen, sie regeln den Umgang der Menschen miteinander, ihre Erziehungskraft ist groß.

Nun geschieht durch unsere Zivilisation etwas für das kleine Kind geradezu Tragisches. Die Häuslichkeit verwandelt sich durch die Technik so, daß das Kind nur wenige Tätigkeiten von Vater und Mutter überschauen kann. Ich will nicht viel über diese Wandlung des Hauswesens schreiben, weil allerorts die Umwandlung unserer Umgebung durch die Technik besprochen wird. Statt des lebendigen Feuers, zu dem man Holz und Kohlen holt, das man anzündet, hat man einen Gasherd oder einen elektrischen Herd. Statt des Brunnens und der Pumpe hat man einen Wasserhahn. Statt Gemüse und Früchte aus dem Garten zu holen, kauft man sie im Geschäft. Die Milch bringt der Milchmann. Diese Andeutungen besagen, daß es für das Kind immer weniger Interessantes und Verständliches in der Häuslichkeit zu sehen gibt. Es sieht nicht das Ganze eines Vorgangs, nicht das Woher der Dinge, nicht deren vollständige Handhabung. Es versteht die Zusammenhänge nicht, wenn es nur sieht, daß auf einen Knopf gedrückt wird und dann etwas geschieht. So wird das Interesse des kleinen Kindes an der Realität des täglichen Lebens nicht tief angeregt und in ihm verwurzelt und sein Bedürfnis, nachzuahmen, nicht lebendig ausgelöst. Gewiß gibt es immer noch vieles in einem gutgeordneten Haus, das von einem Kind zu verstehen ist. Aber die Häuslichkeit ist an Bildungsmöglichkeiten für das Kind ärmer geworden. So ist es naheliegend, daß Montessori, noch mehr als Fröbel, dazu kam, Übungen des praktischen Lebens, besser gesagt, die Übungen des täglichen Lebens, als wichtige zu pflegen. Montessori hat eine große Zahl solcher Übungen für das Kind zusammengestellt. Anna Maccheroni erzählt von ihr, daß sie selbst die Hausarbeit liebte und sich ihr zwischen ihren beruflichen Betätigungen gern und geschickt widmete. Sie ist keine Theoretikerin, indem sie für das Kind Übungen häuslicher Arbeit auswählt. Sie unterscheidet drei Gruppen von Übungen: solche zur Pflege der eigenen Person (z. B. sich die Hände waschen), Übungen, welche dem Verkehr mit anderen zugeordnet sind (z. B. Grüßen, jemandem einen Stuhl anbieten, Tisch decken), Übungen, welche die Pflege der Umgebung betreffen (z. B. Metallputzen, Spülen, Blumen pflegen).

Das Kinderhaus soll eine Umgebung sein mit vielen natürlichen Gelegenheiten für solche Übungen: Wenn man kommt, muß man Mantel und Hut ablegen, die Schuhe wechseln. Wenn man geht, sich wieder anziehen, dabei anderen helfen. Ehe man die Tagesarbeit beginnt, sieht man nach den Blumen, gibt ihnen frisches Wasser, pflegt sie. Wenn man frühstückt, deckt man den Tisch, danach wird gespült. Während die Kinder im Kinderhaus die verschiedensten Arbeiten machen, geschehen kleine Ungeschicklichkeiten, z. B. es wird Wasser übergegossen. Es kommt ein Besuch ins Kinderhaus, der einen Stuhl braucht. Die Pflege solcher Übungen, ihre Ermöglichung ist nichts Künstliches, sondern sie gehört zum Kinderhaus als einem Lebensganzen hinzu. Die Kinder können vieles, was sie zu Hause gesehen haben, aber dort nicht tun dürfen, im Kinderhaus in aller Ruhe vollziehen.

Das Kind von drei und vier Jahren ist in einer sensiblen Periode für diese Übungen [2]. Dieses Kind muß seine Orientierung in der Umgebung vollenden, und es muß noch besser Herr werden über den Gebrauch seiner Glieder, es muß in einer erweiterten sozialen Umgebung lernen, sich einzufügen und mit anderen Kontakt zu pflegen.

Man spricht oft davon, daß jemand, der sich gut benimmt, der nicht anstößt, nicht unangenehm auffällt, „eine gute Kinderstube" habe. Er hat sich in den ersten Lebensjahren die Gewohnheiten erworben, die wir zum Leben miteinander brauchen. Das Montessori-Kinderhaus soll eine „gute Kinderstube" sein. Man gibt den Kindern eine Einführung in die verschiedenen Tätigkeiten, indem man sie selbst genau zeigt. Dabei achtet man auf jeden Teil der Tätigkeit. Montessori nennt dies „Analyse der Bewegung". „Jede vollständige Handlung besteht aus deutlichen Teilen, die einander folgen; ein Teil folgt in der Zeit dem andern. Zu versuchen, diese aufeinanderfolgenden Gebärden zu erkennen und genau und getrennt voneinander auszuführen, das ist die Analyse der Bewegung."[3] Der Vollzug dieser Tätigkeiten hat für das Kind nur Wert, wenn es sie genau vollziehen kann. Das Verlangen des Kindes, das im Aufbau seiner Persönlichkeit steht, ist auf Vollkommenheit gerichtet [4]. Die Pflege solcher Genauigkeit bedeutet nicht Pedanterie und gekünstelte Bewegung, sondern Gegenwärtigkeit des Geistes, Hinführung zu Anmut und Leichtigkeit. Die Erzieherin darf nicht steif und wichtig, sondern muß lebendig interessiert und beweglich die Übungen zeigen.

Der Hauptsinn der Übungen besteht für das kleine Kind darin, daß es seine Persönlichkeit aufbaut, indem es seine Aufmerksamkeit mit seinen Bewegungen und Sinnen verbindet und sie sich koordiniert. Diesem Sinn enspricht es, daß das kleinere Kind die Übungen spontan wiederholt, ohne zu beachten, welchen äußeren Zweck sie haben und wie sie sich in die Umgebung einfügen. Dieses kleine Kind putzt vielleicht Messingtürklinken, obwohl sie blank sind. Es wäscht sich die Hände, obschon diese nicht schmutzig sind, es wäscht sie wiederholt. Eine zweite Stufe bei einer Tätigkeit erreicht das Kind, wenn ihm der Sinn der Übung bewußt wird. Es interessiert sich z. B. dafür, den Blumen frisches Wasser zu geben, weil diese das Wasser brauchen. Auf einer dritten Stufe der Entwicklung erfaßt das Kind, welche Bedeutung seine Tätigkeit im Ganzen des Gruppenlebens und der Umgebung hat. Es versteht die Vase mit den Blumen auf den rechten Platz zu stellen. Es steht vor seiner Arbeit auf, um eine irgendwo entstandene Unordnung zu beseitigen. Das Kind ist nicht mehr nur auf seine eigene Tätigkeit eingestellt, es hat den Blick für die anderen und die Umgebung frei bekommen [5].

---

[2] M. Montessori, Pédagogie scientifique, S. 71.
[3] Ebd. S. 71 f.   [4] Ebd. S. 70 f.   [5] Ebd. S. 77 f.

Diese Übungen fördern also beim Kind sowohl die Strukturierung seiner Persönlichkeit wie auch seine soziale Erziehung.

Man hat im Kinderhaus beobachtet, wie sich unruhige und nervöse Kinder durch die Übungen des praktischen Lebens beruhigen. Diese Übungen werden daher in besonderem Maße gepflegt, wenn man mit der Gründung eines Kinderhauses begonnen hat oder wenn viele neue Kinder kommen. Nachdem das Kind sich durch Übungen, die es von zu Hause kennt, in etwa eingeordnet hat, ist es in einem Zustand, in welchem es seine Aufmerksamkeit auch auf die Übungen mit dem Sinnesmaterial richten kann, die es zu noch größerer Geordnetheit bringen.

Montessori hat die „Übungen des praktischen Lebens" genauer und mehr auf freies Einzeltun hin ausgebaut, als sie in der Fröbel-Tradition geübt werden. Die Leiterin des Kinderhauses soll überlegen, welche Dinge zu jeder dieser kleinen Arbeiten gehören und sie vielleicht in einem Körbchen zusammen darbieten. Die Dinge müssen ihren besonderen Platz haben. Es muß alles, was z. B. zur Pflege der Zimmerpflanzen gehört, beisammen sein. Jede Übung ist in dieser Weise vorzubereiten, so daß das kleine Kind leicht findet, was es zu seiner Tätigkeit braucht, und angeregt wird, den Zyklus der Tätigkeit zu vollenden. Montessori hat Tabellen zusammengestellt, die eine große Anzahl dieser Übungen angeben. Es werden nicht in jedem Kinderhaus die ganz gleichen Übungen gemacht. Jedes hat seine besondere Umgebung. Es richtet sich in seinen Sitten nach Land und Volk. Gerade diese Übungen des praktischen Lebens nehmen darauf Bezug. Sie geben also jedem Kinderhaus sein Gepräge. Die kleinen Geräte, die für die Übungen notwendig sind, können handwerklich reizvoll gearbeitet sein. Sie sollen hübsch aussehen, und man sollte nicht nur an die Serienproduktion der Technik denken.

Die Übungen führen das Kind auch zu der Unabhängigkeit, nach der es ein großes Verlangen hat. Es lernt sich selbst anzuziehen, sich zu waschen. Es hilft mit, die Umgebung zu pflegen, die ja seine Umgebung ist. Indem es unabhängig wird, geschieht gleichzeitig seine bewußtere Einordnung in die Umgebung und in die Gemeinschaft. Die sorgfältige Einführung dieser Übungen des praktischen Lebens trägt dazu bei, daß eine Atmosphäre der Höflichkeit entsteht, in welcher jeder auf den anderen rücksichtsvoll achtet. Die Kinder freuen sich, die kleinen Akte der Höflichkeit zu vollziehen. Sie kommen zur Gewohnheit einer Höflichkeit, die heute im gedrängten Zusammensein der Menschen nötiger ist als je.

Schulkinder haben nicht das gleiche Interesse an solchen Übungen wie das Kleinkind. Aber die häusliche Arbeit behält für sie ihren Anreiz, wenn man vom Einfacheren zum Schwierigeren überzugehen weiß, wenn man Verantwortung übergibt und wenn die Arbeiten zum Alter passend ausgewählt und von den Kindern als sinnvoll erkannt werden. Elf- und

Zwölfjährige werden gern Holz spalten und es aufschichten, Kohlen in den Keller tragen, Besorgungen für Haus und Schule machen, wenn immer zu Haus, im Kinderheim oder in der Schule sich Gelegenheit zeigt, vorausgesetzt, daß die rechte Atmosphäre da ist und Verantwortung gegeben, aber kein Zwang ausgeübt wird. Die Erfahrung in Montessori-Klassen sagt, daß auch die Schulkinder gern fegen und putzen. „Mehr als mir lieb ist", sagte ein Lehrer. Die größeren Kinder sollen lernen, ihre Kleidung in Ordnung zu halten, Schuhe zu pflegen, Flecken zu entfernen, Pakete oder den Rucksack für die Wanderung zu packen [6]. Das Anordnen der Blumen kann bei ihnen um so edler entwickelt werden, als schon die kleinen sich darin geübt haben. Die Auswahl des Blumenglases, die selbständige Anordnung der Blütenzweige, der Gräser, der kleinen Blumen, der immergrünen Zweige im Winter, das Finden des rechten Platzes im Raum, dies alles kann eine bildende Wirkung haben, die der japanischen Kunst des Blumenstellens verwandt ist, an die uns ein gehaltvolles Büchlein erinnert [7]. Zu den Übungen des praktischen Lebens gehört auch die Gartenarbeit. Gerade diese wird erst im volleren Sinn von den größeren Kindern übernommen, für die noch größeren sollte auch Landarbeit ermöglicht werden [8].

Eine Fehlerkontrolle ergibt sich bei all diesen Übungen leicht. Werden sie nicht gut gemacht, so entsteht Geräusch, Lärm, der Tisch wird schmutzig, Wasser wird verschüttet.

Wenn man die interessierten Gesichter der Kinder bei diesen Arbeiten und ihre behutsamen Bewegungen sieht, so weiß man, daß nicht so sehr das, was sie tun, wichtig ist, als wie sie es tun. Montessori weist darauf hin, wieviel wichtiger diese den Menschen so gemäßen und ihn mit seiner Umgebung verbindenden Übungen sind als alle Gymnastik [9]. Wir selbst gelangen, wenn wir solche Arbeiten besinnlich und gut tun, zu einem inneren Gleichgewicht und einer Freude bei dem Vollenden so geringen Tuns, auf dem nicht das grelle Licht unserer Tage liegt. Ich habe solches mit erwachsenen Schülerinnen erfahren, wenn ich mit einer Gruppe von ihnen im Winter eine Bildungswoche in einem einfachen Sommerfrischenhaus in der Eifel hielt. Welche Freude hatten wir daran, unseren Ofen zu heizen, Wasser, Holz und Dinge für die tägliche Ernährung zu holen, und wie ursprünglich erfuhren wir die Freude am Geborgensein in einem sauberen und erwärmten Haus, das von uns selbst durch Tun erworben wurde. Eine Bildungsstätte für Kinder müßte durch ihre Art und Einrichtung, die auf nicht notwendige technische Errungenschaften verzichtet, aus dem allgemeinen

---

[6] M. Montessori, De l'enfant à l'adolescent (Paris o. J.), S. 28—32.
[7] Gusty L. Herrigel, Der Blumenweg (Verlag Otto Wilhelm Barth, München).
[8] M. Montessori, De l'enfant à l'adolescent, S. 105 ff.
[9] Dies., Pédagogie scientifique, S. 67 u. 79.

Zivilisationsbereich herausgehoben sein, ohne daß eine Idylle entstünde. Manches an täglichen Arbeiten müßte ein neues Gesicht gewinnen können. Durch die Übungen des praktischen Lebens kommen die Kinder dazu, die einfachen Dinge der Umgebung zu sehen, zu achten und schließlich zu lieben. Das Kind wird davor bewahrt, ein Mensch zu werden, der stumpf über alles hinwegsieht: Es bildet Organe aus, die fühlsam und beweglich machen und helfen, daß ein Zusammenleben reibungslos und schön gelingt. Eine Erziehung zum guten täglichen Leben muß so früh beginnen, daß sie sich verleiblichen, zur andern Natur werden kann. Die Übungen müssen ein organischer Teil der Umgebung sein. Wenn auch das kleine Kind sie wiederholt und ohne Zweck tut, so dürfen sie doch nicht künstlich in die Umgebung hineingebracht werden. Die Übungen des praktischen Lebens sind in das noch spielhafte Leben der kleinen Kinder hineingenommen und von ihrer Arbeitsschwere befreit, sie sind nicht naturalistisch aufgefaßt wie bei Decroly. Solche Spielfreiheit, die keine Spielerei ist, wird in das zukünftige Leben des Kindes hineinwirken, es vor Schwere bewahren helfen, Anmut in sein häusliches Leben bringen.

VI

DAS MONTESSORI-MATERIAL

Mancher, der flüchtig die pädagogische Praxis Montessoris kennt, identifiziert diese geradezu mit dem von ihr geschaffenen Entfaltungs- und Selbstunterrichtsmaterial. Zwar ist dieses aus Montessori-Kinderhaus und -Schule nicht wegzudenken, aber um sowohl das Material als auch die ganze Ausrichtung dieser Pädagogik zu verstehen, muß man begreifen, daß die Dinge, die man nüchtern das „Material" nennt, ihren genauen Ort haben und das Tun des Kindes keineswegs allein bestimmen sollen. Oft wird das Material nicht richtig angewandt, weil man es nicht genügend kennt, und oft wird es falsch beurteilt, weil man sich nicht die Mühe machte, es in Ruhe selbst durchzuüben. Montessori selbst, eine elegante, natürliche Italienerin, war gelegentlich entsetzt über die gekünstelt wichtige Art, wie man es handhabte, weil man Genauigkeit und Sorgfalt mit Pedanterie verwechselte, so daß die Möglichkeiten, die das Material bietet, und die Variationsfreiheit, die es bei aller Wahrung des Gesetzes der Sache dem Kind läßt, nicht ins Spiel kommen konnten. Das „Material" sieht stattlich und geschmackvoll aus, wenn es auch, mit dem gewohnten Spielzeug verglichen, oft nicht so direkten Anreiz gibt. Es richtet sich an die eigentlichen, die oft verdeckten Bedürfnisse des Kindes. Es löst nicht bloße Reaktion, sondern Aktivität aus. Montessori will das Sensationelle von Anreizen und Verlockungen vermieden wissen. „Auch das Problematische entspricht dem Kind nicht. Ein von der Neugier, vom Problem selbst angeregtes Interesse wäre nie das fördernde Interesse, dessen Ursprung in den Bedürfnissen des Lebens selbst liegt und das deshalb das Wachstum der inneren Persönlichkeit leitet." [1]

Sie hat in ihrem „Handbuch" das für das Kinderhaus bestimmte Material beschrieben und seinen Sinn dargestellt, doch ist dieses Buch, das auch in deutscher Übersetzung erschienen ist [2], vergriffen, auch in etwa überholt. In der französischen Neuausgabe der „Selbsttätigen

---

[1] M. Montessori, Erziehung für Schulkinder, S. 81.
[2] 1922 erschien die deutsche Übersetzung in erster Auflage bei Julius Hoffmann, Stuttgart.

Erziehung im frühen Kindesalter"[3] wird eine ziemlich ausführliche Darstellung des Kinderhausmaterials gegeben. Im zweiten Band des 1916 erschienenen Werkes von Montessori: L'Autoeducazione nelle scuole elementari, hat Montessori das damals vorhandene autodidaktische Material für die ersten Schuljahre dargestellt. Leider ist nur der erste Band ins Deutsche übersetzt worden[4], jetzt übrigens auch vergriffen. Mittlerweile ist an diesen Materialien einzelnes geändert worden, und neue sind hinzugekommen. In der pädagogischen Bewegung, die sich in der Internationalen Montessori-Gesellschaft[5] und ihren Gruppen in den Ländern organisiert, ist man in Verbindung mit den Montessori-Schulen und ihrer Erfahrung ständig an der Ergänzung des Materials tätig. In Holland bestehen auch fünf Montessori-Gymnasien, deren Lehrkräfte nach Prinzipien Montessoris Arbeitsmittel und Werkbücher für die höhere Schule zu beschaffen suchen. In den Lehrgängen zur Einführung in die Theorie und die Praxis Montessoris, die bis zu ihrem Tode größtenteils von Montessori selbst geleitet wurden und die in verschiedenen Ländern stattfanden, die letzten im Kriege in Indien, dann wieder nach dem Kriege in europäischen Ländern, z. B. in Rom, in London und in Innsbruck, und die jetzt von Herrn Mario Montessori oder von Pädagogen geleitet werden, die dazu von der Montessori-Gesellschaft autorisiert sind, findet neben der Einführung in die Theorie der Pädagogik Montessoris eine genaue Vermittlung der Kenntnis des „Materials" statt. Die Teilnehmer der Lehrgänge üben die Materialien wiederholt durch, so daß sie, soweit es dem Erwachsenen möglich ist, Art und Wirkung derselben auch mit Sinnen und Bewegung erfahren und sie genau genug kennen, um sie dem Kind auf die rechte Weise und zur rechten Zeit darbieten zu können. Sie fertigen sich ein „Materialbuch" an, in dem sie die Materialien zeichnerisch darstellen und zu den Zeichnungen kurze Anweisungen hinzufügen über Art, Sinn und Gebrauch der Dinge und die Altersstufe, der sie einzeln zugeordnet sind. Durch diese eigene Anfertigung des „Materialbuches", die viel Mühe erfordert, wie auch die Übung mit dem Material, sollen die Teilnehmer davor bewahrt werden, es nur begrifflich zu erfassen.

Maria Montessori übernahm manche Materialien von den französischen Ärzten Itard und Séguin. Besonders Séguin hatte Dinge ausgearbeitet, die dazu dienen sollten, in den Kindern die Entwicklung ihrer Sinnestätigkeit zu fördern, und auch versucht, mit Hilfe besonderer Materialien die Kin-

---

[3] M. Montessori, Pédagogie scientifique (Desclée de Brouwer, Paris 1952). Die italienische Ausgabe erschien neu im Jahre 1948 unter dem Titel: La scoperta del bambino.
[4] Bei Hoffmann (Stuttgart 1926) unter dem Titel „Montessori-Erziehung für Schulkinder" erschienen.
[5] Association Montessori Internationale (AMI), Sitz Amsterdam, 161 Koninginneweg, Direktor Mario Montessori.

der die Anfänge des Schreibens und Lesens und Rechnens lernen zu lassen. Montessori erzählt von den Bemühungen dieser Ärzte [6]. Sie legte auch den Finger auf die Stelle, wo sie zu theoretisch vorgingen und daher versagten, und sie hatte bei der Bildung der geistesschwachen Kinder viel Erfolg, weil sie von der Kenntnis ihres konkreten Zustandes und Lebens ausging und geeignetere, die Tätigkeit der Kinder voller beanspruchende Hilfsmittel zur Einführung elementarer Schuldinge fand [7].

Die Materialien Montessoris, die heute bei den normalen Kindern gebraucht werden, haben in ihrem Charakter manches von ihrem Ursprung behalten. Das in unserer Zivilisation aufwachsende Kind braucht Hilfe zu seiner „Normalisierung". So nennt Montessori den Vorgang des Sichordnens beim Kind. Montessori hat für die gesunden Kinder die Materialien und die Art ihres Gebrauchs, den sie nun der Initiative des Kindes anvertrauen konnte, abgewandelt und neue Dinge geschaffen. Sie haben sich im Laufe der Jahre, in denen sie zu den nun zum Teil zurücktretenden gewohnten Spieldingen und zu anderen Bildungsgelegenheiten im Haus und in der Natur hinzutraten, als vorzügliche Hilfsmittel zur gesunden Entwicklung des Kindes erwiesen. Überall wird darüber geklagt, daß das Kind unserer Zivilisation nervös ist und Schwierigkeiten in bezug auf Erziehung macht, und in Sondereinrichtungen nach Hilfe dafür gesucht. Ärztliche Untersuchungen stellen fest, daß ein großer Teil der Kinder sich nicht normal entwickelt und durch ungeeignete Erziehung früh Schaden erleidet. So ist dieses „Montessori-Material", das dem Kind zur Geordnetheit hilft, ein Heilmittel geworden, und daß es seinen Anfang von der Heilpädagogik aus genommen hat, ist nicht als Mangel zu betrachten. Besondere Übungen, bei denen ein Tun mit der Hand geistige Sammlung und innere Heilung erzielen soll, gibt es ja übrigens auch in Bildungsbereichen alter Kulturen. Das Material ist der Bildungsnot des heutigen Kindes zugeordnet. Es tritt zu anderen Spiel- und Beschäftigungsmaterialien als etwas Wichtiges hinzu und nimmt in Montessoris Kinderhaus eine zentrale Stellung ein [8]. „Die Art der Beschäftigung mit unserem Material ist sehr verschieden von den üblichen Handfertigkeiten, die man von kleinen Kindern im allgemeinen ausführen läßt. Bei Plastilinarbeiten z. B. wird ein Gegenstand konstruiert. Ein bestimmtes Ziel ruft die kindliche Aktivität wach; und ist das Ziel erreicht, so ist die Arbeit zu Ende, und die Aktivität muß erlöschen. Ein solches Ziel gibt unser Material nicht. Das Kind arbeitet mit ihm und wiederholt die Übungen oft

---

[6] Dr. Montessori, La scoperta del bambino, S. 23 ff.
[7] Auch in deutschen Hilfsschulklassen und Schulkindergärten braucht man sie wieder auf angepaßte Weise.
[8] Vgl. Kapitel über „Spiel und Arbeit".

unzählige Male, und allein die Befriedigung des inneren Bedürfnisses setzt der Tätigkeit ein Ende. Sind die Gegenstände wieder an ihren Platz geräumt, so ist keine äußerlich sichtbare Veränderung vor sich gegangen, sondern die gewohnte Ordnung wiederhergestellt."[9]
Die Erfahrungen in den Kindergärten zeigen, daß man mit der Pflege des gewohnten Spiels und den „Beschäftigungen" Fröbelscher Tradition nicht auskommt. Man erzielt oft Lärm statt Spiel. In den Schulen hat alles Streben nach Arbeitsunterricht und Arbeitsmitteln zu wenig gute Verwirklichung gefunden, weil man am Klassenunterricht festhielt und nicht gründlich genug selbständiges Lernen der Kinder durch autodidaktisches Arbeitsmaterial erstrebte. Was an Unterrichtshilfen bei uns im Lehrmittelhandel da ist, zeugt dafür. Zumeist sind sie für den Lehrer gedacht oder bedingen zu sehr sein Mittun. Gelegenheiten und Dinge für das Selbsttun der kleinen und größeren Kinder sind in unserer Zivilisation nicht mehr einfach da, nachdem die alten naturverbundenen Spiel- und Entdeckungsräume den Kindern durch das städtische Wohnen und den Straßenverkehr genommen wurden. Auch ist der Mensch ein Wesen, das sich nicht instinktiv von selbst entwickelt und das man nie einfach der „Natur" und dem Zufall überlassen darf. Das Kind findet in den häuslichen und nachbarlichen Umgebungen für sein Bildungsverlangen heute statt guter Dinge falsche Anreize, die es von seinen gesunden Bedürfnissen ablenken. Das Spielzeug ist ein Handelsartikel geworden und mehr auf Sensation als auf Weckung der Spielfreude ausgerichtet. „Die Spielsachen sind unaufhörlich gewachsen und haben immer größere Ausmaße angenommen."[10] Damit hören sie auf, zu echtem Spiel Anlaß zu geben. Die Montessori-Materialien sollen gute Spieldinge aus dem Leben des Kindes nicht verdrängen. Dies wird in der Praxis der Montessori-Pädagogik anerkannt, nachdem im Anfang, als Montessori in der damaligen Situation leidenschaftlich für ihre besonderen Forderungen eintrat, sie das Spiel im engeren Sinn nicht genug beachtet hatte.

Wenden wir unseren Blick dem „Material" zu. Einige Charakteristika treten hervor. Die einzelnen Dinge fordern eindeutig zu begrenzten Übungen oder Arbeiten auf. Sparsame Einführungslektionen genügen, dem Kind zu zeigen, was mit dem Material zu tun ist. *Fehler, die das Kind macht, kann es zumeist selbst finden und korrigieren:* Damit schwindet die Ärgerlichkeit, daß es ständig berichtigt und in seiner Tätigkeit gestört wird.

Im Kinderhaus treten die Materialien für Sinnesübungen hervor, die allerdings mehr bewirken als nur „Sinnesübung". Diese haben Ärger-

---

[9] M. Montessori, Grundlagen, S. 275.
[10] Dies., Das Kind in der Familie, Seite 28.

nis erregt, weil jedes einen Sinn isoliert anspricht und dessen Wahrnehmungskraft zu vertiefen, die Aufmerksamkeit in ihr zu sammeln sucht, ähnlich wie sich bei Blinden die Aufmerksamkeit in dem Tastsinn sammelt, da der Gesichtssinn ausgeschaltet ist und der Tastsinn dadurch an Leben und Fähigkeit gewinnt. Zugleich wird dem Kind eine Eigenschaft von Dingen durch *Isolierung der Qualität* nahegebracht: Farbigkeit oder Form, Schwere oder mathematische Beziehung von Größen treten in ihrem Wesen, in ihrer Art als allgemeine Eigenschaften von Dingen hervor. Montessori spricht von „materialisierten Abstraktionen". Es handelt sich nicht, wie man mißverstand, um eine Elementenpsychologie, sondern um das Erfassen gültiger allgemeiner Qualitäten wie „Rot", Dreieck", die nicht begrifflich, sondern durch Sinne und Bewegung erfaßt werden. Die mögliche Isolierung einer Qualität geschieht, damit diese aufmerksamer und meditativer aufgenommen wird. Man könnte sagen, dieses einfache Kinderhaus-Material hat philosophischen Charakter, das Kind wird durch die Übungen dahin geführt, an konkreten „zufälligen" Dingen seiner Umwelt, deren „Wie", z. B. die Farbigkeit, reiner zu entdecken oder Unterscheidungen klarer zu vollziehen [11]. „Cézanne spricht von den Farben als von leibhaftigen Ideen, Wesen der reinen Vernunft: „Sie steigen aus den Wurzeln der Welt auf, sie sind ihr Leben, das Leben der Ideen."[12] Die Kinder haben kraft ihres ganzheitlich aufnehmenden „absorbierenden Geistes", wie Montessori darlegt, die Dinge um sie herum längst gesehen, man braucht sie ihnen nicht mit langweiligen Worten aufzuzeigen, sie haben eine Fülle von diffusen Eindrücken im Unterbewußtsein, man gibt ihnen nun eine Hilfe, genauer zu sehen, Eindrücke zu klären; man hilft der Intelligenz zu ihrer Entwicklung. Die Eindrücke ordnen sich, die Dinge interessieren danach mehr, das Kind selbst kommt zur inneren Ordnung, es handelt sich durchaus nicht nur um eine isolierte Sinnesübung [13]. Man möge doch einmal überlegen, ob diese Auffassung, die durch reiche Erfahrung in bezug auf die Wirkung der Übungen bei Kindern immer wieder gestützt wird, nicht richtig ist und ob nicht die Beziehung Montessoris zur Elementenpsychologie ihrer Zeit von ihr genial überwunden wurde, obwohl Termini ihrer Bücher auf die Zeitgebundenheit hinweisen. Ein englischer Vertreter der Pädagogik Montessoris, Prof. Standing, sagt über die Sinnesübungen: „Jedesmal wenn die Übung gemacht wird, muß das Kind eine Reihe von Vergleichen vollziehen... Die wirkliche Freude des Kindes beruht in der psychologischen Tatsache (die natürlich dem Kind nicht bewußt wird), daß es bei der Wiederholung der Übung eine stets wachsende

---

[11] Vgl. die Auffassung F. J. J. Buytendijks in: Erziehung zur Demut, S. 72 ff. „Die Übung des sinnlichen Beobachtens."
[12] Jahresring 56/57, S. 86 (Deutsche Verlags-Anstalt, Stuttgart).
[13] M. Montessori, Grundlagen meiner Pädagogik, S. 274.

Sensibilität erwirbt. Es erwirbt die Fähigkeit, mit einem Blick die verschiedenen Größen der Zylinder zu unterscheiden. Dieses innere Wachstum, die Entwicklung einer wachsenden Sensibilität, einer neuen Fähigkeit, ist das wirklich wichtige Element bei dieser anscheinend einfachen und bedeutungslosen Übung, und dies ist's, was sie dem Kind so faszinierend macht." [14] Montessori selbst bemerkt, als sie auf das *Phänomen der Wiederholung der Übungen* hinweist, ganz ähnlich: „Was das Kind bei den Wiederholungen interessiert, ist nicht nur der Reiz, die Übung zu machen, welche es auch sei, sondern die Tatsache, eine neue Fähigkeit der Perzeption zu erwerben, die ihm erlaubt, zu sehen, was es anfangs nicht sah." [15] So kann sich beim Kind ereignen, was Konrad Weiß in der Dichtung „Die kleine Schöpfung" sagt: „Alle Blumen sind noch gleich, wachsend in dem Kinderreich, bis in unseres Sinnes Licht eine dunkle Rose bricht." [16] Sehen wir einzelne Materialien an: Sie sind solide und sorgfältig gearbeitet, halten besser als die meisten sonst für das Kind hergestellten Spiel- und Übungsdinge [17], sie sind nicht klein, wie durchweg die Fröbelschen Materialien, sondern ansehnlich und stellen an das Tragen auch des kleinen Kindes Anforderungen; es muß sich hüten, daß es damit irgendwo anstößt, wenn es sie sich zur Arbeit holt und sich damit an einem Tischlein oder auf dem Teppich einrichtet. Es ist wesentlich, und Montessori hebt das hervor, daß die Bewegung, besonders die *Betätigung der Hand*, zu allen Übungen dazugehört, damit ein *Zyklus der Arbeit* entsteht und wiederholt wird.

Da ist der T u r m , bestehend aus zehn sonst gleichen, aber an Größe regelmäßig abnehmenden Holzwürfeln, von denen der größte als Kantenlänge 10 cm hat und der kleinste 1 cm. Wie man es von dem ähnlichen Spielzeug kennt, stellt das Kind — das ist die Grundübung, das Kind findet dazu viele variierende Übungen — die Würfel der Größe nach aufeinander. Diese sind massiv, von nicht zu schwerem, nicht zu leichtem Holz, einfarbig, lackiert, während die Würfel aus den Spielzeugläden verschiedenfarbig sind, meist hohl, auch wohl mit Bildern beklebt. Unser Turm weist klar auf die Form und den regelmäßigen Unterschied in der Größe hin. Die Kuben sind also $= 1^3, 2^3, 3^3, 4^3 \ldots 10^3$, das erfahren die Kinder, ihr mathematischer Geist bildet sich unterbewußt. Es ist für Drei- bis Vierjährige zunächst nicht leicht, jeden Kubus von oben her leicht auf die Mitte des unteren aufzusetzen, so daß auch der kleinste noch sicher auf den anderen steht. Gleichgewicht und Schwerkraft werden in ihrer Bedeutung erfahren.

---

[14] M. Montessori, The Child in the Church, S. 127 f.   [15] Ebd. S. 130.
[16] Konrad Weiß, Die kleine Schöpfung, S. 40.
[17] Man sieht auch solides Baukastenmaterial im Handel, das von Fröbel, aber auch von Montessori beeinflußt erscheint.

Die Treppe besteht aus 10 gleichen, nur an Dicke gleichmäßig sich unterscheidenden Prismen aus Holz, die ebenfalls in einer Farbe gestrichen sind. Mit dem größten anfangend, legt das Kind die Prismen zur Treppe aneinander, auch hier durch Wiederholung der Übung die Unterschiede allmählich genau erfassend. Das Quadrat am Ende der Prismen, die Grundfläche hat als Seite 1, 2, 3 ... 10 cm, ist also $1^2, 2^2, 3^3$ ... groß. Das nächste Material — was nicht heißen soll, das Kind solle in logischer Reihenfolge vom ersten zum nächsten weitergehen oder unbedingt mit jedem Material üben — sind die Roten Stäbe, an denen der Unterschied in der Länge auffällt. Der längste ist 1 m lang, jeder weitere nimmt um je 10 cm in der Länge ab. Vom längsten angefangen, legt das Kind die Stäbe so aneinander, daß ihr eines Ende in einer Linie liegt, so wird die Abstufung deutlich. Die Beziehung der Stäbe zueinander kann erprobt werden, in dem z. B. das Kind je zwei so zusammenlegt, daß sie so lang wie der längste sind. Die Länge der Stäbe ist also = 1, 2, 3, 4, 5 ... 10 dcm, d. h., der zweite ist zweimal der erste, der dritte dreimal, der vierte viermal usw.

Ich nenne nun die beliebten und bekannten, weil oft zitierten Einsatzzylinder, vier lange Holzblöcke mit Öffnungen, in die je 10 Zylinder einzufügen sind, die auf ihre Form aufmerksam machen. Die sonst gleichen Zylinder verändern sich in dem einen Block durch gleichmäßige Abnahme des Durchmessers, die Höhe bleibt, die Zylinder werden dünner bzw. dicker; im andern Block bleibt der Durchmesser, aber die Höhe nimmt ab, die Höhe fällt auf, da sie allein zunimmt bzw. abnimmt. Beim dritten Block ändern sich gleichmäßig Durchmesser und Höhe, es fällt auf, daß die Zylinder „kleiner" bzw. „größer" werden. Auch bei dem vierten geschieht die Veränderung in drei Dimensionen, aber der Durchmesser nimmt ab, die Höhe wächst, umgekehrt wie bei dem dritten.

In der Natur gibt es solche mathematisch genauen Abstufungen in bezug auf Länge, Größe usw. nicht. Bei diesen Übungen aber fällt die Quantität und Qualität, „Größe", „Form", „Höhe" auf, der Sinn für diese Eigenschaften der Dinge wird wach und kann zu ihrer genaueren Erfassung führen. Montessori benutzt bei den Materialien und bei „Lektionen", die man den Kindern bei ihrer Einführung oder bei Einführung der Benennungen nach gewonnener Erfahrung gibt, als Hilfsmittel den Hinweis auf Identitäten und Kontraste.

Die Leiterin zeigt, wie die Dinge gehandhabt werden, zu reden ist überflüssig. Sie nimmt z. B. aus einem Block einen Zylinder nach dem andern heraus, stellt sie gemischt hinter den Block, dann setzt sie die Zylinder wieder in die entsprechenden Öffnungen. Man wird daran erinnert, wie gern die Kinder den zur Küchenwaage gehörenden Kasten mit den Gewichten zu einem ähnlichen Spiel nahmen. Die Übung mit den Zylindern ist schon bei den Kindern von zweieinhalb bis drei Jahren beliebt. Die Kinder üben zunächst mit nur einem der Zylinderblöcke, die größeren nehmen dann zwei Blöcke gleichzeitig, dann auch drei oder alle vier zusammen, und es ist erstaunlich, zu welcher Fähigkeit der Unterscheidung sie gekommen sind, sie freuen sich daran und machen gemeinsame Spiele, bei denen sie sich an Schnelligkeit der Unterscheidung messen.

Sehr gern üben die Kinder dieses Alters mit den F a r b t ä f e l c h e n . Es ist ein kleiner Kasten mit nur drei Paar Holztäfelchen da, von denen je zwei mit gelber, blauer, roter Seide umsponnen oder entsprechend gestrichen sind. Zum Anfassen der Täfelchen oder „Spulen" sind oben und unten Holzleistchen angebracht, die nicht farbig sind. An diesen erfaßt das Kind zierlich mit den Fingern die Täfelchen und paart die gleichen, nachdem es alle aus dem Kasten herausgenommen und gemischt hat. Nichts fällt an den Täfelchen auf als die Farbe. Durch das Paaren wird die Unterscheidung getätigt.

In einem zweiten Kasten sind elf Paare von Täfelchen, welche die drei Grundfarben, sechs Mischfarben und Schwarz und Weiß enthalten. Ein dritter, noch größerer Kasten enthält acht Farben in je sieben Schattierungen, die in der rechten Abstufung hinzulegen sind. Durch wiederholtes Üben lernt das Kind die feinen Schattierungen voneinander sondern, und seine Aufmerksamkeit für Farbunterschiede wird wach. Mit den Farben lernen die Kinder durch einfache „Lektionen" ihre Namen kennen, und die Kinder nennen nun gern die Farben von Blumen, von Kleidern und anderen Dingen, auf die sie aufmerksamer sind. Auch hier geht es nicht nur um Sinnesübung, sondern um die Verfeinerung und Weckung des Geistes.

Es ist ferner die K o m m o d e da mit einem besonderen „Rahmen" zur Einführung und den sechs Schubladen, deren jede eine Gruppe von sechs geometrischen Figuren enthält, Vierecken, Kreisen, Dreiecken, Vielecken und anderen Figuren. Diese werden aus ihren Öffnungen in einer Holzplatte genommen, gemischt, dann einzeln mit Zeige- und Mittelfinger umfahren, so daß die Form empfunden wird, und wieder eingefügt.

Das Kind lernt mit Hilfe von Auge und Tastsinn die Figuren erkennen. Anschließend gibt es drei Gruppen von Karten, auf denen die gleichen Figuren, einzeln auf je einer Karte blau ausgefüllt oder nur in breiten, dann schmalen Konturen abgebildet sind, auf diese sind die Holzfiguren zu legen, die Übungen werden schwieriger, setzen Fähigkeit der Abstraktion voraus.

Es gibt die T a s t b r e t t e r , mit rauhen und glatten Flächen aus aufgeklebtem Sandpapier zum Berühren und Erkennen der Unterschiede, dazu ist ein Kasten mit Brettchen, beklebt mit Sandpapieren da, von denen je zwei gleich sind, sie sind nach Rauheit abgestuft, das Kind mischt sie und paart bei verbundenen Augen die gleichen.

Der Tastsinn wird ferner an verschiedenartigen Stoffen geübt, von denen Paare in einem Kasten liegen: Wolle, Seide, Leinen, Gaze, Plüsch, Tüll usw., das Kind nimmt die Stoffe aus dem Kasten, mischt sie und paart sie wieder bei verbundenen Augen, so daß die Aufmerksamkeit ganz auf die Unterscheidung durch den Tastsinn konzentriert ist.

Für die Übungen des barischen Sinnes sind die drei Kästen mit Paaren verschieden schwerer Holzbrettchen da, die auf den Fingerspitzen emporgehoben, erprobt und richtig gepaart oder abgestuft hingelegt werden.

An den Gehörsinn wenden sich die G e h ö r b ü c h s e n , drei Paare, die beim Schütteln verschiedene Geräusche verursachen, je zwei sind gleich und zusammenzufinden. Nach dem Paaren kann die schwierigere Übung des Ordnens der Büchsen nach Abstufung der Geräusche gemacht werden.

Dazu die G l o c k e n , die beim Anschlagen mit einem Hämmerchen Töne erklingen lassen und die das Kind ordnet, je zwei Glocken mit dem gleichen Ton paarend oder die Glocken in der Aufeinanderfolge der Tonleiter aufstellend. Das Kind lernt die Töne kennen und unterscheiden, und es findet und spielt mit ihnen einfache Melodien. Montessoris Mitarbeiterin Anna Maccheroni hat, von den Glocken angefangen, die Musikpädagogik Montessoris sorgfältig ausgearbeitet. Ihre Arbeit ist leider erst zum geringen Teil im Druck erschienen [18]. Wir finden bei Montessori in ihrem ersten Buch auch die Aufforderung, bei den Kindern primitive Instrumente einzuführen. Diese Anregung konnte in heutigen deutschen Kinderhäusern und Schulen in Verbindung gebracht werden mit der von Orff geschaffenen Kindermusik und den primitiven Instrumenten, die Orff wieder bereitgestellt hat.

Es gibt ferner Übungen zur Bildung des Geschmacks- und des Geruchssinnes, dessen Bedeutung für die Gesundheit Montessori hervorhebt [18a].

Maria Montessori will mit ihren „Materialien" dem im Kind vorhandenen Chaos von Eindrücken, einem schöpferischen Chaos, zur Ordnung helfen. Das Kind drängt aus seiner Dumpfheit, aus seiner Art diffus zu sehen, zur Klarheit, zur Unterscheidung der Dinge. So sagt Montessori, „unser Material dient in der Tat zur Analyse und es stellt die Eigenschaften der Dinge dar, die Größe, Form, Farben, die Glätte oder Rauheit der Oberfläche . . . Das sind die Eigenschaften der Gegenstände, nicht die Gegenstände selbst, wenn auch diese Eigenschaften selbst, eine von der anderen verschieden, von Gegenständen dargestellt werden"[19]. Beim Montessori-Kongreß in Rom 1957 wurde von einem Redner Montessori mit

---
[18a] M. Montessori, Pédagogie scientifique, S. 161 f.
[19] Dies., Erziehung für Schulkinder, S. 203.

Decroly verglichen. Wie Decroly die ganzheitliche Erfassung der Dinge beim Kinde beachte, so tue es Montessori mit der Anerkennung des „absorbierenden Geistes". Aber Montessori pflege auch die Analyse, die zur Deutlichkeit der Eindrücke führe und dem Kind zur Bewußtheit verhelfe. Ein anderer Redner, Prof. A. A. Attisani, stellte die Auffassung der ganzheitlichen Geistesart des Kindes als „absorbierender Geist" und Montessoris Materialien in Gegensatz zueinander. Mir scheint, beides gehört zusammen, das dreijährige Kind hat schon das Verlangen nach einer genaueren Abgrenzung der Dinge, welche die unbewußte ganzheitliche Aufnahme ergänzt und begleitet.

Nach der Fülle der schon gemachten und vor der Möglichkeit genauerer, geordneterer Wahrnehmungen hat das „Material" seinen Platz. Es bringt die Hilfe der Analyse und bereitet eine bewußtere Wahrnehmung und das Interesse an Genauigkeit vor. Montessori betrachtet diese Materialien als einen „Schlüssel", der dem Kind in die Hände gegeben wird, damit es nun, nachdem es mit den „Materialien" gearbeitet und die Fähigkeit seiner Unterscheidung sich entwickelt hat, eine um so größere Freude erfährt, die Dinge draußen recht zu sehen, Entdeckungen zu machen. Es entsteht eine „bestimmte Ordnung in seinem Geist . . ., die alle Gegenstände der Umwelt, die dieses Merkmal haben, zu sich heranzieht"[20]. Diese Ordnung führt auch zur Wirkung der individuellen Unterschiede, sie macht frei; ein Kind z. B. bemerkt: das Fenster sei ein Rechteck, ein anderes, daß die Bläue des Himmels hindurchscheint. „Die Auswahl der wesentlichen Merkmale wird bei den Kindern zu einer ‚natürlichen Wahl' in bezug auf die eigenen angeborenen Anlagen."[21] Das Kind wählt seine Übungen, und wenn es diese gemacht hat, so wählt sein Geist in der Umwelt die Dinge, denen er sich verbindet. „Aber die Wahl, das ist die grundlegende Notwendigkeit, um die Dinge wirklich zu erkennen: Um hinauszutreten aus der Unklarheit und einzutreten in die Klarheit; um aus der müßig umherschweifenden Träumerei hinauszutreten und einzutreten in die Tätigkeit."[22] Diese Materialien sollen also dem Kind helfen, Ordnungen zu sehen und zu unterscheiden. Es wird dem Kind möglich, die Dinge in eine „grundlegende Ordnung" einzureihen. „Jeder neue Erwerb wird nicht aufgespeichert, sondern an seinen Platz gebracht. Diese ursprüngliche Ordnung wird nie wieder gestört, sondern durch neues Material nur bereichert werden. Da das Kind auf diese Weise die Möglichkeit erlangt hat, eine Sache von der anderen zu unterscheiden, hat es die Grundlagen für sein geistiges Leben gelegt."[23] Es wird in ihm ein „Gleichgewicht der Persönlichkeit" gefördert, „Ruhe, Kraft und die Möglichkeit zu neuen Errungenschaften". „Diese Ordnung erspart Zeit und Kraft. Das

---

[20] Ebd. S. 210.   [21] Ebd.   [22] Ebd. S. 211.   [23] Ebd. S. 204.

Kind kann also, ohne zu ermüden, eine größere Arbeitsleistung vollbringen und kann schneller reagieren... Die äußeren Dinge auf der Grundlage einer sicheren, im Geiste schon bestehenden Ordnung zu unterscheiden, zu klassifizieren und zu katalogisieren, darin besteht der Verstand und auch die Bildung."[24] Dieser Satz lautet intellektualistisch. Er wird ergänzt durch die Sorge Montessoris für das Entstehen des Phänomens der Konzentration, dem ja, wie die Praxis zeigt, dieses Material dient [25]. Dadurch beweist Montessori ihre Auffassung des Menschen als eine vom Geist bestimmte Einheit, die mehr ist als ordnende Intelligenz. Gewiß wird diese Bildung auch auf andere Weise zu fördern sein. Aber die Betonung der Ordnung durch Montessori ist für unsere Kinder, die mit den vielen flüchtigen Impressionen der Straße in die Bildungsbereiche kommen, gar nicht zu überschätzen. Man mag auch an das Wort des heiligen Thomas denken: „Des Weisen Amt ist: ordnen."[26] Geistiges Leben ist ohne Ordnung nicht denkbar, und Verwirrung bei seiner Grundlegung mag nicht wieder zu behebende Schäden verursachen.

Der Kritik, die man dem Montessori-Material gegenüber ausspricht, mag geantwortet werden, daß die pädagogische Wirkung der Übungen als gut erfahren wurde, daß die Diskussion darüber weitergehen mag, es aber darauf ankommt, nicht mit Vorurteilen und von bloßer Theorie her zu urteilen. Die Materialien sollen die Welt dem Kind nicht verstellen, sondern sie in ihrem Wesen und ihrer Ordnung öffnen, sie sollen nicht das Kind in mechanisch werdenden Übungen verharren lassen, sondern es zu freien Entdeckungen entlassen. „Unser Material soll kein Ersatz für die Welt sein, soll nicht allein die Kenntnis der Welt vermitteln, sondern soll Helfer und Führer sein für die innere Arbeit des Kindes. Wir isolieren das Kind nicht von der Welt, sondern wir geben ihm ein Rüstzeug, die ganze Welt und ihre Kultur zu erobern. Es ist wie ein Schlüssel zur Welt und ist nicht mit der Welt selbst zu verwechseln."[27] Daß es so ist, zeigt sich immer wieder in Kinderhäusern, deren Leiterinnen den Sinn der Materialien verstanden haben.

Wenn wir an die Schulmaterialien denken, so wäre ähnliches zu sagen, aber bei ihnen gewinnt der Gegenstand als solcher, an dem das Kind arbeitet, an Bedeutung. „Es tritt der andere Faktor hinzu, der den Inhalt der Bildung betrifft. Jeder Unterrichtsgegenstand muß in einem systematischen, genau bestimmten Aufbau von äußeren Mitteln dargeboten werden. Zu der ursprünglichen Arbeit muß die Mitarbeit von Spezialisten in jedem Unterrichtsfach hinzukommen, damit die Gesamtheit der Mittel

---
[24] Ebd.
[25] Vgl. Kapitel über die Polarisation der Aufmerksamkeit.
[26] Thomas von Aquin, Ordnung und Geheimnis, hrsg. von Pieper (1946), S. 65.
[27] M. Montessori, Grundlagen, S. 274.

festgestellt werden kann, die notwendig und genügend sind, um die selbsttätige Erziehung hervorzurufen."[28] „Den Kindern Aktivitätsmotive und gleichzeitig Kenntnisse, die sie interessieren, darbieten, das ist für alle Zweige die Möglichkeit der schulischen Erziehung."[29] Schon das „Material" für die Sinnesübungen, das der Entwicklung des kleinen Kindes aus seinen inneren Tendenzen angepaßt war und ihr diente, forderte eine Hingabe an das Gesetz des Gegenstandes. Montessoris Grundhaltung zur Welt ist eine andere als die Fröbels, der, obwohl auch er bei seinem Baukasten das Gesetzhafte hervorhebt, doch vorschnell eine Lebenseinigung erstrebt, in welcher die Trennung von Geist und Gegenstand sich fast aufheben, das Innere äußerlich, das Äußere innerlich gemacht und alles zum Symbol werden soll. Bei Montessori gibt es klarer die Spannung des Geistes zum Gegenstand hin, auch dessen Widerstand, die der Geist zu überwinden, die er zugleich zu achten hat. Ihre Pädagogik entspricht einem natürlichen Realismus. In den Kapiteln über sprachliche und mathematische Bildung werden außer weiteren Materialien für das Kinderhaus solche für die Schule genannt. Sie sollen vor allem dem Kind helfen, Grundordnungen zu erkennen, Grundfähigkeiten auszubilden und Begriffe zu „inkarnieren". Ist letzteres geschehen, so legt das Kind das „Material" beiseite, die echte Abstraktion ist getätigt. Das Kind wird dann auch mit Hilfe anderer Dinge und Erfahrungen in der Umgebung seine Kenntnisse vermehren, es wird seine Fähigkeiten in freier Weise anwenden. Das Material ist ein Schutz davor, daß das Kind sich in Unordnung und vage Impressionen hinein verliert, es hilft dem Geist zur Aktivität. Es kann keine freie Wahl der Arbeit geben, wenn nicht eindeutige, die Schwierigkeiten isolierende Arbeitsmaterialien da sind, die in einer Sinne und Bewegung in Anspruch nehmenden und sie dem Geist koordinierenden Art für Kinderhaus und Grundschule nötig sind.

Für die weiterführenden Klassen findet man manches Geeignete unter den Dingen, die im allgemeinen Lehrmittelhandel angeboten werden. Es gibt ausgezeichnete Atlanten, Globen, Hilfsmittel für Naturkunde. Es gibt Jugendbücher, die in bestimmte Fachgebiete einführen, und Schüler-Lexika. Aus diesen Dingen wählen wir für die Arbeit in den weiterführenden Klassen der Montessori-Schule aus, und wir ergänzen durch Arbeitsanleitung, Einführung in Techniken und durch anregende Lektionen. Es ist aber noch heute festzustellen, daß bei der Bereitstellung von Lehrmitteln für die Schulen die großen Firmen und Verlage die Ermöglichung der Selbsttätigkeit des Kindes wenig berücksichtigen. Das Arbeitsmaterial Montessoris ist so eingerichtet, daß das Kind bei seiner Arbeit verweilt, die Übungen wiederholt und variiert, nicht aufhört, wenn es etwas ober-

---

[28] Dies., Erziehung für Schulkinder, S. 90.
[29] Dies., Pédagogie scientifique, S. 57.

flächlich begriffen hat, nein, wenn ihm etwas aufgegangen ist, fängt die eigentliche Arbeit erst an. Manche Besucher des Kinderhauses oder der Schulklassen begreifen nicht, warum die Kinder mit solcher „Umständlichkeit" lernen. Sie meinen, daß es ohne die Materialien viel schneller ginge. Es gilt für sie, daß Montessori sagt: „Wir sind kaum imstande, die Meditation von den Methoden des verstandesmäßigen ‚Lernens' zu unterscheiden."[30] Das Rechenmaterial gewinnt aber seinen mathematischen Charakter gerade dadurch, daß es nicht den kürzesten Weg zu nützlichen Kenntnissen hinweist. Das Kind, welches mit dem bereitgestellten Material selbständig arbeitet, lernt nicht nur etwas, es wird gebildet, sein Geist erwacht. Montessori sagt davon: „Was diese Arbeit auszeichnet, das ist eine besondere Kraft der Konzentration, die den Geist in einer Art Meditation, dem charakteristischen Merkmal des Genies, auf dem Gegenstand verweilen läßt; daraus entspringt ein ungemein starkes Innenleben, wie die Keimzellen die Frucht von ganzen Existenzen sind. Man könnte sagen, daß sich eine solche Geistesverfassung von der gewöhnlichen nicht durch die Form, sondern durch die Intensität unterscheidet."[31] Sie ist der Meinung, die Kinder unserer Zivilisation müßten ein höheres Niveau geistiger Bildung gewinnen und beweglichen Geistes werden, aber was am nötigsten sei, bestehe darin, daß der Geist die Führung aller Fähigkeiten bekomme, damit der Mensch nicht von außen umgeworfen und beherrscht werde. Dies gelingt, wenn die Arbeit in der Schule eine meditative ist, nicht eine auf äußeren Erfolg gerichtete. Wenn, nur von außen gedrängt, das Kind etwas aufnimmt, begreift und lernt, so wird es kein Mensch mit eigener Erkenntnis und Verantwortung.

Die Bedeutung des „Montessori-Materials" besteht darin, daß mit seiner Hilfe das Kind tiefer versteht und geistige Freude seine Haltung beeinflußt. Auch der Erwerb von praktischen Kenntnissen und „Kulturtechniken" hat seine Berechtigung, muß aber von einem umfassenderen geistigen Vorgang getragen sein. „Die Aneignung von Wissen geschieht am wirksamsten als Ergebnis der spontanen Arbeit des Verstandes."[32]

In ihrem gültig bleibenden Hauptwerk sagt Montessori: „Zwischen dem ‚Verstehen', wenn ein anderer versucht, uns mit Worten die Erklärung einer Sache einzuprägen, und dem eigenen Erfassen der Sache liegt ein unendlicher Unterschied ... Derjenige, der ‚von sich aus, versteht', hat einen unerwarteten Eindruck: er fühlt, daß sein Bewußtsein sich befreit hat und ein Licht darin leuchtet. Dann ist das Verstehen nicht gleichgültig; es bedeutet oft nur einen Anfang, manchmal den Anfang neuen inneren Lebens... Wenn man sagt: ‚der Geist entfaltet sich', versteht man dar-

---

[30] Dies., Erziehung für Schulkinder, S. 217.
[31] Ebd. S. 223.
[32] M. Montessori, The Child in the Church, S. 121.

unter ein schöpferisches Phänomen, aber nicht die Ermüdung durch einen mit Gewalt von außen her bewerkstelligten Eindruck. Dieses ‚Sich-Auftun' des Geistes ist das aktive Verstehen, das von tiefer Erregung begleitet wird und das man deshalb wie ein inneres Erlebnis empfindet.

In der Tat ist jede geistige Erregung eine Quelle der Freude für unsere freien Kinder."[33]

„In einer Montessori-Schule ist die geistige Entwicklung nicht etwas, das erzwungen werden muß, sie beruht vielmehr auf der Annahme, daß im Kind ein inneres Drängen ist, das sich in der spontanen Arbeit des Intellekts zeigt."[34] Diese anzuregen ist die Aufgabe des „Materials", die vom Lehrer diskret gestützt wird.

---

[33] Dies., Erziehung für Schulkinder, S. 214 ff.
[34] Ebd. S. 148.

VII

DAS PHÄNOMEN DER POLARISATION DER AUFMERKSAMKEIT

Es soll hier von dem Phänomen die Rede sein, von dem Montessori sagt, es sei die grundlegende Tatsache, die zur Entwicklung ihrer „Methode" führte [1]. Montessori hat es in einem umfassenden Kapitel des Werkes behandelt, das man ihr Hauptwerk nennen kann [2]. Dieses Phänomen ist der Eckstein im Aufbau ihres Kinderhauses, und es bleibt wesentlich für ihre Schule. Es ist ihr zuerst im Kinderhaus in Rom 1907 bei einem kleinen Mädchen von drei Jahren aufgefallen, das die Übung mit den bekannten Holzzylindern 44mal wiederholte, obschon man es zu stören versuchte, und welches mit der Übung aufhörte, ohne von außen dazu veranlaßt worden zu sein. Montessori stellte fest, daß das Kind, nachdem es von sich aus aufgehört hatte, sich freundlich den anderen zuwandte in einem Zustand innerer Befriedigung, Offenheit und Heiterkeit. Also sind schon kleine Kinder, folgerte Montessori, von denen man dies nie erwartete, einer großen Konzentration der Aufmerksamkeit fähig, wenn sie für diese den rechten Gegenstand finden, dem sie sich spontan hingeben und der sie zur Wiederholung einer Übung veranlaßt. Solche Bindung der Aufmerksamkeit ist entscheidend für ihre Entwicklung. „Ich glaube", sagt Montessori, „daß der unvergeßliche Eindruck, den mir dieses Phänomen machte, dem ähnlich ist, den man bei einer Entdeckung empfindet." [3] „So kam es, daß die Kinderseele sich selbst offenbarte, und von diesen Offenbarungen geleitet, entstand eine Methode, bei der die geistige Freiheit in den Vordergrund trat." [4]

Es ist nicht erstaunlich, daß Montessori, die für ihre pädagogische Praxis entscheidenden Phänomene bei den Kindern unter sechs Jahren entdeckte. Diese Kinderjahre sind, wie sie in Übereinstimmung mit den Ergebnissen unserer heutigen Anthropologie und der Tiefenpsychologie betont, mehr als jede spätere Zeit formativ für den Aufbau des

---

[1] M. Montessori, Erziehung für Schulkinder I (Verlag Julius Hoffmann, Stuttgart 1926). — Kinder sind anders (1952), S. 160.
[2] Dies., L'Autoeducazione nelle scuole elementari (Rom 1916), S. 56 ff.
[3] Dies., Erziehung für Schulkinder, S. 73. [4] Ebd. S. 74.

Menschen. In einer solchen Zeit müssen also die Phänomene erkennbar sein, die für die menschliche Entwicklung und für das Gelingen der leibseelischen Struktur entscheidend sind, die schlechthin für die Bildung grundlegenden Phänomene.

Montessori hat in ihrem Kinderhaus auf das Zustandekommen der Konzentration alles zentriert. „Dieses Phänomen", sagt sie, „hat sich ständig wiederholt in unseren Schulen bei den Kindern verschiedener sozialer Klassen und verschiedener Rassen und Zivilisationen." Sie sagt, daß diese bei dem kleinen Kind „entdeckte" Erscheinung der Sammlung der Aufmerksamkeit und ihrer großen Wirkung für die „Normalisation" des Kindes eben das Phänomen ist, von dem das Heilwerden auch des Erwachsenen abhängt. „Es kann auch die ganze Seele des Erwachsenen in sich einschließen" und ist „eine der ständigen Begleiterscheinungen der Sammlung beim Erwachen des inneren Lebens"[5]. Es handelt sich „um eine allgemeine Eigenschaft der menschlichen Seele, die sich nur bei wenigen bis ins Erwachsenenalter hinein erhält". Deshalb empfindet der Mensch oft nicht mehr die Bedürfnisse des inneren Lebens. „Die Seele, die nicht mehr das Gefühl für ihre eigenen Bedürfnisse hat, ist auf derselben gefährlichen Bahn wie der Körper, der nicht mehr imstande ist, den Hunger und das Schlafbedürfnis zu spüren."[6] Montessori weist auf die Bedeutung der Sammlung im religiösen Leben hin[7]. Einmal stellte sie diesem Phänomen das ebenfalls den ganzen Menschen ergreifende der echten Reue gegenüber, das dem übernatürlichen Leben angehört, und im Erwachsenen, der sein natürliches Leben kaum noch ändern kann, eine geheimnisvolle Erneuerung bewirkt. Die Übung der Konzentration ist nicht der einzige Weg, jenen inneren Punkt zu bewegen, von dem aus der Mensch zur Erneuerung kommt, aber es ist für unsere Zivilisation bedeutsam, daß Montessori auf die Möglichkeit der Übung hingewiesen hat. Ganzheitlich bewirkt die „Konzentration" die Ordnung der natürlichen Persönlichkeit beim Kind. Noch in ihrem letzten Werk „La mente del bambino" wird die Wichtigkeit dieser Konzentration hervorgehoben[8].

„Die Ordnung des psychischen Lebens setzt mit dem charakteristischen Phänomen der Aufmerksamkeit ein."[9] Die Beachtung dieser Tatsache ist, wie Montessori weiß, nicht etwas nur für ihre Pädagogik Charakteristisches. Sie allerdings hat, wie kein anderer Pädagoge, die Schule auf dieses Phänomen gegründet, während es sonst unseren Schulen fremd geworden ist. Sie sind Stätten der Zerstreutheit und der Verhinderung

---

[5] Ebd. [6] M. Montessori, Das Kind in der Familie (Stuttgart 1954), S. 56.
[7] Dies., Erziehung für Schulkinder I, S. 111.
[8] Dies., La mente del bambino, S. 27 ff.
[9] Dies., Erziehung für Schulkinder I, S. 72.

tiefer Bildung[9a]. Montessori sagt dazu: „Die innere Konzentration ist ein Phänomen, das man bei allen unseren Kindern erlebt, das von größter Wichtigkeit für das innere Wachstum ist und das bis jetzt noch niemals als notwendiger Faktor in die Pädagogik einbezogen wurde. Im Gegenteil sogar wird die Konzentration des Kindes überall gestört."[10] Das Gelingen der Bildung hängt vom Erwachen eines tiefen Interesses, vom Vergessen seiner selbst ab. Solche Sammlung kann verschiedene Intensität, der Gegenstand einen verschieden hohen Grad von Wirklichkeit haben. Soll aber die rechte Wirkung zustande kommen, so muß eben die innere Zuwendung geschehen mit einer Bindung an den Gegenstand ohne Beachtung von Zweck und Nutzen.

Der Oxforder Professor C. S. Lewis, der durch geistvolle theologische Werke bekannt ist, schrieb eine merkwürdige Erzählung: „Die große Scheidung oder Zwischen Himmel und Hölle", worin er es als die Rettung des Menschen und sein Eingehen in die große „Wirklichkeit", Himmel genannt, bezeichnet, daß dieser von seinem Ich absieht und seinen Blick auf einen Gegenstand richtet. „Himmel ist die Wirklichkeit selbst. Alles, was ganz wirklich ist, ist himmlisch."[11] „Wenn nur etwas", sagt z. B. bei der Begegnung eines guten Geistes mit einem unheilvollen weiblichen Wesen der hilfsbereite gute Geist, „ihre Aufmerksamkeit einen Augenblick von ihr selbst ablenkt, dann könnte dieser Augenblick eine Chance bieten."[12] Man kann solche Einsichten mit dem bei Montessori betonten Phänomen der Polarisation der Aufmerksamkeit in Beziehung bringen.

Diese Bemerkungen mögen dartun, daß die Pädagogik Montessoris keineswegs eine nur „moderne" ist oder einen individuellen pädagogischen Einfall bedeutet. Ihre Prinzipien sind solche, die den Menschen jeder Zeit angehen, ob auch seine Umwelt sich wandelt.

Montessori spricht von drei Phasen, die man beim Zustandekommen der Konzentration beobachtet. Die erste Phase ist die der Vorbereitung, die zweite die der „großen Arbeit", und „nach ‚der großen Arbeit', welche der vorbereitenden Phase folgt und die mit einem äußeren Gegenstand und der Tätigkeit der Hand verbunden ist, ergibt sich die dritte Phase, die eine gänzlich innere ist, voller Freude und Lust, und die wie ein Reflektor die Umgebung erleuchtet und Gegenstände ans Licht bringt, die sonst unbeachtet bleiben würden"[13]. Von Künstlern alter Kultur, aber auch von solchen neuerer Zeit erfährt man, wie wichtig ihnen die Vorbereitung war, die dem Einsatz zur Arbeit vorausging. Alte Meister konnten nicht schaf-

---

[9a] M. Wagenschein spricht davon in seinen päd. Aufsätzen. Vgl. bes. „Über die Aufmerksamkeit", in: Zeitschrift f. Pädagogik 1 (1959).
[10] Dies., Grundlagen meiner Pädagogik, S. 275.
[11] C. S. Lewis, Die große Scheidung (Verlag Jakob Hegner, Köln 1955), S. 74.
[12] Ebd. S. 82. [13] Montessori, Das Kind in der Familie, S. 69.

fen, ohne vorher alles genau zurechtzulegen, was zu ihrer Arbeit gehörte. Sie taten dies mit einer gewissen Feierlichkeit und beachteten große Sorgfalt in der Wahl der Gefäße für ihre Farben und in der Anordnung der Dinge, die sie zur Arbeit einstimmten. Bei den Kindern beobachten wir oft, daß die einen als Vorbereitung für „die große Arbeit" dieser eine leichte vorausgehen lassen oder daß sie mit einer gewissen Umständlichkeit alles vorbereiten, ihren Platz und die Dinge, und dabei gern verweilen. Es erfolgt eine allmähliche innere Zuwendung zur „Arbeit", diese wird als ein komplexes Ganze in Angriff genommen, die Ruhe der Gegenwärtigkeit entsteht, äußerer Zweck lenkt es nicht ab. Oft erfolgt wie von ungefähr der Anfang der „Arbeit", dann folgt ihre Vollendung, ihre Wiederholung und schließlich die „Sättigung" mit der Übung, das Aufhören des äußeren Tuns und die innere Verarbeitung [14]. So kann das Kind, „die wesentlichste Funktion seines Geistes — Konzentration — in Ruhe und Freiheit ausbilden" [15]. Es entsteht eine innere Ablösung des Kindes von seiner Umgebung, es läßt sich nicht ablenken, auch nicht mehr durch eigene Laune; seine Aufmerksamkeit hat sich an den Gegenstand gebunden, sein Auge oder Ohr oder Tastsinn sich diesem zugewendet, seine Hände sind beschäftigt, sein Kommen und Gehen diente dem Zustandekommen dieser Arbeit, indem es das Material holte und den Platz bereitete. Die Organe oder Fähigkeiten des Kindes, die bei der Übung oder Arbeit nicht unmittelbar gebraucht werden, sind still, sie haben sich koordiniert, so daß die Einigung von Geist und Bewegung, von Geist und Sinnen entstanden ist, welche wir das Gelingen der Konzentration nennen. Nichts zieht das Kind ab, weder Äußeres noch etwas in ihm selbst, die Arbeit gelingt, ihr Kreislauf vollendet sich innerlich. Ein innerer Punkt wird durch solche Übung erreicht, von dem her es sich ordnet, Trotz und Unruhen überwindet, zu sich kommt. „Offenbar muß das Prinzip der Ordnung und die Entwicklung des Charakters sowie des Geistes- und Gefühlslebens von dieser geheimnisvollen und verborgenen Quelle ausgehen." [16] Die ermöglichte eigene Fehlerkontrolle trägt dazu bei, das Kind zu sich selbst zu bringen.

Man hat das sogenannte „Montessori-Material" des Kinderhauses kritisiert, Spielgegenständen gegenübergestellt. Man hat sich oft nicht die Mühe gegeben, zu beachten, daß dieses Material nicht nur zur Ausbildung der Sinne da ist, sondern zu Übungen, welche bei den Kindern erfahrungsgemäß das Phänomen dieser ungeteilten Aufmerksamkeit hervorbringen und eine Geordnetheit zur Wirkung haben, die nicht bloß für seine intellektuelle, sondern für seine gesamte Erziehung, auch die moralische, von

---

[14] Vgl. M. Montessori, Mein experimenteller Beitrag, in: Erziehung für Schulkinder, S. 72 ff., und Das Kind in der Familie, S. 54—71.
[15] Dies., Das Kind in der Familie, S. 71.   [16] Ebd. S. 58.

entscheidender Bedeutung ist. Man kann unmöglich diese Materialien in einer Weise verurteilen, wie es früher von Martha Muchow [17] und kürzlich noch von der Fröbel-Forscherin Erika Hoffmann geschah [18]. Diese bemerkt, daß „die Vertreter der Kindergartenarbeit, die sich den Tendenzen Maria Montessoris öffnen" und deren Zahl wieder im Anwachsen sei, „seitdem 1945 die Unterdrückung ihrer Lehre aufgehört hat", nicht der Forderung, die kindliche Persönlichkeit zu entwickeln und zu schützen, entsprechen, sondern die „intellektuellen Kräfte so früh wie möglich durch didaktische Spiele reizen und die Entwicklung beschleunigen", und daß dadurch nicht eine normale Bildung des Kindes, sondern eine ungesunde Frühreife entstehe. Wer die Bedeutung der Übungen, die Erika Hoffmann als „didaktisches Spiel" ansieht, aus der Praxis der Montessori-Kinderhäuser kennt, muß annehmen, daß Erika Hoffmann oder Pädagogen, die eine ähnliche Meinung haben, das Leben des Montessori-Kinderhauses nicht kennen. DDr. H. J. Jordan, der Direktor des Montessori-Gymnasiums in Utrecht, der eine vieljährige Erfahrung in der Praxis der Montessori-Pädagogik, nicht nur im Versuch eines Montessori-Gymnasiums hat, weist in einer kleinen Schrift auf einen Briefwechsel mit Professor Stern und Claparède hin, in dem sie, die eine ähnliche Kritik übten, zugeben, daß sie wohl die Werke Montessoris gelesen, aber ihre Praxis nie gesehen hätten. Es ist bedauerlich, daß ernsthafte pädagogische Persönlichkeiten Kritik auf mangelhafter Grundlage üben. Montessori weist in ihren Schriften immer wieder darauf hin, welche Wirkung die Übung mit den „Materialien" bei den Kindern hatte. Glaubt man diesen Mitteilungen nicht? Ist es nicht der Mühe wert, die Materialien selbst sorgsam durchzuüben? Lohnt es sich nicht, Montessori-Kinderhäuser zu besuchen, dort zu verweilen und die Art und Wirkung dieser Übungen beim Kind zu beobachten? Man kann solche Dinge nicht von abstrakten Begriffen her bewerten. Montessori gehörte nicht zu denen, welche die Entwicklung des Geistes fürchten. Sie beachtete alle biologischen Vorgänge, damit der Mensch nicht seine Intelligenz isoliere und keine Spaltung der Persönlichkeit entstehe. Aber sie wußte um den einenden Geist. „Die Mitte, um die seine sensitive Periode innere Wirkung entfaltet, ist die Vernunft. Das vernünftige Denken keimt und entfaltet sich in ihm als eine natürliche schöpferische Funktion, es wächst und nährt sich von den Sinneseindrücken, die es der Umwelt entnimmt." [19] „Es (das Kind) muß vor allem

---

[17] Hilde Hecker und Martha Muchow, Friedrich Fröbel und Maria Montessori (^{2} 1931), S. 93 ff.
[18] Erika Hoffmann, Sinn und Auftrag des Kindergartens in der heutigen Zeit, in: Evangelische Kinderpflege 7/8 (1955), S. 138 f.
[19] M. Montessori, Kinder sind anders, S. 93.

sein inneres Leben aufbauen und gebraucht dabei von den allerersten Tagen an das wunderbarste Instrument, das Gott den Menschen geschenkt hat: die Intelligenz."[20] Montessori betont, wie wichtig es sei, daß man von der Geburt an das menschliche Streben des Kindes unterstütze, vom unbewußten Leben zum bewußten zu kommen. Ich erinnere hier daran, wie Mme. Daniélou, welche im Frankreich unserer Gegenwart hervorragende private Schulen begründete, von der entscheidenden Wichtigkeit der gesammelten Aufmerksamkeit — hier geht es um größere Schulkinder — spricht. „Ob man auf dem Gebiet der Erziehung das Denken des Kindes in dieser oder jener Richtung orientiert, immer wird man es mit demselben Mittel formen müssen, es zu der Anstrengung einer persönlichen Aufmerksamkeit leiten, zu einer zunächst beschränkten Erfahrung führen, deren Feld sich erweitern wird."[21] Es ist die heute stets wiederholte Klage, daß die Kinder zerstreut, zerfahren, der Sammlung, der Aufmerksamkeit nicht fähig seien. Man findet nur die wirkungsvolle Hilfe nicht und übersieht sie bei Montessori.

Das größere Kind kann die Bindung der Aufmerksamkeit bewußter als das kleine durch „Anstrengung" und eigene Zielsetzung festhalten[22]. „... es tritt ein höheres Interesse an der eigenen Tätigkeit hinzu, da es sich nun darum handelt, eine äußere Arbeit zu vollenden oder einen Wissenszweig vollständig zu beherrschen." Die Beachtung des unbewußten Lebens und des leiblichen Lebens kommen, wie wir sahen, bei Montessori keineswegs zu kurz. Aber der Mensch ist für sie das Wesen, das danach strebt, seine Kräfte der Führung des Geistes unterzuordnen, und in jahrzehntelanger Beobachtung hat sie gesehen, wie das Kind von Anfang an mit großer Dynamik auf dieses Ziel hinstrebt. Deshalb ist ihr die Übung der Sammlung der Aufmerksamkeit auf einen Gegenstand mit Hilfe der von ihr besorgten Materialien so wichtig. In Hunderten von Kinderhäusern in den verschiedensten Ländern hat man immer wieder festgestellt, daß, wenn dieses Phänomen bei den Kindern einsetzt, die Ordnung in der Gruppe, das schöne Gemeinschaftsleben, die Atmosphäre gesichert sind. „Jedesmal wenn eine solche Polarisation der Aufmerksamkeit zustande kam, fing das Kind an, sich vollständig zu verändern, ruhiger, man könnte fast sagen, intelligenter und mitteilsamer zu werden; es zeigte außerordentliche innere Eigenschaften, die an die höchsten Seelenphänomene, wie die der Bekehrung, erinnerten. Es war, wie wenn in einer gesättigten Lösung sich ein Kristallisationspunkt bildet, um den sich dann die ganze chaotische und unbeständige Masse zu einem Kristall von wunderbaren Formen vereinigt. Hatte einmal das Phänomen der Polarisation der Auf-

---

[20] Dies., Das Kind in der Familie, S. 44.
[21] M. Daniélou, Erziehung aus dem Anspruch des Geistes (1953), S. 53 f.
[22] M. Montessori, Erziehung für Schulkinder, S. 114 f.

merksamkeit stattgefunden, dann schien alles, was von Unordnung und Unbeständigkeit in der Seele des Kindes existierte, sich zu einer inneren Schöpfung zu organisieren, deren überraschende Merkmale sich in jedem Kind wiederholten."[23] Mit Reflektion und „selfconsciousness" hat das Phänomen nichts zu tun. Es ist eher das Gegenteil, es macht offen. Montessori spricht von einer „Befreiung der kindlichen Seele"[24]. Das Kind kommt zu sich selber, seine eigene Natur kommt zum Vorschein. Wenn man in den Kinderhäusern bemerkt, wie Fehler verschwinden, das Kind heiter wird, zufrieden, sich den anderen öffnet, so kann man nicht behaupten, es handle sich hier um eine künstlich verfrühte Entwicklung. Heute ist oft dieses zur Normalisation gekommene Kind erst wieder zu echtem Spiel fähig und zur Überwindung seines Dranges, sich nur mit Roller, Rollschuh oder Fahrrad in die Unruhe der Erwachsenen einzufügen. „Unsere Kinder sind fahrende Kinder geworden."[25] Die Übung der Sammlung kann das Kind aus dem Rausch der Geschicklichkeit und Geschwindigkeit herausholen und es für die Sphäre des Spiels mit dem in sich schwingenden Erleben fähiger machen. Hildegard Hetzer bemerkt einmal, daß das heutige Kind oft kindisch statt kindlich sei, daß es nicht spielen könne. Der Psychiater begegnet Kindern, bei denen die einseitige Entwicklung der wuchernden unbeherrschten Phantasie sich von der übrigen Persönlichkeit abgespalten hat und deren Gesundheit verhindert. Die Reizüberflutung der Stadt, Film, Radio, Bildheftchen behindern beim Kind die Initiative des Geistes und seine eigentätige gesunde Phantasiekraft. Die Übungen des Montessori-Kinderhauses bringen das Kind durch Aktivität zu Erfahrungen und zur Ordnung des eigenen Wesens und helfen zu einem schöpferischen Leben. Der musische Charakter des Kinderhauses Montessoris ist durch diese Übungen der Sammlung, soweit sie richtig verstanden werden, gesichert. Das Leben wird von einer Mitte gehalten und vor Versklavung nach außen geschützt. Das Kind erwacht zu sich selbst und eigenen freien Äußerungen.

In der Schule bleibt die Erziehung der „Konzentration" des Interesses das für die Bildung Entscheidende. „Das ist offenbar der Schlüssel der ganzen Pädagogik: diese kostbaren Augenblicke der Konzentration zu erkennen, um sie beim Unterricht im Lesen, Schreiben, Rechnen, später in Grammatik, Mathematik und Fremdsprachen auszunützen. Alle Psychologen sind übrigens darin einig, daß es nur eine Art des Lehrens gibt: tiefstes Interesse und damit lebhafte und ausdauernde Aufmerksamkeit bei dem Schüler zu wecken. Nur darauf kommt es an: die innere Kraft des Kindes für seine Erziehung fruchtbar zu machen."[26]

---

[23] Ebd. S. 73.   [24] M. Montessori, Kinder sind anders, S. 162.   [25] Joh. Rudert in: Erziehung wozu, S. 45.   [26] M. Montessori, Das Kind in der Familie, S. 59.

59

Dem Phänomen der Sammlung ist im übrigen Leben des Kinderhauses vieles zugeordnet. Ich erinnere an die „Übung des Schweigens" und an die des Gleichgewichts. Voraussetzung für das Zustandekommen der „Konzentration" ist die „Vorbereitete Umgebung", in welcher die Spontaneität des Kindes und die freie Wahl der Arbeit und der Arbeitszeit möglich wird [27]. In dieser Umgebung begünstigt auch alles übrige das Zustandekommen der Aufmerksamkeit und daher die Einigung des Kindes. „Die Ordnung dieser Umgebung des Kindes gibt ihm eine Basis zu seinem inneren Aufbau. Ordnet das Kind die Umgebung, so ist diese nach außen gerichtete Aktivität ein Zeichen für die beginnende innere Ordnung. Die innere Ordnung äußert sich in dem Bedürfnis, die äußere Ordnung zu erhalten. Hierzu bedarf es exakter Bewegungen, die die ganze Aufmerksamkeit des Kindes beanspruchen. Um diesem Bedürfnis Rechnung zu tragen, sind alle Dinge der Umgebung, nicht nur Tisch und Stuhl und Hausgerät, sondern auch die Größenmaße der Räume, die Türen und Fenster der kindlichen Größe angepaßt. Auch ohne unsere Umgebung kann das Kind sich die Kenntnisse der Welt erwerben; aber die Umgebung verhilft dem Kind, zu der tiefen Konzentration zu kommen, die lebensnotwendig für die Entwicklung des Menschen ist."[28]

Das Zusichselbstkommen des einzelnen sichert zugleich das Leben der Gemeinschaft [29]. „Wenn . . . der Zyklus (der Arbeit) vollendet ist, dann macht sich das Kind befriedigt und gestärkt von seiner inneren Konzentration los, fühlt sich gedrängt, sich mit anderen auszusprechen, eine innige Verbindung mit seinen Mitmenschen herzustellen, also lauter Impulse von edlerer Geselligkeit."[30] Je mehr die Eigenkraft, die Initiative, die Individualität des erwachten und sich selbst nicht fliehenden einzelnen zur Wirkung frei werden, desto reicher und desto fester gefügt, desto mehr von innen gehalten, statt von außen gesichert, wird die Gemeinschaft sein. Ein Phänomen wie die Fähigkeit zur Sammlung, von dem in diesem Kapitel gesprochen wurde, ist vom Menschen, nicht nur vom Kind her zu beachten. Wann wäre es wichtiger gewesen als heute? „Diesen Zustand der völligen Sammlung treffen wir bei bedeutenden Menschen . . . Sie ist die Quelle innerer Festigkeit. Aus ihr entspringt die Fähigkeit der Großen, die Massen mit besonnener Ruhe und unendlicher Güte zu beeinflussen. Das sind die Menschen, die nach längerer Absonderung von der Welt sich imstande fühlen, die großen Fragen der Menschheit zu lösen und die zugleich mit

---

[27] Kapitel: „Vorbereitete Umgebung" und „Freie Wahl der Arbeit".
[28] M. Montessori, Grundlagen, S. 275.
[29] Vgl. Kapitel: „Soziale Erziehung".
[30] M. Montessori, Erziehung für Schulkinder, S. 103.

unendlicher Geduld die Schwächen und Unzulänglichkeiten ihrer Mitmenschen ertragen, selbst wenn sie auf Haß und Verfolgung stoßen."[31] Grillparzer läßt in seinem Schauspiel „Des Meeres und der Liebe Wellen" den greisen Priester im Gespräch mit der jungen Vestalin die Sammlung preisen, aus der alles Große in der Welt entstanden sei. Seine Worte mögen dieses zentrale Kapitel beschließen:

> „Du hast genannt den mächt'gen Weltenhebel,
> der alles Große tausendfach erhöht
> und selbst das Kleine näher rückt den Sternen,
> des Helden Tat, des Sängers heilig Lied,
> des Sehers Schaun, der Gottheit Spur und Walten,
> die Sammlung hat's getan und hat's erkannt,
> und die Zerstreuung nur verkennt's und spottet."

---

[31] Dies., Das Kind in der Familie, S. 35.

VIII

DIE FREIE WAHL DER ARBEIT

Für das Zustandekommen der Konzentration und eines bildungskräftigen Selbsttuns ist die für das Kinderhaus und die Schule Montessoris charakteristische freie Wahl der Arbeit oder Übung durch das Kind entscheidend. Wir finden auch bei anderen Pädagogen die Forderung, daß die Führung des Klassenblocks durch den Lehrer oder die Lenkung der Kindergartengruppe durch die Kindergärtnerin zugunsten einer freien Wahl der Tätigkeit durch das Kind eingeschränkt werde. Montessori aber führte mit energischem Griff eine Umstrukturierung des Lebens in Kinderhaus und Schule durch, welche die freie Wahl möglich und für das Erreichen des pädagogischen Zieles entscheidend macht, so daß sie den größten Teil der Arbeitszeit in Kinderhaus und Schule einnimmt und deren Stil entscheidend bestimmt. Die freie Wahl wird möglich, ohne daß Unordnung entsteht, ja sie wird die Grundlage der Ordnung und Disziplin. Das ist bis heute in zahllosen Kinderhäusern und Schulen aller Länder erfahren worden. Die Unruhe der so nervösen Kinder unserer Zeit verschwindet, sie werden fröhlich und fleißig, und die Schule wird ein Stück Heimat für sie. Wie oft habe ich das nach dem Kriege auch in deutschen Montessori-Schulen und sogar in einzelnen in dieser Art geführten Klassen anderer Schulen erfahren. „Etwas, das jedem Besucher einer Montessori-Schule auffällt, ist das Gefühl der Freude, das die ganze Atmosphäre erfüllt."[1] Manche Pädagogen verstehen aber diese Form der Schule nicht, da der Klassenunterricht seit Pestalozzi, besonders aber seit Herbart, zu einer fest ausgebildeten und gewohnten Kunst geworden ist, die man ungern grundsätzlich aufgibt. Man identifiziert Schule mit Klassenunterricht und bemerkt dessen Wesen und Grenzen nicht mehr. Man glaubt nicht, daß es auch anders geht. Montessori erkennt, während die Biologie in analoger Weise gezeigt hat, wie dynamischer Aufbau, innere Tätigkeit schon von der Keimzelle aus das Leben formt, daß um so mehr auf dem geistigen Niveau die eigene Tätigkeit des Einzelwesens, die Initiative seines Geistes, verbunden mit der Vitalkraft, zur Bildung des Menschen führt. Diese Initiative kann auch in gutem Unterrichtsgespräch, kann in der Hingabe des Hörens ihren Spielraum finden und

---
[1] M. Standing, Montessori Practice and Thomistic Principle, Aufsatz, S. 42.

erwachen, nicht aber in einem vom Lehrer gelenkten ständigen Klassenunterricht, der keinen tiefen Atemzug des Kindes und kaum eine echte Frage und freie Äußerung erlaubt [2].

Wir sahen, wie die „freie Wahl der Arbeit" im Kinderhaus aussieht [3]. Die vorbereitete, dem jeweiligen Alter des Kindes entsprechende Umgebung, welche die Anregung zur Arbeit und die Dinge dafür darbietet, ist die Voraussetzung.

Die „Vorbereitete Umgebung" wandelt und weitet sich mit den Phasen der Entwicklung des Kindes oder Schülers. In der Schule steckt der Lehrplan, das Pensum, kann man sagen, zu einem großen Teil in dem vorhandenen autodidaktischen „Material", zu dem auch Bücherei und Laboratorium gehören. Wie im Kinderhaus arbeiten die Kinder nach Wahl einzeln für sich oder in Gruppen, wie es diesem Alter entspricht. Das eine Kind holt sich die Multiplikationstafel, das andere das Material für die „große Division", eins ist mit erdkundlichem Kartenmaterial beschäftigt, ein weiteres notiert Beobachtungen, die es draußen oder am Aquarium gemacht hat, andere Kinder lesen. In der Schule wird die Arbeit in Gruppen häufiger als bei den Kleinen. Die Arbeitsgruppe entsteht aus der Initiative der Kinder. Doch die Einzelarbeit bleibt das konstituierende Element der Montessori-Klasse. Größeren Kindern kann man einen Plan für ihre Arbeit geben, der dem jeweiligen Land und der Schulart entspricht [4].

Freie Wahl der Arbeit verursacht ein Hin- und Hergehen im Raum, das nicht stört, sobald die Klasse sich eingespielt hat. Leises Sprechen ist gestattet, doch ist in einer Montessori-Klasse viel Stille, das Sprechen, das manchmal lauter, dann wieder leiser ist oder bei intensiver Arbeit aufhört, ist eher eine zur Stille gehörende Begleitmusik, ein Zeichen, daß Stille von der Arbeit her erreicht wird [5].

An manchen Tagen ist mehr Unruhe da als an anderen, denn die Tätigkeit der Kinder ist kein Mechanismus, sie hängt von vielen Umständen ab. Es handelt sich um „lebendiges Tun" [6], das einen Rhythmus in sich hat.

Diese Wahl der Tätigkeit ist, wie aus dem Gesagten hervorgeht, etwas anderes als das, was man im Kindergarten das „freie Spiel" nennt. Mit der Wahl ist die Bindung an einen bestimmten Gegenstand und an einen Zyklus der Tätigkeit verbunden. Beim „freien Spiel" im Kindergarten geschieht es öfter, daß das einzelne Kind zu keiner rechten Tätigkeit

---

[2] Vgl. F. J. J. Buytendijk, „Kann in Klassen unterrichtet werden?", in: „Erziehung zur Demut", im Verlag A. Henn 1962 neu erschienen.
[3] Vgl. Kapitel: „Das Kinderhaus in seiner Gestalt und Erscheinung".
[4] Er hängt auch davon ab, inwieweit die Schulbehörde Freiheit in bezug auf den Lehrplan und das Lehrgut erlaubt.   [5] Vgl. Kapitel: „Die Stille".
[6] Diese Bezeichnung stammt von F. J. J. Buytendijk, der in einem Aufsatz, die Pädagogik Montessoris betreffend, das „lebendige Tun" von anderen Arten der Tätigkeit unterschied, in: Die Schildgenossen, 12. Jhg., H. 1.

kommt, sondern sich der Beschäftigung der anderen äußerlich einfügt und unter das Niveau des guten Spiels absinkt. Es besteht, ähnlich wie beim Klassenunterricht in der Schule, die Gefahr, daß die Kinder sich früh als anonyme Einzelne in der Menge empfinden und sich entsprechend benehmen. Die Menge wirkt nivellierend, ja herabsetzend [7]. Ob im Kindergarten die „freie Arbeit" gelingt, hängt von vielen Umständen, auch von der Zahl der Kinder und besonders von der Ausstattung des Raumes ab.

Freie Wahl bedeutet nicht, daß das Kind einfach tun kann, „was es will"[8]. Es gehorcht dem inneren Drängen und dem Gesetz des Gegenstandes. Das Prinzip der „freien Wahl" berücksichtigt das Bestehen von sensiblen Perioden, in denen das Kind bestimmte Fähigkeiten entwickelt. Wir wollen überlegen, welche weiteren Gründe dazu führten, daß Montessori so viel Wert legt auf diese teils spontane, teils überlegte freie Wahl der Tätigkeit. Denken wir an die kleinen Kinder. Eine direkte Aufforderung zu einer bestimmten Tätigkeit entspricht dem geistigen Zustand der Kinder dieses Alters wenig, nur die Größeren sind fähig, solche Aufforderungen wirklich aufzunehmen. Kleine Kinder sind in ihrer Entwicklung darauf angewiesen, daß sie dem Drängen von innen her folgen dürfen. Sie sind noch wenig Herr über ihre Bewegungen und über ihre Impulse; diese Beherrschung kann nur durch „freies" Tun erworben werden, denn der eigene Wille beginnt erst sich zu konstituieren und sich die Bewegungsorgane zu koordinieren, er besitzt sie noch nicht so, daß er sie auf Aufforderung nach fremdem Willen gebrauchen kann. Für das kleine Kind gilt daher besonders, was auch noch für das Kind und den Jugendlichen während der Zeit des Wachstums gilt, die Forderung großer Sorge dafür, daß der Gehorsam gegenüber dem Auftrag von innen nicht erstickt werde von dem Ruf von außen. Er muß sich damit einen können. Daher ist die indirekte Erziehung für dieses Alter wichtig, eine von den Kindern in guter Umgebung gelebte Freiheit, die anfängt, sich zu einer sittlichen Freiheit zu entwickeln [9]. Die Erzieherin überläßt zum großen Teil die Aufforderung zum Tun den Dingen der Umgebung, die zu helfenden Freunden des Kindes werden. Die indirekte Erziehung behält auch später ihre Bedeutung,

---

[7] Zur Frage „freies Spiel" vgl. Kapitel: „Spiel und Arbeit".
[8] In den zwei letzten Kapiteln ihres Buches „La mente del bambino" warnt Montessori die Kindergärtnerin davor, Launen und Willkür mit freier Wahl zu verwechseln. Sie gibt eine Anleitung, was die Kindergärtnerin zu tun hat, daß nach einem gewissen Chaos im Beginn eines neu entstehenden Kinderhauses und nachfolgender oberflächlicher freier Betätigung schließlich der gute Zustand der Ordnung durch echte Arbeitswahl und Konzentration erreicht wird.
[9] Vgl. F. J. J. Buytendijk, Gelebte Freiheit und sittliche Freiheit im Bewußtsein des Kindes, in: Vierteljahrsschrift für wissenschaftliche Pädagogik 3 (1952), S. 168 ff., auch in: „Das Menschliche" (Koehler, 1958), S. 119 ff. — Vgl. auch Kapitel über die Freiheit.

direkte Aufforderung bewirkt oft Trotz und lenkt vom eigenen Blick des Kindes auf den Gegenstand der Arbeit ab, verhindert daher das Interesse und die Initiative.

Wir sehen also als weiteren Grund für die Einführung der freien Wahl der Tätigkeit das Erwachen echten Interesses. Wie sehr wird in unseren Schulen durch einen alle gleichmäßig fördern sollenden Kollektivunterricht gesündigt, der, statt die Initiative der Kinder und ihr Interesse zu wecken, das Gegenteil erreicht. Begabte Kinder werden träge, schwachbegabte apathisch.

Es wird in Diskussionen über die Pädagogik Montessoris oft die Forderung erhoben, das Kind müsse sich den Weisungen der Erzieher fügen, weil es auch später im Leben seine Arbeit nicht frei wählen könne. Zuerst muß sich jedoch der Wille des Kindes bilden, es muß stark, wendig und wissend werden und gern tätig sein; dann erst wird es fähig, auch nicht geliebte Arbeit auf sich zu nehmen, diese Arbeit zu schätzen und ihr Gutes abzugewinnen. „Bevor wir fähig sind, unsere Kräfte auszugeben, müssen wir sie sammeln."[10]

„Wie in der Biologie das starke Geschöpf sich den Umständen anpassen kann, so wird der kraftvolle Intellekt gehorsam sein... Wenn großer Reichtum uns erlaubt, alles zu tun, was wir wollen, so erlaubt uns große Kraft, alles zu tun, was man uns aufträgt."[11] „Man begegnet bei unseren Kindern fast allen Lebensäußerungen der Menschen, die sich von den äußeren Fesseln ihrer Zeit befreit haben. So z. B. dem wunderbaren ‚inneren Gehorsam', der der Mehrzahl der Menschen heute noch unbekannt ist, außer den Mönchen."[12] Im Berufsleben und im allgemeinen Wirtschaftsleben fehlt es an Menschen, die Initiative haben, die sich freudig ihrer Arbeit zuwenden und selbst sehen, wo Arbeit zu tun ist und die Entscheidungen zu treffen fähig und bereit sind. Die „freie Wahl" übt das Kind in diese Kraft zur Entscheidung hinein, ohne die der Mensch keinen Tag menschlich leben kann. Sie veranlaßt immer wieder den Entschluß, „diesen vorzüglichsten Willensakt"[13].

Der Ansatzpunkt für die Einführung der freien Wahl der Tätigkeit bei Montessori war die Bildung des Kindes durch die Polarisation seiner Aufmerksamkeit auf einen Gegenstand, dem es sich spontan zuwendete. Wir sprachen von diesem Angelpunkt der Montessori-Pädagogik. Intensität der Aufmerksamkeit ist ohne freie Hingabe nicht möglich. „Niemand kann uns helfen, jene innere Abgeschlossenheit zu erreichen, die uns unsere verborgenste, tiefste und ebenso geheimnisvolle wie reiche und volle Welt zugänglich macht. Wenn ein anderer sich einmischt, so unter-

---

[10] M. Montessori, The Child in the Church, S. 104. [11] Ebd. S. 107.
[12] M. Montessori, Erziehung für Schulkinder, S. 2/7. [13] Ebd. S. 181.

bricht er und zerstört dadurch. Diese Sammlung, die man durch die Loslösung von der äußeren Welt gewinnt, muß von unserer Seele selbst ausgehen, und die Umgebung kann nur durch Ordnung und Ruhe einen günstigen Einfluß ausüben."[14] Aller einseitigen Betonung des Gruppenunterrichts gegenüber finden wir bei Montessori daher die für alles geistige Wachstum und schon für das Kind nötige, auf freier Arbeitswahl beruhende Einzelarbeit, die das Kind von den andern isoliert und zu sich selbst bringt. Daß diese Einzelarbeit der sozialen Erziehung nicht widerspricht, wird an anderer Stelle dargelegt[15].

Notwendig ist freie Wahl der Tätigkeit auch, weil alle Lebewesen sich individuell entwickeln. Wenn auch gleiche Grundfähigkeiten, Grundprinzipien und Lebensgesetze die Entwicklung bestimmen, so ist doch niemals ein mechanisches Gleichwerden da. Jedes Individuum ist bis ins einzelne seines Tuns, seines Daseins verschieden, obwohl man diese Verschiedenheit oft kaum benennen kann. Wo individuelle Entwicklung verhindert wird, da wird normale Entwicklung verhindert, einseitiger Individualismus aber zerstört diese.

Es sind bestimmte Voraussetzungen zu erfüllen, die erst die freie Wahl der Tätigkeit ermöglichen. Es müssen die rechten Arbeitsmaterialien, Übungsdinge und Gelegenheiten dasein. Das Kind muß die Dinge kennen, aus denen es wählen soll. Es muß die geistige Fähigkeit haben, zu wählen. „Die freie Wahl", sagt Montessori, „ist eine Tätigkeit höherer Ordnung: Nur das Kind, das weiß, wessen es bedarf, um sein geistiges Leben zu üben und zu entwickeln, kann wirklich frei wählen. Man kann nicht von freier Wahl sprechen, wenn alle äußeren Gegenstände das Kind gleichermaßen ansprechen, und wenn es, da in seinem Willen die Weisung fehlt, immer von einer Sache zur anderen geht. Hier handelt es sich um eine der wichtigsten Unterscheidungen, die zu treffen eine Erzieherin fähig sein muß. Das Kind, das noch nicht einem inneren Führer gehorcht, ist nicht das freie Kind, das dem engen und langen Weg der Vollkommenheit folgt. Es ist der Sklave oberflächlicher Empfindungen (sensazioni), die es zum Spielball der Umgebung machen. Sein Geist springt von einem Gegenstand zum andern wie ein Ball. Der Mensch wird geboren, wenn die Seele sich festigt, sich orientiert und wählt... Die Kinder haben, besonders in den ersten Jahren ihrer Existenz, eine innere Sensibilität in bezug auf ihre geistigen Bedürfnisse, welche Unterdrückung und falsche Erziehung verschwinden machen können. Eine Art Sklaverei der Sinne gegenüber jedem Gegenstand tritt dann an die Stelle der Sensibilität."[16] Erst wenn das Kind zu einer gewissen Ordnung gelangt ist, beginnt das rechte Wählen.

---
[14] Dies., Das Kind in der Familie (1954), S. 55.
[15] Kapitel: „Erziehung zur Mitmenschlichkeit".
[16] M. Montessori, La mente del bambino, S. 270.

Die Erzieherin muß zu solcher Ordnung helfen, und dann erst führt sie das Kind in die besonderen „Montessori-Materialien" ein. „Die genaue und wirksame Lektion, die jedem Individuum getrennt und intim gegeben wird, ist eine Gabe, welche die Lehrerin der Tiefe des kindlichen Geistes darreicht."[17] Wahl gibt es nur unter Dingen, die gekannt sind. So geht die Einführung in die betreffenden Arbeitsmaterialien der Wahl voraus, soweit das Kind nicht von selbst deutlich erkennt oder bei andern Kindern sieht, was mit den Dingen zu tun ist.

Das genaue Zeigen der Arbeitsmöglichkeit zur rechten Zeit ist eine wichtige Voraussetzung der Wahl. Die Kindergärtnerin oder Lehrerin gibt diese Einführung den einzelnen Kindern oder frei sich bildenden Gruppen. Sie sorgt dafür, daß sie selbst und ihre Worte die Unmittelbarkeit des Kindes zur Sache nicht beeinträchtigen. Das Kind soll den Gegenstand und die Arbeitsmöglichkeit selbst sehen und darauf antworten. „Die Montessori-Methode strebt danach, jedes Kind persönlich zu erreichen; sie versucht die Hindernisse zu überwinden, welche durch die Zahl der Schüler und durch die Anonymität der sozialen Konventionen und der in den Schulbüchern eingeschlossenen Kenntnisse vermehrt werden. Durch die Atmosphäre, welche der Erzieher schafft, durch die Übungen, die der Aktivität jedes Kindes vorgeschlagen werden, bietet jede soziale Erwerbung, jede Schulkenntnis ihre Forderung unmittelbar jedem der jungen Geister und ihrem noch ungewissen Willen dar: ‚ich bin für dich da', ‚ich rufe dich', ‚nimm mich', ‚erobere mich'."[18]

Freie Wahl ermöglicht größere Unmittelbarkeit zur Sache und tiefere Bindung an sie. Bildungswerte werden nicht zu bloßen Schuldingen. Das Kind verweilt bei seiner Arbeit. Es wählt auch seine Zeit. Den allem Wesen geistiger Arbeit widersprechenden Stundenplan, der nicht nur die Schulstunden, sondern auch noch die Schulaufgaben für die vier bis fünf Stunden des folgenden Tages bestimmt und das Kind nicht zur Ruhe kommen läßt, gibt es nicht mehr. Der Kontakt mit dem Gegenstand kann sich ergeben.

Die bereitgestellten Dinge müssen die echten Bedürfnisse des Kindes ansprechen, sein Streben nach Erkenntnis, nach Können. Die Materialien und anderen Dinge dürfen keine Sensation bedeuten, das Kind soll nicht wie vor einem Schaufenster zu unechten Wünschen kommen, nicht Begierlichkeit und bloße Neugierde sollen gereizt, sondern das tiefere Drängen nach gutem Tun soll angesprochen, die Launen sollen überwunden werden. Die Dinge müssen so sein, daß nicht nur ein oberflächliches Reagieren erfolgt. Das lebendige Tun wird ausgelöst in einer Umgebung, die in sich besteht, ein Ganzes ist, Schwelle und Grenze hat.

---

[17] Dies., La discipline in Pédagogie (1950), S. 264.
[18] Dies., L'Éducation religieuse. Avant-propos, S. 13/14 (Pierre Faure, S. J.).

Freie Wahl ist nur möglich, wenn nicht eine zu große Menge von Möglichkeiten dargeboten wird, sondern eine begrenzte Auswahl, so wie sie dem Alter des Kindes entspricht. Eine gewisse Armut ist besser als eine Häufung von Dingen. Die Möglichkeiten müssen in klarer Ordnung sich aufzeigen. Jedes Ding muß an seinem Platz stehen und dem Kind zurufen, was mit ihm zu tun ist. Es darf anderseits nicht zu wenig Material dasein, alle Kinder müssen zu guter Tätigkeit kommen können. „Es muß genau festgestellt werden, was notwendig und was ausreichend ist, um den inneren Bedürfnissen eines in der Entwicklung, d. h. im Aufstieg, begriffenen Lebens zu entsprechen. Und diese Anzahl kann nur durch die Beobachtung der aktiven Lebensäußerungen des Kindes sowohl in ihren einzelnen Ausdrücken als auch in ihrer Gesamtheit bestimmt werden."[19] Montessoris Meisterschaft der Beobachtung, die nichts mit psychologischer Betriebsamkeit zu tun hat, schuf in Jahrzehnten sorgfältiger Versuche die Arbeitsmaterialien. Die Wahl der Dinge kann nicht dem einzelnen Erzieher allein überlassen werden. Wohl muß das Wieviel oder Wiewenig an „Material", der pädagogische Takt des Erziehers mitentscheiden. „Eine zu große Anzahl an Lehrmitteln kann... die Aufmerksamkeit zersplittern, die Übungen mechanisieren, und das Kind kann dabei den psychologischen Moment des Fortschritts verpassen. Das Zuviel solcher Übungen ist schädlich und kann die Seele verderben."[20] Flitner sprach einmal von der Gefahr eines Mechanismus solcher Übungen. Die Materialien sind, wie Montessori sagt, „Schlüssel" zur Wirklichkeit, dadurch bestimmt sich ihr Ort. An anderer Stelle wurde mehr dazu gesagt [21]. Manche Ausführungen Montessoris über die wissenschaftliche Erforschung und Bereitstellung dieses ihres „Materials" können den Eindruck erwecken, als ob alles bestimmt und die Entwicklung fast gesichert werden könne. Wer jedoch dem Ganzen von Montessoris Darlegungen durch die lange Zeit ihres Schaffens hindurch offen ist, und wer ihre Worte prüft, der erkennt ihre große Sorge um die Freiheit der Wahl und ihr ehrfürchtiges Zurückstehen vor jeder echten nicht zu berechnenden Äußerung der Seele des Kindes. Montessori weiß, wie sehr bei aller Bereitstellung guter Hilfsmittel die rechte Haltung des Erziehers für die Wahrung der Freiheit des Kindes bürgen muß. „Bei der Geburt dieser höheren Phänomene muß die Erzieherin sich zurückziehen, damit der Geist des Kindes frei ist, sich zu entfalten und auszudrücken."[22]

Der Erzieher hat ständig zu prüfen, ob die Kinder die nötigen Arbeitsmittel haben oder ob Dinge überflüssig werden und die Arbeitslust oder den Aufstieg zur Abstraktion und zu Entdeckungen in der Außenwelt hindern.

---

[19] Dies., Erziehung für Schulkinder, S. 83.   [20] Ebd.
[21] Kapitel: „Das Montessori-Material".
[22] M. Montessori, La discipline en Pédagogie (1950), S. 265.

Die freie Wahl wird gefördert durch die in einer guten Montessori-Umgebung entstehende Arbeitsatmosphäre. Die Lust zu arbeiten geht von einem Kind auf das andere über. Es gibt die oft beobachteten „Arbeitswellen", d. h. Tage oder Zeiten, in welchen ein bestimmtes Arbeitsgebiet das Tun vieler Kinder bestimmt. Gegenseitige Anregung entsteht ungewollt. Es gibt Kinder, die führen, andere, die solche Führung in der Arbeit brauchen. Der Erzieher sorgt, daß die Arbeitsatmosphäre nicht durch einzelne Kinder gestört wird.

Selbstverständlich ist der gute Erzieher Voraussetzung für das Gelingen der Arbeitswahl. Er bürgt für das Vorhandensein der rechten Dinge, er ist die Gewähr dafür, daß das Kind sich geborgen fühlt, seine Unruhe überwindet, Kontakt zu den Dingen der Umgebung und Mut zur Tätigkeit findet.

Es wurde schon gesagt, daß es sich nicht um unbegrenzte Freiheit der Arbeitswahl handelt. Die Grenze wird durch das Gesetz des Gegenstandes und durch das der Gemeinschaft bestimmt.

Wenn das Kind gewählt hat, so soll es mit den Materialien, die es braucht, nicht umgehen, „wie es will", sondern wie es diesen entspricht. Das kleine Kind im Kindergarten, dem man die Übung mit einem Material gezeigt hat, wird Variationen für diese Übung finden, aber diese Variationen passen zu dem Arbeitsmaterial. Das Kind soll nicht launenhaft damit umgehen. Es ist getadelt worden, daß die Kinder etwa mit den Einsatzzylindern nicht Eisenbahn spielen sollen; aber man würde, wenn man den Arbeiten und Übungen keine Grenzen setzt, ihren Sinn nicht erreichen. Wollen die Kinder Eisenbahn spielen, so können andere Dinge zu anderer Zeit dafür dasein. Es wurde schon gesagt, daß ein Kinderhaus nicht nur das Montessori-Material im engeren Sinn darbietet, anderseits kann man, wenn freie Wahl echte Tätigkeit werden soll, nicht beliebiges Spielzeug neben das Montessori-Material stellen. Die Kinder können zu Haus mit der Puppe oder mit dem Eisenbahnzug spielen. Wenn sie aber einen großen Teil des Tages im Kinderhaus sein müssen, wenn dieses eine Tagesstätte ist, so wird man gutes Spielzeug zur rechten Zeit bereitstellen. Man wird es mit pädagogischem Takt tun und für den klaren Stil der Umgebung Sorge tragen. Der Gehorsam gegenüber dem Gesetz des Gegenstandes begrenzt die äußere Freiheit des Kindes, hilft ihm aber zur inneren Freiheit, zu einer Überwindung seiner Launen, zu einer Bereitschaft für die Wahrheit der Dinge. Dieser Gehorsam öffnet das Tor zur Größe der Wirklichkeit. In einem besonderen Kapitel wird von „freiem Gestalten" und vom Spiel gesprochen, das die Arbeit am Montessori-Material ergänzt. Ein Kapitel über die Erziehung zum Guten nimmt wieder auf, was hier über die Erziehung zur Freiheit und Bindung zu sagen war.

Die andere Grenze der freien Wahl ist durch die Gemeinschaft gegeben. Die Materialien sind durchweg nur in einem einzigen Exemplar da. Wenn das eine Kind sich den Globus geholt hat, so kann das andere ihn im gleichen Augenblick nicht haben. Wenn das eine Kind den Kasten mit den Farbschattierungen holt und längere Zeit damit tätig ist, so kann es sein, daß ein anderes Kind, das die Farben auch gern hätte, seinen Wunsch überwinden und sich zu einer anderen Tätigkeit entscheiden muß. Die Gemeinschaft grenzt auf manche Weise die Freiheit der Wahl ein. Der Platz, den ein Kind haben möchte, ist von einem andern besetzt worden. Den Arbeitsgenossen, den es sich wünscht, hat ein anderes Kind zur Mitarbeit gewonnen. Durch die Gemeinschaft erfahren die Kinder aber Gelegenheiten zur inneren Erweiterung ihres Lebens. Sie werden aufgerufen zu einer Hilfe, zu einem Verzicht auf eigene Arbeit; aufgerufen durch die Situation. Es gehört zum menschlichen Leben, daß die Freiheit des einzelnen durch die Situation ständig begrenzt ist. In dieser Situation aber gewinnt der einzelne seine Existenz. Nicht nur eigene Entfaltung, auch Begrenzung und Begegnung, die über das Eigene hinausführen, haben Teil daran. Auf vielfache Weise begrenzen die Umstände des gemeinschaftlichen Lebens die Freiheit des einzelnen, und zugleich werden sie ihm Anlaß zu menschlicher Bereicherung. Ein Einwand, der aus unserer Zeit der sozialen Probleme gegen die Pädagogik Montessoris vorgebracht wurde, besteht darin, die Arbeitswahl bedeute Individualismus. Tatsache ist aber, daß in Montessori-Kinderhaus und -Schule die Erringung menschlicher Freiheit in echten, an die Gemeinschaft bindenden Situationen gefördert wird und daß dadurch das Problem der Verbindung von personaler und sozialer Erziehung hervorragend gelöst wird. Die Freiheit gerade führt auch zur Begegnung mit dem andern und zur Selbstüberwindung um des andern willen.

IX

DIE STILLE

Es erschien kürzlich ein kleines Buch mit Beiträgen von Eduard Spranger und Romano Guardini über das Unheil des sich ständig verstärkenden Lärms in unserer Zivilisation[1]. Die Schrift bringt mir zum Bewußtsein, welche Bedeutung die Stille in der Montessori-Schule hat. Man kann an der Stille messen, ob sie in Ordnung ist, sie wirkt wie eine Fehlerkontrolle. Wir kennen alle den großen Lärm, der in den Schulpausen herrscht. Es ist, als ob sich nach den Unterrichtsstunden ein Ventil öffnet, das diesen Lärm explosiv entlädt. Er ist ein Zeichen dafür, daß die Disziplin der Unterrichtsstunden eine äußerlich auferlegte ist und daß das Schweigen in den Stunden keine Stille bedeutet. Auch wenn man nach der Schule die heimkehrenden Kinder beobachtet, so muß man ihre ungeordneten Bewegungen, ihr Bedürfnis, Lärm zu machen, feststellen. Man kann diese Tatsache nicht auf das Wesen des einzelnen Kindes zurückführen, sie muß mit dem System zu tun haben.

Die Leiterin eines Montessori-Kinderhauses erzählte, Schülerinnen eines Kindergärtnerinnenseminars hätten bei ihr hospitiert und seien fast erschrocken gewesen über die im Kinderhaus herrschende Stille. Sie hatten geglaubt, kleine Kinder müßten stets Lärm machen, sonst seien sie etwa krank oder nicht in Ordnung. Wer einmal beobachtet hat, wie still und hingebend auf einem großen Sandhaufen mitten in der Stadt in der Nähe eines Baus sich Kinder beschäftigen oder wie sie daheim an der Arbeit von Vater oder Mutter teilnehmen und ganz beruhigt dabei sind, der weiß, daß Lärm nicht notwendig das kindliche Tun begleitet, sondern daß er eher ein Zeichen ist, daß etwas nicht stimmt. Lärm ist etwas anderes als Äußerungen des Jubels, der Freude, des Erstaunens.

Stille ist nicht gleichzusetzen mit einem Nichtvorhandensein von Lärm oder Geräusch, sie ist etwas Positives und entsteht nicht schon dadurch, daß Kinder schweigen und stillsitzen.

Die Bedeutung der Stille in der Schule muß heute also auch hervorgehoben werden, weil der Lärm, wie er in der angegebenen Schrift dargelegt

---

[1] E. Spranger-R. Guardini, Vom stilleren Leben (Werkbund-Verlag, Würzburg 1956).

wird, erschreckend zunimmt und Erziehung immer auf die Gefahrenpunkte der Zivilisation achten muß. In einem dem Organischen mehr verbundenen Leben in natürlicher Umwelt ergibt sich Stille von selbst. Der Abend, die Nacht behalten ihr Recht, die Menschen leben nicht gedrängt zusammen, sie haben mehr Raum, der Verkehr ist geringer. Ich brauche die Quellen von Geräusch und Lärm nicht aufzuzählen, jeder kennt sie, vom Straßenlärm angefangen bis zum Radio. Der Erzieher wird sich dessen bewußt, daß zur Bildung des Menschen das Erfahren der Stille gehört und daß der Lärm die Nerven überreizt, die Besinnung verhindert und die Aufmerksamkeit nach außen ablenkt.

Das Kind oder der Mensch im Kind gedeiht nur, wenn er von innen her wachsen und mit den Dingen Kontakt gewinnen kann, die ihn zu den echten menschlichen Bindungen bringen. Im Montessori-Kinderhaus und in der Montessori-Schule hat man auf Kollektivspiel und Klassenunterricht verzichtet. Kollektives Tun fordert die von außen herzustellende Disziplin und bewirkt das Stummsein oder den Lärm der Kinder. Die Folge ist, daß der Unterricht oft ein vom Lehrer gelenktes Frage- und Antwortspiel wird, bei dem man „alle Finger" sehen will und das Kind zu einem Sprechen veranlaßt wird, das nicht der Ausdruck seines eigenen Wissens, Erkennens oder Fragens ist. Solcher Unterricht kann leeres Gerede, Wortgeräusch werden, worauf schon Pestalozzi aufmerksam machte. Solcher Unterricht führt auch dazu, daß der Lehrer seine Stimme erhebt und das einzelne Kind mit lauter Stimme vor der Klasse seine Antwort geben soll, er führt zu einem unnatürlichen, von der Initiative des Menschen abgelösten Sprechen.

Die Kinder der Montessori-Klasse wie des Kinderhauses wählen ihre Tätigkeit frei und geben sich an sie hin. Durch dieses Einzeltun wird eine Stille erzeugt, die mehr oder weniger intensiv sein kann, nicht Starre bedeutet, sondern aus der Hingabe lebt. Diese Stille zeigt sich auch oft in der Haltung der Kinder nach Abschluß einer Arbeit. „Den Schluß bildet ein gedankenvolles Ausruhen: das Kind arbeitet nicht mehr, betrachtet aber lange und ohne ein Wort zu reden die ausgeführte Arbeit, ehe es sich anschickt, alles aufzuräumen. Oder es sieht ruhig der Arbeit der andern zu, nachdem es seine eigene betrachtet hat."[2]

Das Kind in der Montessori-Klasse wird nicht gezwungen zu sprechen. Es spricht, wenn seine Arbeit es drängt, zu fragen oder sich mitzuteilen. Die Gespräche sind mit der Arbeit der Kinder eng verbunden. Ein vom Lehrer geleitetes Frage- und Antwortspiel kann einmal als technisches Mittel der Überprüfung oder als ein Spiel des Wetteifers in Frage kommen.

---

[2] M. Montessori, Erziehung für Schulkinder, S. 109.

Die Kinder in der vorbereiteten Umgebung Montessoris werden durch deren Einrichtung auf die einzelnen Gegenstände aufmerksam, weil Ordnung herrscht, nichts sich sensationell vordrängt und kein Übermaß an Eindrücken da ist. Diese Art der Umgebung nimmt die Kinder aus einer Umwelt heraus, in welcher Reizüberflutung, Reklame, Sensation vorherrschen und wo daher die stille Aufmerksamkeit eines Kindes auf einen Gegenstand, der sein Interesse anspricht, kaum entstehen kann.

In der Montessori-Schule herrscht ein natürlicher Umgang der Lehrer und Kinder untereinander. Es entsteht kaum ein Anlaß für den Erzieher, die Stimme laut zu erheben. Auch werden die Kinder nicht zu unnatürlich lauten Äußerungen „vor" der Klasse veranlaßt. Der sich aus echtem Anlaß ergebende Gemeinschaftsunterricht wird durch die vorherrschende Einzel- und Gruppenarbeit davor bewahrt, eine kollektivistische Geschlossenheit zu bekommen, die von äußerlich auferlegter Disziplin bestimmt ist.

Nach dem Besuch einer Montessori-Schule durch eine Gruppe von Lehrerinnen fragte eine Schulleiterin, ob die Kinder durch stille Arbeit nicht verlernten, zu reden, oder eben nicht lernten, zu reden. Alles Reden setzt das Schweigen voraus, und nur die Worte sind echt, die aus dem Schweigen und Hören kommen. Es wäre falsch, wenn in einer Schule nur Schweigen und Stille wäre, aber die Kinder in der Montessori-Umgebung gehen umher und fragen einander, erzählen einander, was sie Interessantes gelernt und gelesen haben. Es herrscht keineswegs eine starre Stille, vielmehr, besonders bei den Kleinen, etwas wie ein Bienengesumm, eine Art Gemurmel, das die Arbeit mit sich bringt oder von ihr zeugt. Wird es zu laut, so gibt der Erzieher ein Zeichen, und bald hat die Klasse oder Gruppe ihre Grundhaltung wiedergewonnen, aus der selten ein Geräusch schroff herausfällt. Die Größeren sind zu tieferer Stille und zu bewußterer Disziplin fähig.

In unserer gewöhnlichen Schule entsteht vielfach keine ruhige Grundhaltung der Kinder, weil keine Arbeitsatmosphäre da ist, die sich über den Augenblick und die einzelne Unterrichtsstunde hinaus erhält. Die Lehrer, die nach dem Krieg in England waren, berichteten fast einstimmig, daß sie in den Schulen dort nicht den Lärm auf den Treppen und in den Schulhöfen angetroffen haben, den sie zu Haus gewohnt waren. Es herrsche dort ein besserer Umgangston zwischen Lehrern und Kindern, eine demokratische Erziehung, die es vermeidet, daß die Disziplin zu autoritär auferlegt wird, die vielmehr dazu führt, daß sie von einer allgemeinen guten Lebensart getragen wird. Dazu kommt, daß bei uns die Klassenziffer zu groß ist. Kleine Klassen oder Gruppen bringen von selbst einen besseren Umgangston und eine größere Stille mit sich.

Warum ist also die Tatsache, daß in Kinderhaus und Montessori-Klasse viel Stille herrscht und daß die gewohnte Erscheinung des Schullärms fehlt, als wichtig hervorzuheben? Hingabe an ein Tun erfolgt aus Sammlung und Stille. Gutes Gespräch mit den Mitmenschen erfordert ein Hören und Schweigen, nicht nur ein Reden. Friedliche Gemeinsamkeit, in welcher ein Kind dem anderen Raum gibt, setzt voraus, daß das eine Kind die Gegenwart des anderen merkt und sich ihrer bewußt wird. Das kann nur in der Stille geschehen. Gute Atmosphäre, die zur Bildung hilft, bildet sich nicht ohne Stille. Der Gegenstand, der echtes Interesse erregt, wird nur da wirksam, wo nicht Lärm und Sensation herrschen. Nur wo Stille ist, kommt es zur echten Äußerung im Wort, zu gutem Singen und zu einem Beten, das von einer inneren Haltung geformt wird. Nur wo Stille ist, kann ein Zuhören und ein Erzählen sein. Nur in der Stille kommt das Kind zum echten, freien Gestalten und zur Ablösung von ziellosem lärmendem Sichbewegen.

Es gibt in der Praxis der Montessori-Pädagogik eine besondere „Schweigeübung", die sehr einfach ist, sich aber als wirkungsvoll erwiesen hat. Man kann sie erst einführen, wenn die Kinder schon zu einer gewissen äußeren Ordnung gekommen sind. Sie wird nicht gemacht, um eine Unordnung zu überwinden, sondern um die Kinder vollständige Stille erfahren zu lassen und ihren Sinn dafür zu üben. Die Kindergärtnerin oder Lehrerin fragt, ob die Kinder zur Übung der Stille bereit sind. Das Einverständnis der Kinder ist notwendig. Dann fordert sie die Kinder auf, sich bequem hinzusetzen und alle Bewegungen zu unterlassen, sie wartet bis vollständige Stille herrscht, sie selbst und die Kinder keinerlei Geräusch mehr machen. In dieser Stille hören die Kinder einzelne Geräusche oder Töne, die sie sonst nicht bemerken: das Ticken der Uhr, einen Vogel, den Regen. Nach einigen Minuten ruft die Leiterin die Kinder einzeln zu sich, indem sie jedes Kind mit leiser, fast unhörbarer Stimme beim Namen nennt. Das einzelne Kind erhebt sich leise und kommt zu ihr, möglichst geräuschlos. Alle Kinder müssen einzeln aufgerufen werden. Diese Übung, die vollständige Stille und Bewegungslosigkeit, das Hören des Namens in dieser Stille, das gemeinschaftliche Stillsein, alles dies macht großen Eindruck auf die Kinder. Die Übung ist gelegentlich entstanden im Anfang der Entwicklung der Montessori-Praxis und hat eine einfache klare Gestalt gewonnen [3]. Sie entstand im Kinderhaus, sie ist aber auch noch bei den Schulkindern beliebt.

Bevor diese Übung im Kinderhaus möglich ist, kommen die Kinder durch die Übungen des praktischen Lebens dazu, sich zu ordnen. Diese Übungen fördern das gute Benehmen, die Kinder lernen etwas zu tragen, ohne irgendwo anzustoßen, sich leise zu bewegen, sie werden heimisch im Kinderhaus und dadurch ruhig.

Die Übungen mit dem besonderen Montessori-Material führen zu intensiver Aufmerksamkeit und haben als Folge, wie anderswo dargelegt wurde,

---
[3] Dies., Kinder sind anders (1952), S. 63 ff.

eine gesamterzieherische Förderung des Kindes, das sich zu ruhiger Existenz hinfindet. Es gibt in der Montessori-Schule keine von außen starr festgesetzten plötzlichen Pausen, die durch ein schrilles Schellenzeichen der ganzen Schule angezeigt werden. Die Pausen ergeben sich organischer.

Diese Pflege der Stille steht in notwendiger Beziehung zu unserer den Menschen gefährdenden Zivilisation, sie hilft, daß der Mensch zum eigenen Tun kommt, statt zu bloßen Reaktionen, daß er sich sammelt, statt sich zu zerstreuen, daß er an echten Werten Interesse gewinnt, statt Sensationen zu verfallen.

X

SPIEL UND ARBEIT IM LEBEN DES KINDES

Maria Montessori gebraucht für das Tun des kleinen Kindes gern das Wort „Arbeit". Allerdings wird in der ersten Ausgabe ihres Buches „Selbsttätige Erziehung im frühen Kindesalter" für die Tätigkeit der Kinder meistens das Wort „Spiel" gebraucht. Auch fehlt die Bezeichnung Spiel für das Tun des Kindes später nicht bei Montessori. Aber sie macht gelegentlich eine Unterscheidung, sie spricht z. B. von der „Arbeit", die das Kind mit ihrem Material ausführt, und fügt hinzu, daß im Anschluß an diese Übungen oder in Verbindung mit ihnen die Kinder mit dem Material „Spiele" machen oder auch daß ein „Material", z. B. für die Sprache und Grammatik, sich in Form eines „Spieles" einführen läßt. In anderen Kapiteln dieses Buches wird dies erwähnt. Montessori nennt aber das Alter von drei bis sechs Jahren, in Übereinstimmung mit anderen Pädagogen, die Zeit des Spiels und der Entwicklung der Einbildungskraft. Sie setzt voraus, daß die Kinder zu Hause oder anderswo spielen, sich ihr Leben nicht nur im Kinderhaus und in der Schule begibt, und fordert, daß eine Einheit der verschiedenen Bereiche, in denen das Kind lebt, beachtet und gepflegt werde. Sie berichtet als etwas Selbstverständliches, daß die Kinder auf dem Spielplatz des Kinderhauses bauen und spielen [1]. „Niemand wäre auf den seltsamen Einfall gekommen, zu erklären: ,die Kinder sollen nicht spielen...' " [2] Es setzt aber bei der Frage, wie steht Montessori zum Spiele des Kindes, die Kritik ein. Von vornherein sei gesagt, daß die Kritik recht hat darin, daß Montessoris Pädagogik hier einer gewissen Ergänzung oder Wandlung bedarf. Diese Ergänzung ist möglich, ohne daß Kinderhaus und Montessori-Schule in ihrem Stil uneinheitlich werden. Der Raum ist, wie schon gesagt wurde, offen dafür. Es scheint mir der Punkt zu sein,

---

[1] Zum Beispiel in: I bambini viventi nella chiesa (Neapel 1922), S. 26 f. Montessori berichtet, ein Teil der großen Wiese an der Schule in Barcelona sei mit Hilfe der Kinder in einen kleinen Weizenacker und einen Weinberg verwandelt worden. „Die Kinder fuhren fort, auf dem anderen Teil der Wiese zu spielen, bauten mit Ziegelsteinen, machten Gräben und kleine gepflasterte Wege, rannten, spielten Ball und waren in ihrer Fröhlichkeit selbst Blumen, welche die beiden kleinen Felder umgaben."
[2] M. Montessori, Kinder sind anders, S. 174.

an dem die Tradition, die von Fröbel und der deutschen kunstpädagogischen Bewegung herkommt, sich mit der Pädagogik Montessoris in echter Weise verbinden kann. Es ist weder richtig, wie schon in der Einleitung angedeutet wurde, die Praxis, die sich aus der Theorie Fröbels entwickelt, noch die Montessoris in einer Weise absolut zu setzen, die das Geschichtliche an ihnen nicht beachten würde. Daß heute mehr als zur Zeit, da Montessoris Kinderhäuser entstanden — viel mehr aber als zu Fröbels Zeit —, das Kind seine Spielplätze verliert, ergibt für Kinderhaus und Schule Aufgaben, die ursprünglich das Haus und seine Nachbarschaft zu leisten hatten und an deren Erfüllung unsere Schule kaum, unsere Kindergärten ungenügend teilnehmen.

Es wurde in unserer Zeit viel über Spiel und musische Bildung geschrieben und auf die Notwendigkeit hingewiesen, daß man der Vergötzung der Arbeit im Ganzen der Kultur entgegenwirken muß [3]. Um so notwendiger ist es, daß dem Kind sein Spielraum innerhalb unserer Zivilisation gewahrt oder neu gewonnen werde. Spiel und Arbeit aber gehören zusammen. Wo das Spiel fehlt, da ist die Arbeit nicht das, was sie dem Menschen sein soll. Spiel und Arbeit sind heute beide pädagogisch in Sorge zu nehmen.

Wie kommt nun Montessori dazu, für das Tun des kleinen Kindes das Wort „Arbeit" zu gebrauchen? Sie erfuhr in ihrem ersten Kinderhaus schon, wie ernsthaft, wie hingegeben die Kinder bei ihrer Tätigkeit waren. Sie erfuhr, daß sie sich von dem gewohnten Spielzeug, das man ihnen dort bereitgestellt hatte, abwandten und sich mehr den „Übungen des praktischen Lebens" oder den Übungen mit dem Material für Sinnesübungen zuwandten. Warum taten sie das? Weil ihnen, sagt Montessori, eine intensivere Tätigkeit als zu Hause und auf der Straße ermöglicht wurde, weil ihr geistiger Hunger sich stillte, weil sie etwas tun durften, das ihnen zu Hause verwehrt wurde, weil diese Übungen eine Ergänzung zu ihrem sonstigen Tun waren, ihre Hände und Sinne und ihre Aufmerksamkeit ein genaueres Ziel und einen Zyklus der Tätigkeit fanden und sich besser koordinieren konnten. So schließt Montessori aus den Erfah-

---

[3] Ich nenne hier nicht die Werke der Fachpsychologen über Spiel und Spieltheorien, sondern geistig führende Persönlichkeiten, deren Äußerungen ziemlich einheitlich sich entwickelnd, aufeinanderfolgten, geführt von Guardini, „Liturgie als Spiel" (1922) in seinem Werk „Vom Geist der Liturgie" über Huizinga, „Der spielende Mensch" (1939); G. von Kujawa, „Ursprung und Sinn des Spiels" (1940); J. Pieper, „Muße und Kult" (1948), bis zu Hugo Rahner, „Der spielende Mensch" (1952). Ich weise ferner hin auf das von der Biologie ausgehende, aber über sie hinausgehende Werk F. J. J. Buytendijks, „Wesen und Sinn des Spiels. Das Spiel des Menschen und der Tiere als Erscheinungsform der Lebenstriebe" (Berlin 1953).

rungen, die sie machte. Die Kinder selbst liebten das Wort „Arbeit". Sie wiesen die „Spielsachen" zurück [4].

Montessori sieht aber einen großen Unterschied zwischen der „Arbeit" des kleinen Kindes und der Arbeit des Erwachsenen, auch noch zwischen der Arbeit des größeren Kindes und Schülers und der Arbeit des im wirtschaftlichen Leben stehenden Arbeiters [5]: Das Kind hat die Aufgabe, seine Persönlichkeit aufzubauen, die Funktion seiner Organe und Fähigkeiten zu erwerben und zu beherrschen. Es kann dieses Ziel nur durch spielhafte, zweckfreie Tätigkeit erreichen. „Arbeitet ein Kind, so tut es dies nicht, um ein äußeres Ziel zu erreichen. Sein Ziel ist das Arbeiten, und wenn es bei der Wiederholung einer Übung seiner eigenen Tätigkeit ein Ende setzt, so hat das Ende nichts mit den äußeren Handlungen zu tun. Das Abbrechen der ‚Arbeit' steht als Individualreaktion in keiner Verbindung mit etwaiger Müdigkeit; denn es ist gerade eine Eigenheit des Kindes, daß es erfrischt und energiegefüllt von seiner Arbeit aufsteht." [6] Man versteht aus diesen Worten, wie nahe „Arbeit" des Kindes im Sinne Montessoris dem „Spiel" und wie oft sie eben Spiel ist. Trotzdem ist ein Unterschied zu machen zwischen den Übungen mit dem Material Montessoris und dem Spiel im engeren Sinne.

Der Erwachsene schafft an einem Werk, das nicht nur für ihn selbst, sondern für die Allgemeinheit Bedeutung hat. Er schafft Kultur, indem er die Welt umgestaltet. Er arbeitet, um für die Seinen das tägliche Brot zu erwerben. Seine Arbeit hat einen äußeren Zweck. Montessori sieht jedoch, wie auch Fröbel, bei allem Unterschied zwischen dem Tun des Kindes und des Erwachsenen eine notwendige Verbindung zwischen ihrer beider „Arbeit". Ohne diese entartet die Arbeit des Erwachsenen, und das Tun des Kindes würde Spielerei oder „Beschäftigung". Fröbel weist den Erwachsenen, der nur an den äußeren Zweck seiner Arbeit, an Geld und Nutzen, denkt, auf das Spiel des Kindes hin und wünscht, daß auch in der Arbeit des Erwachsenen das sich im Spiel offenbarende schöpferische Element bewahrt werde. Er preist die Lebensart des Kindes, und er will, daß der Erwachsene in seinem Schaffen den Nutzen als etwas Hinzukommendes, Sekundäres, sieht, so wie denen, die das Reich Gottes schaffen, alles andere hinzugegeben wird [7]. Montessori tadelt die einseitige heutige Auffassung der Arbeit, die sich darin offenbare, daß man ständig die Arbeitszeit verkürzen wolle, den Sinn der Arbeit nicht mehr begreife und an Genuß denke, statt an den Aufbau der Kultur [8]. Sie bedauert es, daß der Mensch

---

[4] Vgl. M. Montessori, Kinder sind anders (1952), S. 21.
[5] Dies., Kinder sind anders, S. 264 ff.
[6] Ebd. S. 272 f.
[7] Die Menschenerziehung (Reclam-Ausgabe), S. 61.
[8] M. Montessori, Het onbegrepen kind (Amsterdam o. J.), S. 16 ff.

die heutigen Arbeitsmittel und die neuen Möglichkeiten des Schaffens moralisch noch nicht beherrsche. Was Montessori zu dieser Frage sagt, erinnert an das, was Hilty in seinem einstmals vielgelesenen Buch „Glück" über Arbeit gesagt hat: Wie Montessori betont Hilty, daß der Mensch nur gedeiht, wenn er arbeitet, da er zum Schaffen berufen ist, daß echte Arbeit belebt und daß die Muße sich aus der Arbeit ergeben, mit dieser eine Einheit bilden muß [9]. Wenn Montessori für das Tun des Kindes das Wort „Arbeit" gebraucht, so ist ihr Blick auf eine Arbeit gerichtet, die am Aufbau des Kosmos schafft. Das Kind schafft den Menschen, und zugleich wächst es durch sein Tun in die Arbeitsfreudigkeit hinein, es verbindet sich der Umwelt, es bereitet sich, ohne darum zu wissen, vor auf spätere Arbeit. Diese Vorbereitung ist eine indirekte, es besteht ein Abstand zwischen dem Tun des Kindes und der Art der späteren Arbeit. Das Werk des Kindes ist der Mensch, das Werk des Erwachsenen ist die Gestaltung der Umwelt.

Was Montessori unter dem Wort „Arbeit" für das Kind versteht, ist also dem Spiel verwandt, soweit es nicht Spiel ist. „Arbeit" nennt sie ein Tun des Kindes, das, selbst gewählt und freudig, als ein Zyklus der Tätigkeit vollendet wird und bei welchem das Kind nicht an einen äußeren Zweck denkt. Solche „Arbeit" hat Spieleigenschaften, wenn sie auch kein Spielen mit Spielzeug oder ungeformtem Material ist. Beim größeren Kind in der Schule meint Montessori mit dem Wort „Arbeit" ein Tun, das aus dem Interesse lebt und von der Freude des Kindes am Gegenstand und seiner Wahrheit bestimmt ist. Ein Lernen, das sich direkter auf Zweck und Nutzen richtet, ist für die erzieherische Praxis Montessoris sekundär. Zum Beispiel dient das Mathematik-Material der Bildung des mathematischen Geistes, das praktische Rechnen wird zwar geübt, von ihm wird aber niemals ausgegangen, es fügt sich den mathematisch bestimmten Übungen an. Diese und andere schulischen Arbeiten der Kinder sind durchaus mit Anstrengung verbunden. Montessori will das Lernen dem Kind nicht leicht machen, indem sie wenig fordert, sondern „leicht", indem sie ihm interessante Aufgaben stellt, es handelt sich um das Leichtwerden des Tuns durch den Geist, solch eine Einstellung ist musisch zu nennen.

Die Bedeutung Montessoris für das Problem Spiel oder Arbeit im Leben des kleinen Kindes besteht wohl darin, daß uns durch sie folgendes deutlich wurde: Im Leben des Kindes gibt es nicht nur Spiel im engeren Sinn, also etwa Spielen mit Spielzeug und die Betätigung der Phantasie beim Formen aus Sand oder anderem Material. Es hat sich in der an Fröbel anschließenden pädagogischen Praxis ergeben, daß man am Spiel einseitig die Tätigkeit einer Phantasie betonte, die von der Wirklichkeit fortführt. Montessori erkannte, daß die kleinen Kinder nicht nur in einem Reich der

---

[9] Hilty, Glück, Tl. 1, S. 5 f.

Einbildungskraft spielen wollen, sie wollen sich zunächst die Wirklichkeit erobern. Sie wollen etwas Schweres tragen und an einen anderen Ort bringen, sie wollen klettern, sich im Gleichgewicht üben, sie versuchen, ob ein Schlüssel ins Schlüsselloch paßt, wollen Wasser gießen, Dinge untersuchen. Sie wollen sich selbst waschen, der Mutter und dem Vater helfen. Sie wollen durch solches Tun sich orientieren, die Dinge der Umgebung kennenlernen und ihre Freude an den Dingen ausdrücken. Solches Tun ist erfüllt von ihrer Lebensfreude, sie leben ihr Kindsein auf seine besondere Art, aber nicht in einer Idylle, die sie von der Wirklichkeit trennt. Jeder von uns sieht Kinder viele Dinge üben und tun, die man nicht im engeren Sinn als Spiel bezeichnet. M. Wagenschein weist in seinem Aufsatz „Wesen und Unwesen der Schule" darauf hin, wie sehr schon ein kleines Kind begierig ist, zu lernen. „Von sich aus will das Kind lernen, nichts als lernen. Ich sah vor kurzem ein knapp zweijähriges Kind — es war ein kleiner Italiener, Claudio, blond mit dunklen Augen —, wie es entdeckt hatte, daß ein dicker Ast, der in der Küche lag, sich in das Schwarz einer Herdöffnung hineinstecken ließ. Das Kind tat es mehrmals, und über sein kluges und staunendes Gesicht lief das Wetterleuchten des Geistes. In der Tat war Claudio dabei, die Geometrie zu entdecken (die des Raumes, versteht sich) . . . Er übte . . . Und er setzte den Lehrgang systematisch fort. Nachdem er mit dem Feuerloch ausgelernt hatte, ging er zu ähnlichen Problemen über, z. B. dazu, wie man ein Fenster aufmacht, wie man einen Riegel vorschiebt und dergleichen."[10] Ich weise auf das hin, was ich in dem Kapitel „Übungen des praktischen Lebens" und über die Übungen mit dem Montessori-Material schon gesagt habe. Durch solche Übungen kommt das Kind zur Geordnetheit in sich selbst und mit der Umgebung, und dieses befriedete Kind wird auch zu echtem Spiel wieder fähig. Ergänzen muß man das von Montessori Gesagte und die von ihr angeregte Praxis in der Weise, daß man dem Kind, das seine Abwegigkeiten überwindet, das zu sich selbst findet, auch den Raum zu freiem Spiel helfend bereitet. Zum Kinderhaus gehört der Spielplatz, auch der „Schulhof" muß in einen solchen umgewandelt werden. Es ist oft gesagt worden, daß heutige Kinder zu spielen verlernen. Hildegard Hetzer, die Verfasserin des Büchleins „Spiel und Spielzeug für jedes Alter", bemerkt einmal, das heutige Kind habe zu spielen verlernt, es sei wie der Erwachsene genußsüchtig geworden [11]. Das nach außen gelockte, zum Habenwollen und zur Begierlichkeit verführte Kind spielt nicht. Nur das nichtzerstreute Kind spielt. Montessoris Aufmerksamkeit hat sich von den Spieldingen wohl zu sehr abgewandt. Man muß dies verstehen. Sie sah die

---

[10] Erziehung wozu, (Kröner-Verlag, Stuttgart 1956), S. 54.
[11] E. Hoffmann, Das Problem der Schulreife, S. 21.

Entartung des Spielzeugs, trat für etwas ein, was notwendig war, sie füllte eine Lücke aus. Sie sah das Kind in den Fröbel-Kindergärten mit Dingen beschäftigt, welche der Kraft des Kindes nicht genügten. Sie erfuhr, wie man in der häuslichen Umgebung das Kind daran hinderte, bei den täglichen Arbeiten mitzutun, man schickte es fort zum Spielen. Im Spiel fand das Kind zwar eine Tätigkeit, die ihm zusagte, aber vielfach war dieses Spiel ein Ersatz für das, was es eigentlich gern getan hätte. Montessori geht vor gegen dieses Spiel als Ersatztätigkeit. Die Einseitigkeit, die man bei ihr findet, ist aus der Zivilisation zu erklären, in der sie ihr Kinderhaus schuf. Man erlaubt den Kindern zu „spielen", schickt sie aber aus der Gesellschaft der Erwachsenen fort, in deren Nähe sie gern spielhaft, die Wirklichkeit der Umgebung erforschend und sich am Tun der Erwachsenen beteiligend, tätig gewesen wären. Montessori wollte in ihren Kinderhäusern den Kindern, die ihnen in der häuslichen Umgebung fehlenden Möglichkeiten schaffen. Auch in vielen Kindergärten bemüht man sich darum. Montessori will, daß der Spielraum des Kindes, wenn er heute auch ein besonderes „Kinderhaus" braucht, nicht in einem Abseits liegt, sondern mitten im Bereich der Kultur. Eigentlich zielte Fröbel auch darauf hin. Aber Fröbel war geneigt, das Ganze des Lebens und der Kultur romantisch zu sehen. Seine symbolhafte Auffassung des „Kindergartens" wurde eine „romantische Konzeption" genannt [12]. Diese bezog sich nicht nur auf den Kindergarten der kleinen Kinder, sondern auf sein Ideal der „Lebenseinigung", auf sein Bild eines friedvollen, die Gegensätze einenden, seinen Sinn allseitig erfüllenden menschlichen Lebens selbst. Nohl weist auf den Kurzschluß hin, den Fröbels Auffassung enthält, glaubt aber, auch für uns Erwachsene, „ohne diese ewige Romantik bliebe unser Leben leer ... in aller seiner Wirklichkeit eigentlich unwirklich"[13]. Fröbels „Kindergarten" behielt eine Neigung, idyllenhaft und spielerisch zu werden. Montessori, deren Grundeinstellung zur Welt nicht eine zum Pantheismus neigende Romantik, sondern realistisch war, sah das Bereich des Kindes als eine Wirklichkeit und als Beginn einer neuen Wirklichkeit der Erwachsenen. Sie vergißt jedoch, daß im Als-ob des kindlichen Spiels sich die Tatsache andeutet, daß der Mensch immer über die erreichte und erreichbare Wirklichkeit hinausstrebt, indem er spielend nach einem Ganzen auslangt, das ihm Leben und Welt, wie sie sind, nicht darbieten. Das Spiel des Kindes ist ein Symbol dieses Ganzen des Lebens. Es gibt aber eine Verfälschung des Spiels, die es zur Flucht aus der Wirklichkeit statt zu einem Ausdruck der Lebensfülle macht[13a].

---

[12] Friedrich Fröbel und die Gegenwart (1930), S. 11.   [13] Ebd. S. 23.
[13a] Vgl. „Der Ort des Spiels im Lebensbereich des Kindes" von H. Helming, in: „Kinderheim", 37. Jhg./5 (Kösel).

Auch in Montessoris Auffassung vom Leben und Tun des Kindes zeigt sich ein ideologisches Element trotz der Realistik ihrer Pädagogik gegenüber der romantisch-symbolhaften Fröbels. Wenn Fröbel auf das Spiel als Lebensform des Kindes eindringlich hinwies, so überwindet Montessori die Gefahr, daß das Kind sich an ein Bereich der Phantasie und des Spiels verliert und in seinem Wesen eine Spaltung begründet wird, die Spiel und Arbeit zu sehr voneinander trennt. Wir sehen heute, daß der Erwachsene Arbeit und Muße nicht mehr zu einer Einigung bringen kann, weil er den Sinn seiner Arbeit nicht erfaßt und die Arbeit ihn nicht durchbildet und menschlich vollendet, und weil er anderseits in der freien Zeit statt zu innerer Ruhe und Lebensfreude zu kommen dem Genuß und der Zerstreuung verfällt. Die vielfache Erfahrung in den Kinderhäusern und Montessori-Schulklassen ergibt, daß die charakteristischen Übungen am Material Ungeordnetheiten des Kindes überwinden und die Einheit seines Wesens wiederherstellen. Ein geordnetes Kind kann auch spielen. Der Lehrer einer Montessori-Schulklasse erzählte, er sei mit den Kindern 14 Tage in einer Jugendherberge gewesen, in der gleichzeitig andere Schulklassen waren. Daß seine Kinder spielen konnten, in ihrer beruhigten kindlichen Lebensart fröhlich waren ohne Unruhe, sei den anderen Lehrern und auch dem Herbergsvater aufgefallen, sie hatten sich dadurch von den anderen Kindern unterschieden.

Montessori weist auf die Worte von Gibran hin: „Die Arbeit ist sichtbar gewordene Liebe."[14] Wenn die Arbeit aufhörte, sagt sie, müßte die Menschheit aufhören, zu existieren[15]. Montessori preist die Arbeit, sie empfindet ihr gegenüber kein Ressentiment. Das verbindet sie in einer sehr tiefen, noch mehr zu beachtenden Weise unserer geschichtlichen Situation, in welcher die Arbeit durch Mechanisierung ihr Wesen verliert. Die Arbeit ist aber Erfüllung von Gottes Auftrag an den Menschen, die Erde zu bebauen und zu beherrschen. Solche Arbeit ist Lebenserfüllung. Der Mensch ist kein Naturwesen, er ist auf Kulturschaffen ausgerichtet. Arbeit zielt auf höheres Leben hin. In seiner Schrift „Theologie der Arbeit" sagt H. Rondet, daß nach der Mißachtung der Handarbeit in der heidnischen Kulturwelt das Christentum sie als Auftrag Gottes erkannte, wenn auch die Sünde des Menschen sie mit Mühen und Schmerzen belastet habe. „Die ersten, die die Arbeit begriffen, waren die Mönche." In seinem kleinen Werk über die Arbeit der Mönche erinnert Augustinus daran, daß Paulus mit seinen Händen arbeitete und dabei der ganzen Welt das Evangelium verkündete[16]. Wenn Montessori schon beim kleinen

---

[14] M. Montessori, La mente del bambino, S. 206.
[15] Vgl. „Kinder sind anders", S. 43 ff.
[16] H. Rondet, Die Theologie der Arbeit (Echter-Verlag, 1956), S. 41.

Kind von „Arbeit" spricht, so bedeutet das keine Verherrlichung der Nuraktivität, die ein Leerlauf sein würde. Wenn auch Montessoris pädagogischer Realitätsoptimismus bei uns, die wir ihre Forderungen zu verwirklichen suchen, eine Wandlung erfährt, wenn wir auch wissen, es gehört zum Kind auch das Spiel des Als-ob, so müssen wir doch zugeben, daß das Tun des Kindes und des Erwachsenen durch die gleiche Sinnrichtung miteinander verbunden sein müssen und daß Montessori viel geleistet hat, wenn sie uns zu der Erkenntnis bringt, nicht nur das Spiel muß für das Kind gerettet werden, sondern auch ein „lebendiges Tun"[17]. wodurch das Kind den Weg findet in die Wirklichkeit. Die Sorge, die uns heute sowohl für den Erwachsenen wie für das Kind erfüllt, geht nicht nur die Rettung musischer Haltung des Menschen, sondern auch die der echten Arbeitsgesinnung an, die heute ihre Gefährdung erfährt. Darüber eingehend zu sprechen, ist hier nicht der Ort. Ihre Folge ist auch, daß der Erwachsene die zur Arbeit gehörende Last und Mühe ebenso wie die eigene innere Beteiligung nicht mehr auf sich nehmen will oder kann.

Ich erinnere an eine Erzählung von Regina Ullmann: Sie berichtet von einem kleinen Jungen, er mag zwei oder drei Jahre alt sein, der vor der Tür seines bäuerlichen Elternhauses sich bemüht, einen großen Schubkarren zu bewegen. Er ist den ganzen Vormittag daran tätig. Immer wieder versucht er, er läßt sich nicht stören, er plagt sich. Und schließlich hat er Erfolg, der schwere Schubkarren bewegt sich. Das ist kein Phantasiespiel, kein Spiel im engeren Sinn, aber es ist ein wichtiges Erlebnis. Regina Ullmann meint, daß solches Erlebnis früher Kindheit „alle anderen Geschehnisse an Klarheit und Sichtbarkeit überdaure". „Und immer", so fährt sie fort, „wenn das Kind, der Knabe, der Jüngling und der Mann sich in späteren Tagen mit einer Arbeit plagen mußten, so daß Stunden vergingen, ehe diese bewältigt war und nach dem Muster eines makellosen Vorbildes gelang, ließ er sich jenes allererste Kindheitserlebnis zu Gemüte gehen."[18] In einer Zeitschrift fand ich Bilder eines modernen Kindergartens: Es wurden Stühle gepriesen, die von den Kindern auf verschiedene Weise spielerisch zu gebrauchen waren. Demgegenüber weise ich auf die Erfahrung hin, von der mir Kindergärtnerinnen erzählten: daß Kinder in den Kindergarten oder in das Kinderhaus kommen und von den kleinen Stühlen beglückt sind. Es sind Kinder, die zu Hause keinen Stuhl haben, der für ihre Größe paßt, und so lassen sie sich mit Genugtuung auf einen solchen Stuhl nieder und achten zunächst nicht auf die vielen anderen interessanten

---

[17] Buytendijks Aufsatz „Bildung der Jugend durch lebendiges Tun", in: Die Schildgenossen 1931, hilft, die Weise eines kindlichen Tuns zu verstehen, für das die Bezeichnungen „Spiel" und „Arbeit" nicht ganz ausreichen.
[18] R. Ullmann, Vom Brot der Stillen II, S. 64.

Dinge im Kinderhaus. Das Kind erfreut sich an seinem Stuhl als Stuhl. Es ist nicht so, daß Kinder nur darauf aus sind, mit jedem Ding willkürlich umzugehen und es als Spielzeug aufzufassen, sie wollen auch lernen, auf richtige Weise die Dinge zu gebrauchen und sie zu kennen. Sie wollen nicht nur in einer uneigentlichen Welt leben, sondern in der Welt, wie sie ist oder wie sie sein müßte. Die Kinder geraten in ihren Übungen am Montessori-Material an das Wesen der Dinge und lieben es. Das ist auch Spiel, weil es Leben schlechthin ist. Was ist Spiel im Letzten anderes als Leben um des Lebens willen.

Die zwei Kinder Asa und Klein-Matts, die ihren Vater suchten, verdienten sich auf ihrer Wanderung ihren Unterhalt durch eigene würdige Arbeit. Asa bereitet daher dem kleinen Bruder, der stirbt, ein Begräbnis wie das eines Erwachsenen. Als sie aber schließlich ihren Vater gefunden hat, bekommt sie „ein ganz anderes Aussehen". „Das Gänsemädchen Asa schaute jetzt nicht mehr mit dem ihm eigenen altklugen Blick umher. Jetzt hatte sie ja jemand, auf den sie sich stützen und verlassen konnte, und es sah aus, als sei sie auf dem Wege, wieder ein harmloses Kind zu werden."[19]

Ein Kind kann und soll die Arbeit, wie sie in ihrer ganzen Wirklichkeit ist, noch nicht auf sich nehmen. Es ist fähig zu ernsthaftem Tun, es will in das Ganze des Daseins hineinwachsen, aber sein Lebensbereich muß, behütet vom Erwachsenen, ohne eine Idylle zu sein, eine spielhafte Form des Lebens ermöglichen. Sonst würde die Gefahr einer Verfrühung sein Leben gefährden. Ein Bereich spielhaften Lebens ist, recht verstanden und geleitet, das Kinderhaus Montessoris mit den leicht und froh sich bewegenden, der Gegenwart ihres Tuns hingegebenen Kindern. In manchem Kindergarten und Spielbereich für kleine und größere Kinder dagegen zeigt sich die Gefahr, daß „freies Spiel" mit einem Sichausleben der Kinder und mit Toben und Lärmen verwechselt wird. Hildegard Hetzer sagt darüber: „Im Sichausleben erfolgt eine Befreiung von etwas, was uns hemmt. Im Sichausleben liegt aber nur Befreiung und nicht, wie in allem Spiel, zugleich der Neuanfang aufbauenden Gestaltens."[20] Die besonderen Hilfsmittel Montessoris dienen dem Kind zum Aufbau seines Lebens. Ball, Bauklötze, Sandkasten und Möglichkeiten frei zu formen, sollen nicht fehlen, sie werden ihren Platz behalten oder ihn wiederfinden innerhalb des neuen Grundrisses eines zeitgemäßen Kinderbereiches, dessen Art heute leider nicht so organisch gegeben ist wie Fröbels Kindergarten in einer uns

---

[19] S. Lagerlöf, Wunderbare Reise des kleinen Nils Holgerssohn (A. Langen, 59. bis 68. Tausend), S. 420.
[20] H. Hetzer, Spiel und Spielzeug für jedes Alter (Verlag Kleine Kinder, Lindau 1950), S. 16.

heute fernen Kultur. Wir können nicht mit pädagogischer Absicht an das Spiel des Kindes heran, wir würden es in seinem auf Spontaneität beruhenden Wesen zerstören. „Alle Absichten sind schlecht."[21] Eine indirekte Hilfe, wie ein rechtverstandenes Montessori-Kinderhaus sie bedeuten kann, mag in unserer spielfremden Zivilisation die gute Möglichkeit sein.

---

[21] F. J. J. Buytendijk, Das Spiel von Mensch und Tier, S. 164.

XI

DIE EINBILDUNGSKRAFT

Die Einbildungskraft ist die Fähigkeit des Menschen, Bilder aufzunehmen, sie zu wandeln, zu kombinieren, mit ihnen zu spielen und zu schaffen.

Montessori spricht vom absorbierenden Geist des kleinen Kindes, der aus der Umgebung eine Fülle von Bildern aufnimmt. „Der Unterschied zwischen den veralteten Vorstellungen von der Passivität des Kindes und dem wahren Sachverhalt liegt jedoch in der inneren Empfänglichkeit des Kindes. Eine sehr lange, fast bis zum fünften Lebensjahr reichende sensible Periode verleiht dem Kind eine wahrhaft wunderbare Fähigkeit, sich Bilder aus der Umwelt anzueignen. Das Kind ist ein aktiver Beobachter... Wer beobachtet, tut dies aus einem inneren Antrieb, aus einem Gefühl, auf Grund einer besonderen Vorliebe, und er wählt unter zahllosen Eindrücken ganz bestimmte aus."[1] Es handelt sich also nicht nur um Impressionen, die von außen her bewirkt werden, der Geist des Kindes ist unbewußt aktiv und wählt. Trotzdem besteht die Gefahr der Überwältigung der wählenden Kraft von außen her, eines Zuviel der Eindrücke und eines Chaos, das nicht zu Ordnung gelangt. Daher ist Montessori bemüht darum, das Kind in eine Umgebung aufzunehmen, die ihm hilft, das Aufgenommene, das unklar und diffus in seinem Geist ist, zu ordnen, zu sich selbst zu kommen, die Kraft des Wählens in sich zu stärken und die Aufnahme neuer Bilder aufmerksamer vorzunehmen. Es wurde davon gesprochen, daß das von Montessori bereitgestellte „Material" seinen Platz hat zwischen einer difussen Aufnahme von Eindrücken und einer anderen aufmerksameren Wahl[2].

Montessori spricht oft von der Bedeutung der Einbildungskraft[3]. Diese ist, gemäß ihren Darlegungen, „die Essenz des menschlichen Geistes, der baut und konstruiert"[4]. Nicht nur der Künstler ist auf sie angewiesen, nicht nur das Kind bei seinem Spiel, sondern jeder Mensch, der nicht rein mechanisch seine Arbeit verrichtet: die Frau in ihrem Hauswesen, der Hand-

---

[1] M. Montessori, Kinder sind anders, S. 93.
[2] Kapitel: „Das Montessori-Material".   [3] Londoner Vorträge 1946.
[4] Besonders in dem Kapitel: „Die Einbildungskraft"; M. Montessori, Erziehung für Schulkinder, S. 231 ff.

werker, der Gelehrte beim Finden neuer Wege, der Geschäftsmann beim Entdecken neuer Beziehungen. Jedesmal aber geht die Einbildungskraft aus von dem Kontakt mit der Wirklichkeit, und je intensiver dieser Kontakt ist, desto mehr kann sich die Phantasie beflügeln. „Die schöpferische Einbildungskraft der Wissenschaft hat ihre Grundlage im Wirklichen... Solange sich der Mensch in bloßen Spekulationen verirrte, blieb seine Umwelt unverändert; aber als die Einbildungskraft von der Berührung mit der Wirklichkeit ausgehen konnte, da fing der Gedanke an, Werke aufzubauen, durch welche die äußere Welt verwandelt wurde."[5] „Die Einbildungskraft schuf, als sie von der Schöpfung ausging, d. h., nachdem sie zuerst das vorhandene Wirkliche gesammelt hatte. Dann erst vollbrachte sie wunderbare Dinge."[6] „Der Geist, der für sich unabhängig vom Wirklichen arbeitet, arbeitet im Leeren."[7]

Alles geistige Leben baut sich mit Hilfe der Einbildungskraft auf. Der Mensch, dem sie fehlt oder der sie nur dürftig besitzt, hat demzufolge ein verarmtes Leben. Montessori weist auf die Funktion der Einbildungskraft bei aller unterrichtlichen Ausbildung der Kinder hin. Ich habe davon an anderer Stelle gesprochen [8]. In der durchschnittlichen Schule wird der Geist des Kindes oft durch die Fülle des Stoffes, die Einzelkenntnisse, das Tatsachenwissen geradezu gelähmt. Er verliert seine Freiheit. Oft ist darüber geklagt worden, daß der Unterricht sich zu wenig durch spätere Selbstbildung und Offenheit des Interesses ergänze. Montessori hat das Vertrauen, daß, wenn im Kind „Kristallisationspunkte" des Interesses entstanden sind oder, wie sie sich ausdrückt, wenn das „Detail" intensiv gepflegt ist und außerdem zum Ganzen eines Bereiches elementarer Kontakt gewonnen wurde, der Geist frei wird zu eigenem weiterem Studium und die Einbildungskraft rege wird und das Gelernte erweitert [9].

Es ist im Bereich der Pädagogik die Einbildungskraft einseitig in Verbindung gebracht worden mit dem Spiel des Kindes und seinem Schaffen. Montessori warnt davor, das Maß der Einbildungskraft beim kleinen Kind zu überschätzen. Sie warnt ferner davor, die Einbildungskraft so einseitig zu fördern, daß sie mit dem Ganzen der kindlichen Bildung nicht in Harmonie bleibt. Das in städtischer Umgebung lebende Kind, das von fertigen Dingen umgeben ist, nimmt zwar viele Eindrücke auf, aber diese haben wenig Wirklichkeitskraft, weil sie naturfern und oft ohne Bildkraft sind. Sie sprechen vielfach nur den Benutzer und Verbraucher oder die Neugier an. Sie verführen das Kind zur Trägheit des Geistes, zu einer Flucht von der Wirklichkeit weg, zu Verspieltheit und Zerfahrenheit. Das Kind, das in seinem Garten Bäume kennenlernt und liebt, kann sich eine ganze Welt

---

[5] Ebd. S. 231.   [6] Ebd. S. 232.   [7] Ebd. S. 233.   [8] Vgl. Kapitel „Realien".
[9] Ebd.

der Bäume vorstellen, es kann Bäume malen, Bäume, die keine Abbilder der wirklichen sind und doch mit deren Wesen in Kontakt stehen. Ein Kind, das Wald und Feld und die einfachen Arbeiten der Handwerker, wie sie in unseren deutschen Märchen vorkommen, gar nicht kennt, kann die Märchen nicht so aufnehmen, daß sie eine gesunde Wirkung in ihm haben. Das Kind der heutigen Zivilisation ist in großer Gefahr einer Spaltung seines Geistes oder einer einseitigen ungesunden Entwicklung desselben. Was es aus der Umgebung aufnimmt und mit seiner Phantasie entwickelt, ist seiner Natur oft entgegen und bedeutet Wucherung statt wesenhafte Bildung. Seine Phantasie ist anscheinend reich, aber sie hat nicht genug Beziehung zur Wirklichkeit und ist daher eher Phantastik zu nennen.

Es fragt sich, ob manches, was sich in heutigen Kinderzeichnungen und Malereien offenbart, nicht ungesunde Frühreife ist. Montessori war der starken Beachtung der Kindermalereien gegenüber mißtrauisch. Sie hatte nicht das Verständnis dafür, das sich unter den Pädagogen in den letzten Jahrzehnten entwickelt hat. Hier bedarf ihre Pädagogik einer Ergänzung [10]. Montessori fordert, daß man dem Kind technische Hilfen zum Zeichnen, Malen und Werken gebe: ihm zeige, wie man den Stift hält, wie man die Farben mischt, wie man Materialien oder Werkzeuge gebraucht. Solche Dinge dürfen nicht vernachlässigt werden! Sie fördern die Möglichkeiten des Kindes, sich auszudrücken; statt seine Freiheit einzuengen, erweitern sie dieselbe. Die schaffende Spontaneität selbst kann und darf man nicht drängen. „Die Macht, dieses Quellwasser der inneren Schaffenskraft hervorsprudeln zu lassen, besitzen wir nicht. Niemals spontane Betätigung hindern, wenn sie auch nur wie ein unscheinbares Wässerchen gleichsam aus unsichtbaren Quellen hervorquillt, und warten, das ist unsere Aufgabe."[11]

Montessori hat auch recht darin, die Pflege der Beziehungen zur Natur als eine Voraussetzung für die Entwicklung der Phantasie und des Ausdrucksvermögens zu fordern.

Jeder große Künstler macht, darauf weist Montessori hin, genaue Studien nach der Natur, und erst von dieser Grundlage aus erhebt sich seine Phantasie zu kühnen Schöpfungen, und seine Kunst bleibt dabei vor Abwegigkeiten bewahrt. Kein Mensch kann aus nichts etwas schaffen. Montessori weist auf Dante hin, der „sich fortwährend auf materielle und sinnenhafte Dinge bezieht, die durch den Vergleich die erdichteten Dinge erläutert"[12]. „Der bildliche Vergleich muß innerhalb der Grenzen des wirklich

---

[10] Vgl. Kapitel: „Spiel und Arbeit".
[11] M. Montessori, Erziehung für Schulkinder, S. 243.
[12] Dies., Erziehung für Schulkinder, S. 238.

Beobachteten bleiben, und gerade dieses Maß und diese Form geben der geistigen Schöpfung feste Form... Die Irren sprechen von phantastischen Dingen, und wir sagen nicht, daß das ein Beweis von großer Einbildungskraft sei: Zwischen der Gedankenverwirrung des Deliranten und der Gestaltung der Einbildungskraft liegt ein Abgrund."[13] „Kein Genie hat je vermocht, etwas durchaus Neues zu schaffen."[14]

Man soll bei den Kindern die Beobachtung der Wirklichkeit fördern, „um ihnen den Stoff für die Einbildungskraft zu sichern. Auch die Übung des Verstandes, der innerhalb fester Grenzen arbeitet und der die Dinge voneinander unterscheidet, bereitet einen Kitt für die Gebilde der Phantasie; denn diese sind um so schöner, je genauer sie sich an eine Form halten und je logischer die einzelnen Bilder miteinander verbunden sind. Die Phantasie, die übertreibt und plump erfindet, führt nicht auf den rechten Weg."[15]

Die Erfahrung des kleinen Kindes ist noch begrenzt, die alltäglichen Dinge, die es sieht oder hört, sind ihm voller Geheimnisse und Wunder. Kleine Kinder haben daher kein Bedürfnis nach phantastischen Geschichten. G. K. Chersterton sagt in seiner Schrift „Orthodoxy": „Wenn wir klein sind, brauchen wir keine Märchen, das Leben allein ist interessant genug."

Wenn auch Montessori der pädagogisch-musischen Bewegung unserer Gegenwart noch wenig verbunden war, welche die Praxis Montessoris heute beeinflußt, so dürfen wir nicht vergessen, welche Mahnungen Montessori äußert. Nur indirekt, sagt sie, können wir der Entfaltung dieser Grundkraft des Geistes helfen. Wir dürfen nicht versuchen, es zu direkt zu tun, oder wir kommen zur Unechtheit, Spielerei oder Überzüchtung.

In unseren Kinderstuben und Kindergärten wird viel gegen eine gesunde Pflege der Einbildungskraft gefehlt. Welch eine Phantastik erfüllt manche Bilderbücher und Märchenbücher, die für die Kinder produziert werden. Wie künstlich und phantastisch sind viele Kindergeschichten und Abenteuerromane für die Jugend erfunden. Sie locken die Kinder in ein Bereich abseits der Wirklichkeit und ziehen sie von dieser ab, ähnlich wie die „Comics" oder die Filme. Sie liefern Phantastisches, sättigen die Phantasie des Kindes und behindern die Betätigung ihrer Eigenkraft. Vom Spielzeug ließe sich Ähnliches sagen. Man glaubt die Einbildungskraft des Kindes dadurch zu fördern, daß man ihr Eingebildetes als Nahrung gibt. Die Nahrung der Einbildungskraft — das sei noch einmal gesagt — aber ist vor allem die Wirklichkeit; das Staunen vor ihren Überraschungen und Geheimnissen weckt neue Bilder und regt die Formkraft an. Wenn Franz Marc rote und blaue Pferde malte, so hat er, bevor er solchen Bildern

---

[13] Ebd. S. 240.   [14] Ebd. S. 241.   [15] Ebd. S. 242 f.

künstlerische Wahrheit verleihen konnte, das wirkliche Pferd hundertfach studiert. Die Märchen der Völker wurden nicht spielerisch ausgedacht, sondern sie entstanden aus dem Kontakt mit der Natur, aus Furcht und Schrecken und Bewunderung vor ihr oder aus der Sehnsucht des menschlichen Herzens, wie sie im Umgang mit wirklichen Dingen und Menschen ausgelöst wurde.

Montessori hat gewiß das phantasievolle Spiel des Kindes nicht umfassend genug beachtet [16]. Ihre pädagogische Bemühung war darauf gerichtet, Mängel zu beheben, die sie in der Erziehung der heutigen Kinder vorfand. Sie hatte recht damit, daß Störungen in der Entwicklung des Kindes oft auf einen fehlenden Kontakt mit der Wirklichkeit zurückzuführen sind. „Der Weg der Wahrheit ist schwer durch die Kruste der Phantasie hindurch, die sich verfestigt hat, ohne auf der Basis der Wirklichkeit aufgebaut zu sein."[17] Es ist uns aufgegeben, dem Geistesleben des Kindes eine gesunde und ausreichende Grundlage zu geben und gleichzeitig eine Brücke zu schlagen zu dem, was die heutige Pädagogik über die musische Ausdrucksmöglichkeit und deren Eigenart und Bedeutung zu sagen hat.

Es ist jedoch zu beachten — an anderer Stelle wurde darauf hingewiesen —, daß der ganze Charakter des Lebens in Kinderhaus und Montessori-Schule von musischer Art ist, weil die Arbeit aus Interesse und Hingabe an den Gegenstand geschieht, der Kontakt mit dem Wesen der Dinge sich bildet und das Kind die Muße hat, im eigenen Rhythmus zu arbeiten und sich zu seiner Zeit dem Tun frei zuzuwenden. Die Tätigkeit des Kindes ist nicht auf den äußeren Erfolg gerichtet, sondern auf Selbstbildung und Liebe zum Gegenstand. In einer solchen Umgebung werden musische Tätigkeiten auch unmittelbar gedeihen [18].

---

[16] Vgl. Kapitel: „Spiel und Arbeit im Leben des Kindes".
[17] M. Montessori, The Child in the Church, S. 135.
[18] Vgl. Kapitel: „Spiel und Arbeit im Leben des Kindes".

XII

HAND UND GEIST

Maria Montessori hebt an vielen Stellen ihrer Schriften die Hand als wichtiges Organ des Geistes hervor. Unsere Hände bleiben, sagt sie, in der Arbeit der heutigen Zivilisation untätig, so verliert der Geist sie als Werkzeug seines Ausdrucks und als Mittel, sich mit der Umgebung in Verbindung zu setzen, diese zu erkennen und zu gestalten. Schon dem Kind fehlen die ausreichenden Möglichkeiten zur Bildung der Hände in der häuslichen Umgebung, noch mehr in der Schule.

Die Hand ist es, mit welcher der primitive Mensch begann, sich die Umwelt dienstbar zu machen, sie ist es, mit welcher er auf den Wänden der vorgeschichtlichen Höhlen künstlerische Aussagen machte, mit denen er sich über die Nützlichkeit einer Kenntnis der nahen Welt erhob. Mit der Hand schaffen der Bildhauer, der Maler, der Musiker. Bei dem letzteren hilft die empfindliche Hand dem Ohr, indem sie das Instrument erfühlt und handhabt. Die Hand ist nicht zu entbehren beim Bau der feinen Musikinstrumente. Die Hand gestaltet aus der Wildnis das fruchtbare Ackerland oder den schönen Garten. Bevor die Maschine erfunden wurde, besonders bevor das Zeitalter der Technik mit der Dienstbarmachung der Elektrizität und anderer Naturkräfte begann, mußte die Hand dem Geist die Verbindung mit der Erde unmittelbarer verschaffen. Sie wird nie entbehrt werden können, wenn nicht der Mensch aufhören soll, schöpferisch zu gestalten. Auch hier wird gelten, daß der Mensch nur bis zu einem gewissen Grad den unmittelbaren Kontakt mit den geschaffenen Dingen verlieren darf und daß nicht nur der Intellekt, sondern alle seine Sinne, seine Füße und besonders seine Hände, in tätiger Verbindung mit ihnen sein müssen, wenn dieser Kontakt richtig und wirkkräftig bleiben soll und dadurch schöpferisch sein kann. Es muß so sein, damit der Segen, von dem in der Genesis gesprochen wird, sich erfülle: „daß dich der Herr dein Gott segne in allen Werken deiner Hände, die du tust"[1]. In besonderen Kapi-

---

[1] 5 Mos. 14, 29.

teln ihrer Bücher weist Montessori in ähnlicher Weise auf die Bedeutung der Hand für die Kultur hin [2].

Wenn heute die meisten Erwachsenen wenig ausgebildete Hände haben, so ist das für sie selbst wie für den Bereich der Kultur von Schaden, da die Hand von Natur der Entwicklung des Geistes eng verbunden ist. Der Mensch bringt sich in Gefahr geistiger Verödung, wenn er dieses Organ nicht ausbildet. Seine Beziehung zur Umgebung verarmt, und er hört auf, sie zu gestalten. Der Mensch scheut heute vor intensiver Arbeit mit den Händen zurück. Auch das Haus verarmt dadurch.

Montessori wies in einem Vortrag, den sie 1946 in London hielt, auf die Schönheit von Händen hin, die viel gearbeitet haben. Solche Hände, sagt sie, seien schöner als müßige Hände mit all ihrer Pflege. Man kann sagen, übermäßige Pflege deckt sich wie eine Maske über die Schönheit der menschlichen Hand. Montessori weist auf zentrale Riten und Gebräuche hin, bei denen Hand und Wort im Ausdruck miteinander verbunden sind, auf die Schließung der Ehe, den Eid, die Händewaschung bei der Liturgie, Riten, die zeigen, „wie stark das Unbewußte im Menschen die Hände als Kundgebung des inneren Ichs empfindet"[3].

Es ist also überaus wichtig, dem Kind zu helfen, daß es, seinem inneren Drang entsprechend, die Hände brauche. Es kann sie früher gebrauchen als die Füße. Sie haben eine innigere Beziehung zum Geist, sie helfen diesem, sich zu realisieren.

Mehr noch als der biologisch auf bestimmte Bewegungen fixiertere Fuß, der zwar als Werkzeug der aufrechten Haltung und des Gleichgewichts bedeutsam ist, wird die wenig determinierte Hand psychisch geführt und kann zu einer außerordentlichen Mannigfaltigkeit von Handlungen fähig werden. „Wir wissen nicht, welche besonderen Tätigkeiten der Hände die Neugeborenen von heute entwickeln werden, und so war es in der Vergangenheit. Die Funktion der Hände ist nicht festgelegt."[4] Sie hat eine nicht nur individuelle, sondern darüber hinaus eine geschichtliche Entwicklung. „Die Entwicklung der Hand geht gleichen Schrittes mit der Entwicklung der Intelligenz", ja auch der Religion, des Gefühls und des Geistes [4a].

Das Neugeborene ist fast ohne Bewegung, es muß alles erst erobern. Zuerst ist die Beobachtung der Umgebung da; denn es muß die Umgebung kennen, in welcher es sich bewegen kann. Dieser Beobachtung verbindet sich dann die Bewegung, beide dienen der Orientierung. „Die erste Kundgebung der Bewegung ist das Greifen oder Nehmen, und sobald das Kind einen Gegenstand greift, wird sein Bewußtsein auf die Hand gelenkt, die dazu fähig war."[5] „Die Hand, nicht der Fuß, ruft (so früh) die Auf-

---

[2] Montessori, La mente del bambino, S. 149 ff.; Kinder sind anders, S. 116 ff.
[3] Ebd. S. 118. [4] M. Montessori, La mente del bambino, S. 150 f. [4a] Ebd. S. 150.
[5] Ebd. S. 153; Das Kind in der Familie, S. 32.

merksamkeit der Bewußtheit auf. Wenn sich dies ereignet, so entwickelt sich das Greifen schnell, und nachdem es erst instinktiv war, wird es im Alter von sechs Monaten intentional."[6] Schon wenn das Kind ein Jahr ist, hantiert es mit den Dingen und entwickelt Geschicklichkeit, indem es z. B. etwas auf- und zumacht[7]. In seinem Aufsatz „Gelebte Freiheit und sittliche Freiheit im Leben des Kindes" bringt Buytendijk das erste Greifen und Loslassen der Hände des Kindes als ein wichtiges Kontaktnehmen und anderseits Distanzerfahren desselben mit der Enwicklung der Freiheit in Verbindung[8].

Das Kind erobert mit den Händen seine Umgebung, es faßt alles an, ertastet es, will es handhaben. „Zum erstenmal streckt diese kleine Hand sich nach einem Ding aus, und diese Bewegung stellt die Kraft des kindlichen Ichs dar, in die Welt einzudringen."[9] So gewinnt es Zulaß zu den Dingen, orientiert sich, ergreift und begreift die Dinge. Der Mensch im Kind bereitet sich vor, von dem Montessori sagt: „ Er ergreift mit seiner Hand Besitz von seiner Umwelt", die er „unter Leitung seiner Intelligenz umwandelt" und womit er „seine Mission im großen Weltenplan vollzieht"[10].

Die häusliche Umgebung, die das Kind in den ersten drei Lebensjahren findet, ist eine wichtige bildende Umgebung, wenn das Kind darin seine Forschungen und Eroberungen mit den Händen machen und wenn es ein für das Kind übersichtliches Tun der Erwachsenen nachahmen kann. In engen, technisierten Wohnungen in der Nähe untätiger Erwachsener wird das Kind gehemmt. Um so wichtiger ist es, daß Montessori einerseits den Eltern den Rat gibt, bei der Einrichtung des Hauses auch das Kind zu berücksichtigen[11], anderseits in ihrem Kinderhaus dem Kind von drei bis sechs Jahren eine Umgebung vorbereitet, in welcher es bei allem, was es tut, seine Hand gebraucht. Das Kind ist jetzt in dem Alter, daß diese Hände, die vorher in „elementaren Handlungen"[12] die Umgebung ertasteten, nicht nur ein bestimmtes Ziel finden, sondern zu einem vollständigen Tun fähig werden. Von den „Übungen des praktischen Lebens" und den „Sinnesübungen" wird in diesem Buch an anderer Stelle gesprochen[13]. Die Kinder werden zu einem genauen Hantieren der Dinge angeleitet. Die Hand will tragen, sie will das Ding in der richtigen Weise anfassen und mit ihm umgehen. Ein kleines Kind von dreieinhalb Jahren deckte die kleinen Frühstückstische. Es arbeitete daran über eine Stunde. Es trug die

---

[6] Ebd. S. 154.   [7] M. Montessori, Kinder sind anders, S. 121 f.
[8] F. J. J. Buytendijk in: Vierteljahrsschrift für wissenschaftliche Pädagogik 3 (1952), S. 168 ff. und in: „Das Menschliche" (Koehler, 1958), S. 119 ff.
[9] M. Montessori, Kinder sind anders, S. 118.
[10] Ebd. S. 117.   [11] Ebd. S. 118 ff.; Das Kind in der Familie, S. 29.
[12] M. Montessori, Kinder sind anders, S. 120 ff.
[13] Vgl. Kapitel: „Das Montessori-Material".

Stapel kleiner Teller zu mehreren Tischen hin, dann die Tassen und die Untertassen. Als ich sah, wie das Kind in die Tassen hineinfaßte, ging ich zu ihm, faßte eine Tasse am Ohr an und zeigte, ohne zu sprechen, die Hantierung, indem ich das Kind freundlich und ermutigend ansah. Das Kind faßte nun die Tassen mit Eifer richtig an, und jedesmal suchte es aus der Ferne meinen Blick und erwiderte mein Lächeln. Die Kinder gießen Wasser in Gläser und Flaschen, sie lernen die Hand zu beherrschen, so daß kein Wasser vorbeifließt. Sie lieben derartige Übungen. Der Geist verlangt nach dem willigen Werkzeug der Hand. Das Kind geht mit den Blumen um, die in Gläsern auf den Tischen stehen und mit den Pflanzen auf dem Pflanzentisch, seine Hände berühren die Dinge zart. Die Hand wird ein Organ zur Erreichung der Vollkommenheit. Ein nichtbehindertes und nicht zur Opposition gereiztes Kind will etwas sehr genau, sehr gehorsam tun. Das Kind neigt von Natur zur Genauigkeit, und die Weise, sie zu üben, zieht es an [14]. Es ahmt die Erwachsenen nach, nachdem es ihre Bewegungen in sich aufgenommen hat. Es hat, wie Montessori sagt, sich psychische Bilder geschaffen. Von diesen geht es bei der Nachahmung aus, „die sich wesentlich von jener unmittelbaren Nachahmung unterscheidet, wie man sie etwa bei Affen beobachtet... Das Seelenleben geht immer den mit ihm zusammenhängenden Ausdrucksbewegungen voraus.[15]" Seit dem Alter von eineinhalb Jahren haben sich Hand und Fuß zu solchem Tun vereinigt. Das Kind geht nicht nur, es hält das Gleichgewicht beim Tragen, es klettert mit Zuhilfenahme der Hände [16]. Man zeigt dem größeren Kind, wie es beim Zeichnen den Stift führt, ihn nicht zu fest faßt, sondern die Linie leicht auf das Papier bringt. Daher wird die Schrift später flüssig und schön.

Montessori betont wiederholt, daß es sich bei den Sinnesübungen keineswegs nur um Übungen der Sinne handelt, sondern daß die Betätigung der Hand dazu gehört und diese der Übung erst die Vollendung gibt. Die Hand sorgt dafür, daß die Polarisation der Aufmerksamkeit zustande kommt. „Die Kinder entwickeln ihre Sinne, weil sie mit Gegenständen hantieren können. Dies ist der Anreiz, darauf erfolgt Konzentration aus dem inneren Interesse... Koordination entwickelt sich durch Bewegung, besonders durch Bewegung der Hände. Die Koordination ist ein inneres Gleichgewicht, die Hand baut wirklich den Charakter auf und trägt zu den Übungen der Sinne bei."[17] Mit dem Tun der Hand wird gleichsam der ganze Leib des Kindes mit in die Aufmerksamkeit hinein-

---

[14] M. Montessori, Pédagogie scientifique, S. 70 f.
[15] Dies., Kinder sind anders, S. 120.
[16] M. Montessori, La mente del bambino, S. 155 f.
[17] Der 23. Vortrag Montessoris im Londoner Lehrgang, November 1946, über Aufbau und Koordination der Bewegung.

genommen, Geist, Sinn und Bewegung einen sich. Das Ziel dieser Übungen ist die Reifung des Geistes und hat mit Intellektualismus nichts zu tun. Wenn die Fingerspitzen des Kindes glatte und rauhe Flächen unterscheiden oder verschiedene Stoffarten, so bekommt es buchstäblich „Fingerspitzengefühl", und damit zugleich gewinnt sein Geist die feine Unterscheidung von Qualitäten. „Der erste Schritt des Geistes ist die Unterscheidung."[18] Zu diesem Schritt hilft auf vielfache Weise die tastende und greifende Hand.

Will das Kind im Kinderhaus etwas tun, so erhebt es sich von seinem Platz, stellt sorgsam das Stühlchen wieder zurecht und holt sich mit seinen Händen die notwendigen Dinge. Es trägt sie zu seinem Tisch, sorgt, daß es nirgendwo anstößt, und stellt sie sacht in schöner Ordnung hin, dann hantiert es damit, und wiederum bringt es sie an ihren Platz zurück. Manche dieser Dinge sind schwer und umfangreich, andere leicht und klein. Die Hand hilft dem Kind bei diesem allen. Sie fängt mit ihm das Werk an und vollendet es mit ihm. Geist und Hand, Sinn und Bewegung koordinieren sich und wissen um die Ordnung im Raum.

In einem Vortrag 1946 bei einem Kursus in London sprach Montessori darüber, daß die Hände der Kinder in ihrem Kinderhaus durch ihre Schönheit auffallen; diese Schönheit wird dadurch gewonnen, daß das Tun sein genaues Ziel hat und sich die Hand diesem Ziel gehorsam fügt, das Ding liebend und zart erfaßt und es ebenso wieder entläßt. Ein Fotograf, der in das Kinderhaus kam, fotografierte die Hände, diese fielen ihm auf. „Diese kleinen zarten Hände, die sich klug bewegen, bekommen eine besondere Schönheit."[19] Man sieht in den Kinderhäusern, wie die Kinder voll anerkennender Sorgfalt mit den Dingen umgehen, diese anmutig tragen und selbst bei den gewöhnlichsten Betätigungen nicht achtlos sind. 1936 wurden Montessori-Kinderhaus und -Schule der Stadt Aachen von der nat.-soz. Regierung geschlossen. Eine Kindergärtnerin erzählte mir, daß die Kinder am letzten Tag, als sie schon wußten, sie würden nicht in das Kinderhaus zurückkehren, sich daran machten, aufs sorgsamste alle Dinge abzustauben und sie an ihre genauen Plätze zu stellen. Die Hände der Kinder nahmen Abschied von den Dingen. Das Staubwischen war wie ein Streicheln. Montessori sagt mit Recht, daß die Hand nächst der Sprache das vorzüglichste Ausdrucksorgan des Menschen ist, wie ja auch bei vielen Sitten und religiösen Riten Hand und Wort gemeinsam den Ausdruck tragen. Bei keinem andern Lebewesen wird die Hand zum Organ des Geistes befreit, nur beim Menschen. Selbst für den Affen ist die Hand nicht eigentlich frei. Montessori sagt vom Menschen: „Was ihn vor allen anderen Lebewesen auszeichnet... schon in der Morphologie des mensch-

[18] M. Montessori, Erziehung für Schulkinder, S. 198.
[19] 23. Vortrag, London 1946.

lichen Körpers, und in der Eigentümlichkeit des aufrechten Ganges liegt die Tendenz, die Hände frei zu machen, damit sie sich anderen Tätigkeiten zuwenden können als bloß der Fortbewegung und zum Ausdrucksorgan der Intelligenz werden."[20]

Montessori spricht wenig von „freiem Gestalten" des Kindes mit ungeformtem Material. In ihrem Werk über das Kinderhaus weist sie auf das Töpfern hin als Möglichkeit für das Kind — die italienische Umgebung gab das Material und die Anregung —, auch spricht sie von der Vorliebe des Kindes für das Bauen, von der Beziehung der Kindheit zu den wichtigsten ursprünglichsten Arbeiten des Menschengeschlechts, der Herstellung von Wohnsitzen und von Gefäßen für die Nahrung [21]. Doch fehlt ihre Ausarbeitung der „Methode" nach dieser Seite hin. Sie erfolgt ergänzend in den heutigen Kinderhäusern und Montessori-Schulen.

Beim Gebet ist die Hand ein bevorzugtes Ausdrucksmittel. Sie setzt den Menschen in Verbindung mit Gott. Alle großen Religionen haben bei ihrem Gottesdienst bedeutsame Gebärden der Hand. Montessori gibt bei ihrer liturgischen Erziehung dem Kind die Dinge, die zum Altar gehören, in kleiner, aber guter Ausführung in die Hand, damit es sie kennenlernt, ordnet und die Namen hinzufügt. Schon sehr früh hat das Kind die Gebärden der Erwachsenen beim Gebet, wenn es Gelegenheit hatte, übernommen. Es lernt das Zeichen des Kreuzes zu machen und die Hände zu falten, es trägt gern die heiligen Dinge.

Die Hand setzt den Menschen auch in Verbindung mit den Mitmenschen. Sie grüßt, sie bietet dem Besucher im Kinderhaus einen Stuhl an, sie zeigt dem Gast freudig eine Arbeit. In den Übungen des praktischen Lebens hilft die Hand, das Kind zum Glied der Gemeinschaft zu machen.

Später wird die Hand nach bedeutenderem Werk verlangen. Das Gebiet der besonderen weiblichen Handarbeit wäre zu nennen. In der Schrift „De l'enfant à l'adolescent" fordert Montessori für die Jugendlichen von etwa 13 bis 15 Jahren, also in der Entwicklungszeit, ein Leben auf dem Lande, das die intellektuelle Ausbildung ergänzt und die Hand in Verbindung bringt mit der Erde, sie Arbeiten im Dienste der Gemeinschaft tun läßt [22]. „Menschen, die Hände haben und keinen Kopf, und Menschen, die einen Kopf, aber keine Hände haben, sind beide gleich deplaciert in der modernen Gesellschaft."[23]

Hände, die frühzeitig Ausdruck und Werkzeug des Geistes sind, werden Organe, die sich betätigen wollen, und wenn der Mensch in seiner Kindheit und Jugend sie als lebendige Organe erwirbt, so wird er später nicht vergessen, daß er Hände hat, er wird gedrängt sein, sie zu gebrauchen und

---

[20] M. Montessori, Kinder sind anders, S. 117.
[21] M. Montessori, Selbsttätige Erziehung im frühen Kindesalter, S. 152 ff.
[22] Dies., De l'enfant à l'adolescent, S. 105 ff.   [23] Ebd. S. 110.

Gelegenheit finden, dies zu tun. Solche Hände bewahren vor der gefährlichen Sünde der Trägheit [24], die in unserer Zeit des Genießens und Konsumierens von Sachen statt des Umgehens mit Dingen und des Schaffens und Gestaltens den Menschen zur Entartung bringt. Eine vorbereitete Ausbildung der Hand wie des Intellekts fordert Montessori für die heutigen Menschen aller Stände. Für die Frau hat sie besondere Bedeutung. Zur gedeihlichen Pflege und Erziehung des Kindes in den ersten Lebensjahren gehört die durch Liebe wissend werdende Hand der Mutter. Die vielbesprochene Verwahrlosung der Jugend ist zum Teil auf Verarmung und Verödung des Hauses durch die Berufsarbeit der Frau zurückzuführen. Die Hand der Frau wird nicht rechtzeitig zur Freude an den Dingen des Hauses erzogen, nicht früh genug durch Handarbeit gebildet. In den formativen Jahren muß die den aufnehmenden Sinnen geeinte Hand gebildet werden, damit sie auch später nach Umgehen mit Früchten des Gartens, mit Stoffen, mit Schere und Nadel geradezu verlangt, weil die Freude an der Handbetätigung zusammen mit der an den Dingen in sie hineingewachsen ist.

[24] Ebd.

XIII

DER FUSS UND DAS GLEICHGEWICHT

Später als die Hand entwickelt sich der Fuß und nimmt der Mensch ihn als Organ in Besitz. Der Fuß trägt auf schmaler Basis den Menschen bei seinem aufrechten Gang. Sicher und leicht soll er es tun und schön dem Gleichgewicht dienen. Der Fuß trägt den Menschen auf vielfachen Wegen: Die Hand greift und faßt und formt, der Fuß trägt.

Das kleine Kind hat es zuerst noch schwer, sich auf den Füßen zu halten. Im Verhältnis zum Oberkörper ist der Unterkörper schwach entwickelt. Mit einem Jahr kann das Kind gehen, und nun sucht es Gelegenheiten, dieses Gehen zu üben und zu differenzieren. Das kleine Kind hat, wie schon gesagt wurde, seine besondere Weise, spazierenzugehen. Wohl kann es nicht mit den Erwachsenen Schritt halten. Doch geht es lange Wege, wenn sich sein geistiges Interesse mit dem Gehen verbinden kann. Hier, wie an anderen Stellen, weist Montessori darauf hin, daß der Geist es ist, der nicht ermüdet, und der dem Körper seine Schwere und seine Trägheit nimmt [1]. Die kleinen Kinder von etwa zwei Jahren, die noch in der sensiblen Periode der Entwicklung des Gehens sind, können viel leisten, wenn sie nicht „mit uns" spazierengehen, sondern „wir mit ihnen". Die Knochen der Füße sind um diese Zeit hart geworden, und das Skelett ist genügend solide. Wir brauchen nicht ängstlich zu sein, die Kinder lange gehen zu lassen. Das Kind will üben, damit es lernt, sein Gleichgewicht zu halten, deshalb will es laufen und nicht stets gefahren werden [2]. Das Kind braucht längere Zeit für eine Strecke Weges, weil seine Beine kürzer sind als die unseren und weil es beim Spazierengehen die Umgebung erforscht und oft anhält, um etwas zu beobachten. Es ist ein Forscher. Sein Geist ist erfreut, wenn es kleine Tiere, Pflanzen und anderes entdeckt und beobachtet, und so wird es nicht müde. Sind Hindernisse da, so will es sie überwinden: einen steilen Hang, einen unbequemen Weg. Es sieht vor allem Dinge, die sich bewegen. Auf der Wiese ist eine Kuh, die Gras frißt, das Kind setzt sich hin, um sie zu beobachten. Oder es hält an bei einem winzigen Käfer, der durch den Sand kriecht, und wiederum setzt es sich hin. Auf diese

---
[1] M. Montessori, The Child in the Church, S. 105 f.
[2] 18. Vortrag, London 1946.

Weise macht es Pausen und ruht aus. Die Füße erlauben ihm, das enge Bereich des Zuhause zu verlassen. Auf dem Rückweg wird es gern im Sportwagen sitzen, es hat jetzt viel erfahren, es ist befriedigt. Dieses Kind, das so begierig ist, seine Füße zu gebrauchen, um sie sich als gutes Werkzeug zu erwerben, indem es gleichzeitig das tut, wozu die Füße da sind, die Welt zu erobern, dieses Kind darf man nicht ohne Not zwingen, sich in einen Wagen zu setzen. Die Füße machen das Kind unabhängig. Der Mensch muß unabhängig werden. Er wird unlustig, trotzig oder träge, wenn man es ihm nicht gestattet. Wir wollen dem Kind gestatten, auf seinen eigenen Füßen zu gehen und zu stehen.

Im Montessori-Kinderhaus gibt es eine Gleichgewichtsübung für das Kind, die sich als wichtig und anziehend erwiesen hat. Auch größere Kinder machen sie noch gern, ja die erwachsenen Teilnehmer der Lehrgänge sind oft entzückt davon. Die Übung ist in ihrer Einfachheit genial erdacht. Man zeichnet einen Kreidestrich in der Form einer großen Ellipse auf den Boden. Man zeigt den Kindern, wie man über diese Linie geht, so daß die Füße sich auf ihr halten. Schon kommen einige Kinder herbei und tun es. Wir haben alle beobachtet, wie gern Kinder über den Bordstein oder über ein schmales Mäuerchen gehen und sich im Gleichgewicht üben. Solche Beobachtungen führten Montessori zu dieser Übung, die an Seiltanzen erinnert. Die Kinder gehen zunächst ungeschickt, schwerfällig, sie setzen die Füße neben die Linie. Haben sie einige Übung erlangt, so zeigt man ihnen, wie man den einen Fuß ganz nahe vor den anderen setzt. Je schmaler die Grundfläche ist, auf der unsere Füße den Körper halten müssen, desto schwieriger ist es. Im weiteren Verlauf der Übung wird man die Kinder auffordern, darauf zu achten, daß sie voneinander im gleichen Abstand gehen, so werden sie abgelenkt davon, nur auf ihre Füße zu starren. Sind sie sicherer geworden, wird ihr Gehen leichter und anmutiger, so gibt man den Kindern etwa ein Fähnchen, das in Schulterhöhe zu tragen ist, in die Hand. Das Kind darf die Hand beim Gehen nicht sinken lassen. Dann gibt man in beide Hände Fähnchen oder kleine grüne Zweige usw., und noch mehr müssen die Kinder die Haltung ihres ganzen Körpers bewahren, ohne sich dessen bewußt zu werden, sie achten auf die Linie, auf den Abstand, auf die Dinge in ihren Händen. Man gibt ihnen ein Glas mit Wasser in die Hand, gefüllt ungefähr bis an den Rand, und das Wasser darf beim Gehen nicht überlaufen. Man gibt ihnen ein Glöckchen, das beim Gehen nicht läuten darf, man setzt ihnen ein Körbchen mit Blumen auf den Kopf, und das Kind muß sich geraderecken, und es wird die Haltung seiner Schultern beherrschen, ohne daß es auf diese direkt achtet. Die Dinge, die getragen werden, bewahren das Kind davor, an sich selbst zu denken. Wichtig ist, daß man eine einfache Musik zu der Übung spielt, ein Wiegenlied oder ein anderes Stück, das eine sanfte Melodie hat mit einem nicht sehr betonten Rhythmus. Die Kinder gehen nach der Musik, die den Gang davor bewahrt, gekünstelt zu sein. Immer gesammelter wird das Kind bei der Übung, die Gesichtszüge entspannen sich, der Blick richtet sich nach innen, der Gang wird würdig und leicht, Fehler in Haltung und Gang verschwinden. Schließlich mag man den Kindern brennende Kerzen in die Hand geben und sich wundern, wie diese einfache Übung etwas feierlich Schönes wird. Kürzlich wohnte ich in einem Dom einer liturgischen Feier bei, an der viele junge Theologen beteiligt waren. Als ich sie ungeschickt und unschön gehen sah, erinnerte ich mich an diese Übung. Wenn man sieht, wie eine solche Übung gemacht wird, so wird man sich bewußt, welche Bedeutung das Gleichgewicht für den Menschen hat und wie das Gehen eine Grundbewegung ist, die mit seiner Würde und Einheit etwas zu tun hat. Es ist auffallend, daß Montessori bei manchen Dingen ihrer Praxis in einfacher Weise etwas zentral Wichtiges trifft. Ihre Betonung des Gleichgewichts betrifft nicht nur den Gang des Menschen, sondern seine leib-seelische Ganzheit. „Hat (einer) aber einmal gelernt, sich im Gleichgewicht zu halten, so wird er laufen, springen, sich nach rechts und links wenden. Das gleiche gilt für das psychische Leben. Kann sich jemand, der kein seelisches Gleichgewicht besitzt und sich nicht sammeln kann, der nicht die Herrschaft über sich selbst hat, in diesem geistigen Zustand sich unter den Willen anderer beugen, ohne in Gefahr zu geraten ‚umzufallen'? Wie kann er dem Willen anderer gehorchen, wenn er unfähig ist, sich seinem eigenen Wollen unterzuordnen. Der Gehorsam ist eine Art geistiger Geschicklichkeit, deren notwendige Voraussetzung das innere Gleichgewicht ist."[3]

Von der Bedeutung des Gehens und des Fußes spricht Montessori erneut, wo sie vom Schulkind spricht, vom Kind, das sieben bis elf Jahre alt ist. In diesem Alter, das sehen wir überall, will das Kind den engen Raum des Hauses oder der Schule verlassen. Wenn wir ihm nicht helfen, in rechter Weise dieses Hinauswandern zu vollziehen, so wird es ausbrechen und fliehen. Wir müssen ihm helfen. Montessori weist auf die Pfadfinder hin mit ihren Übungen der Erforschung des Geländes, aber auch der Vorbereitung des Wanderns bis in die Einzelheiten. Will der Erzieher mit Kindern dieses Alters wandern, so muß er sorgen, daß die Kinder selbst die Wanderung mitbestimmen, das Ziel wissen und erreichen wollen. Er hilft ihnen zur Einsicht darüber, was alles zum Wandern, zum Hinausgehen gehört. Montessori weist auf die Pflege des Fußes hin, auf seine volle Einbeziehung in das Leben des Kindes. „Das Kind von sieben oder acht Jahren hat robuste Beine, es will dem geschlossenen Kreis entfliehen. Bereiten wir ihm, statt ihm die Türen zu verschließen, gute Füße

---

[3] M. Montessori, Das Kind in der Familie (1954), S. 69f.

vor."⁴ Früher machte der Mensch lange Wanderungen, heute vernachlässigt er seine Füße so sehr, daß sie in Gefahr sind, so wenig ausgebildet zu werden wie die Hände. Ein Bekannter hatte sich in Amerika ein Paar Schuhe gekauft, dabei bemerkte der Verkäufer sofort, daß er nicht Amerikaner sei, weil seine Füße noch gut entwickelt waren. Er war noch nicht so motorisiert, daß er das Gehen verlernte. Wie wichtig ist es also, daß die Kinder in der Zeit, wo sie wandern möchten, wirklich wandern, auch daß sie nicht nur radfahren. „Wenn früher der Mensch nach langen Wanderungen an einem Ort ankam, so war es die erste Pflicht der Gastfreundschaft, seine Füße zu pflegen, ihm Wasser und alles Nötige dazu zu bereiten. Wenn das Kind den Wunsch offenbart, das Haus zu verlassen, so wollen wir ein wenig feierlich seine Aufmerksamkeit auf seine Füße richten; bevor man sich auf den Weg begibt, wird es sich am besten dessen bewußt werden, was es tun wird. Wenn wir seine Aufmerksamkeit auf diesen Teil seines Körpers lenken, der ihn vielleicht dazu bringen wird, einen Fehler zu begehen, führen wir es dazu, zu bedenken, daß man ihn pflegen muß zum Marschieren, sowohl symbolisch wie praktisch. Wir müssen diese Aktivitäten auf einem höheren Niveau betrachten, d. h., wir erziehen das Kind jetzt im Bereich des Abstrakten"⁵.

Montessori spricht davon, daß das Kind in dieser Zeit nicht nur körperlich in einen weiteren Umkreis tritt, sondern auch geistig in das weite Feld der Abstraktionen. Beides ist miteinander zu verbinden. Wer geistig weit gehen will, muß mit seinen Füßen sicher den Boden berühren. „Edel ist der Fuß, und edel ist die Wanderung; und das Kind, das dank seiner Füße wandert, kann draußen um Antwort auf seine geheimen Fragen bitten. Aber wer hinausgehen will, muß sich darauf vorbereiten: Wenn das Kind auf der Flucht ist, öffnet es die Tür und geht fort. Wenn wir ihm die Notwendigkeit einer Vorbereitung zeigen, so veranlassen wir es nachzudenken. Es versteht, daß Hinausgehen ein Tun bedeutet, zu dem Wissen und die Kenntnis von Gegenständen gehört."⁶ Montessori spricht von der Kleidung, von der Ausstattung zum Wandern und davon, daß der Erzieher nicht aus dem Auge verlieren darf, „daß das zu erreichende Ziel nicht das nächste Ziel ist, sondern das wirkliche Ziel darin besteht, das geistige Wesen fähiger zu machen, daß es hinausgehen und seinen Weg allein finden kann"⁷. Dieses Wandern kann man mit vielen praktischen vorbereitenden Übungen verbinden, und Montessori sieht es keineswegs als Zeitverlust an, sich in der Schule damit zu befassen. „Man macht oft den Einwand, das Kind habe schon genug zu tun, man könne in den Schulplan nicht auch noch diese praktischen Dinge einführen. Das ist ein Irrtum; denn

---

⁴ M. Montessori, De l'enfant à l'adolescent, S. 27.
⁵ Ebd. S. 27 f.   ⁶ Ebd. S. 28.   ⁷ Ebd. S. 29.

es ist viel ermüdender, nur die Hälfte der Fähigkeiten zu gebrauchen, mit welchen die Natur uns begabt hat, es ist, als ob man auf einem Fuß gehen wollte unter dem Vorwand, beide Füße zu benutzen sei die doppelte Arbeit. Kultur und soziale Erfahrung müssen gleichzeitig erworben werden."[8] Sie beachtet bei diesem Hinauswandern des Kindes dessen ganzes Wesen, das sowohl nach körperlicher Bewegung wie nach Erkenntnis und Gemeinschaft verlangt. Das Kind muß lernen, den Rucksack mit dem Notwendigen zu packen und Überflüssiges fortzulassen, und es muß den Blick klar bekommen, die Welt richtig zu sehen. Es will jetzt in ihr Fuß fassen, Boden unter die Füße bekommen. Wichtig ist die Gewinnung eines nicht starren Gleichgewichts, einer sicheren und doch elastischen Haltung in dieser Phase kindlichen Lebens als Vorbereitung für später. Nicht zu fest darf der Fuß des Menschen auftreten, das Gleichgewicht ist in jedem Augenblick der spannungsreichen Bewegung neu zu gewinnen. Daher ist Bewegung als fundamentales Prinzip in alle pädagogische Praxis Montessoris einbezogen. Das bedeutet mehr als „Aktivitätspädagogik".

Gleichgewicht ist etwas Schwebendes. Der Mensch siedelt sich an auf dieser Erde, er tut es um so menschlicher und sicherer, wenn er zugleich ein Wanderer bleibt und unter schwierigen Umständen sein Gleichgewicht halten und neu gewinnen kann. Goethes Dorothea geht stark und beschwingt in der Schar der Vertriebenen. Als sie wieder Wohnstatt gewinnen soll, denkt sie der Warnung durch einen früher Geliebten: „Aber dann auch setze nur leicht den beweglichen Fuß auf", genieße das Glück ohne falsche Sicherheit; „denn alles bewegt sich jetzt auf Erden einmal, es scheint sich alles zu trennen."

Montessori sieht den Menschen als das Lebewesen, das am beweglichsten ist, weil es in sich selbst stehen und für sein Gleichgewicht sorgen muß. Als ein Maß und Gleichgewicht von innen her haltendes Wesen will sie den Menschen erzogen wissen, dessen Leib Zeichen und Symbol des Geistes ist.

XIV

KINDERGARTEN UND SCHULE

Die Beziehung von Kindergarten und Schule ist neu zu bedenken. Diese Einrichtungen rücken einander näher, obwohl sie verschiedenen Ministerien zugeordnet sind und die Kinder verschiedener Lebensphasen aufnehmen. Der Kindergarten nahm früher durchweg nur Kinder aus ungünstigen häuslichen Verhältnissen auf, er war eine Art sozialer Fürsorge; mit der Schule hatte er keine Verbindung, im Gegenteil, alles „Schulische" wurde besonders bei uns in Deutschland von den Vertretern der Fröbelschen Tradition abgelehnt.

Jetzt wird der Kindergarten immer mehr eine notwendige Bildungseinrichtung für fast alle Kinder. Die vorhandenen Kindergärten reichen an Zahl daher nicht aus, sind oft überfüllt oder haben nicht genügend ausgebildete Leiterinnen und Hilfskräfte, und die Einrichtung ist für Spiel und Tun der Kinder unzureichend. Unsere Zivilisation hat sich gegenüber der Zeit Fröbels geändert. Den Kindern ist ihr Lebensraum genommen, und man hat erst begonnen, ihnen einen guten neuen zu bereiten[1].

Es ist nicht zu verwundern, daß von mangelnder Schulreife mehr als je gesprochen wird[2] oder von Schädigungen und sogar von früher Verdorbenheit der Kinder. Demgegenüber steht die Tatsache, daß Anthropologen, Ärzte und Psychologen die Bedeutung der Erziehung in der Kindheit, besonders der vorschulischen Zeit, als maßgebend für das ganze Werden des Menschen hervorheben. Von der Wirtschaft wird betont, daß die Schule zu wenig leiste und die Kinder auf ihr heutiges Berufsleben nicht angemessen vorbereitet seien. Von pädagogischer Seite hat wohl niemand in Verantwortung für das Kind und unsere Zivilisation die Bedeutung der Kindheit für das ganze Leben des Menschen so überzeugend aufgezeigt

---

[1] Vgl. Kapitel X: „Spiel und Arbeit im Leben des Kindes".
[2] Es sei erinnert an die Schrift von Erika Hoffmann: Das Problem der Schulreife, in der Sammlung „Weltbild und Erziehung", Nr. 13. Hier wird nachdrücklich die Notwendigkeit vertreten, dem kleinen Kind einen Lebensraum zu schaffen, wo manches gegeben ist, was ihm in Haus und Nachbarschaft heute fehlt. Jedoch ist zu bedauern, daß Erika Hoffmann etwas zu regressiv ist und zu wenig beachtet, daß Kinder in ihrer Zeit leben und daß man ihnen auch helfen muß, sich ihr anzupassen.

und durch pädagogische Anregungen und eine neue Konzeption des Grundrisses von Kinderhaus und Schule so vertreten wie Maria Montessori. Ihr erstes Buch heißt mit Recht „Die Entdeckung des Kindes"[3].
Von manchen Seiten wird infolge dieser Umstände der durchschnittliche Kindergarten kritisch betrachtet und als nicht genügend für die Förderung des kindlichen Lebens bezeichnet. Es ist merkwürdig, daß nicht noch mehr die Lebensweise und Methode in den Schulen angegriffen werden.
Kinder unserer Zivilisation nehmen viel auf, was ihren Intellekt und ihre Neugierde erwachen läßt, aber gleichzeitig werden sie durch das unverstandene Zuviel der Eindrücke zerstreut. Man hilft ihnen nicht, wie nur Montessori es entscheidend versucht, die Eindrücke zu ordnen und ihre große Unruhe durch Hilfe zur Konzentration auf den Gegenstand ihrer Tätigkeit zu überwinden. Man kann den rechten Ort und die Struktur des Kindergartens nicht durch Regression auf frühere Verhältnisse finden, sondern nur durch Sehen des Kindes von der heutigen Situation aus. Ebenso muß die Schule von unseren Zeitbedingungen her in Arbeitsweise und Lebensart der Lehrer und Kinder neu konzipiert werden. Die Schule muß sich in ihrer Pädagogik vielleicht eher dem Kindergarten annähern als umgekehrt sich von diesem her bestimmen lassen. Das Montessori-Kinderhaus ist in seiner Offenbarung des Kindes und der Faktoren einer dafür vorbereiteten Umgebung eine Wegweisung auch für die Schule.
Der Streit, der längere Zeit zwischen Anhängern Fröbels und Montessoris bestand, ist in ein neues Stadium getreten. Die zeitgemäße Bedeutung der Pädagogik Montessoris wird gesehen, aber sie wird, nachdem sie sich in einer gewissen, zunächst nötigen Abgeschiedenheit entwickelt und praktisch bewährt hat, nicht öffentlich genug berücksichtigt. Es ist merkwürdig, daß bei allem Aufwand der äußeren Umorganisation der Schule an deren innere Reform kaum gedacht wird. Die häufig festgestellte Schulunreife der Kinder könnte behoben werden, wenn Schule und Kinderhaus sich innerlich reformierten und den Kindern und Schülern der Raum für unbefangenes Leben und Arbeiten in den Bildungsstätten geöffnet würde. Es erfolgt aber zum Beispiel eher eine Verfestigung des kollektiven Unterrichts in Jahrgangsklassen, eine einseitige Förderung des Intellekts und eine Verstofflichung des Gegenstandes. Man beachtet nicht die Entwicklungsphasen, besonders die frühe Kindheit und die Pubertät und die individuellen Schicksale der Kinder. Der Vertreter der Ganzheitsmethode, Artur Kern, hatte, wie manche moderne Pädagogen, u. a. auch Peter Petersen, den nichtklassenmäßigen Unterricht gefordert und die Vereinigung mehrerer Jahrgänge in einer Klasse vertreten. Er hat sich nicht damit durchgesetzt; es ist bei einer nicht sehr überzeugenden Anwendung seiner

---

[3] Erscheint 1969 neu in deutscher Übersetzung, Verlag Herder, Freiburg i. Br.

Ganzheitspädagogik im Klassenunterricht geblieben. Montessori hat am konsequentesten und klarsten und deshalb erfolgreichsten die Grundstruktur von Kindergarten und Schule im Sinne der Beachtung sowohl der Einzelarbeit wie der Gruppenarbeit verwirklicht.
Man fordert mit Recht eine Hebung des Niveaus der Kindergärten. Schon das kleine Kind soll lesen und schreiben lernen, und die Anfänge mathematischer Bildung sollen es für die Schule vorbereiten. Diese Forderungen, die unsere Zivilisation nahelegt, werden oft jedoch zu isoliert beachtet und dem Gesamtleben des Kindes wenig angepaßt[4]. Methoden zum programmierten Lesenlernen werden erprobt, aber die mit diesem Lesenlernen in Beziehung zu setzende lebendige Bildung wird trotz aller wissenschaftlich geäußerten Psychologie wenig beachtet. Montessori hat schon in ihrem ersten Kinderhaus den Kindern ermöglicht, schreiben und lesen zu lernen[5]. Ihre Methode ist organisch, setzt bei der Sensibilität des kleinen Kindes für Sprache an und führt es zu einem freudigen Entdecken der Bedeutung des Schreibens und Lesens. Auch geschieht im Kinderhaus eine indirekte Vorbereitung der Hand und der Aufmerksamkeit auf Sprache; der Erzieher greift wenig ein.
Im Raum des Kinderhauses, der den Kindern die freie sinnvolle Bewegung erlaubt, erwacht die Lernfreude. In der gewöhnlichen Schule sinkt sie bald nach Eintritt des Kindes ab.
Kindergarten und Schule müssen so sein, daß das Kind mit Interesse lernt und so selbständig wie möglich arbeitet. Es wird dann auch weniger geliebte, doch notwendige Arbeit auf sich nehmen. Alle Anstrengung des Lehrers ist umsonst, wenn die Kinder nicht auf ihre Weise und in ihrem Tempo vorgehen und, besonders die kleineren, mit Geist und Händen lernen dürfen. Es wird an anderen Stellen dieses Buches dargelegt, wie eine Reform von Kindergarten und Schule im Sinne Montessoris aussieht. Die gewöhnlichen Kindergärten ermöglichen nicht, daß neben dem oft zuungeordneten Gemeinschaftsspiel sinnvolles Tun nach Einzelinitiative Raum findet. Man stattet die Kindergärten dazu auch nicht aus, und die Ausbildung der Kindergärtnerinnen ist nicht darauf, sondern zu sehr auf gelenkte Gruppenbeschäftigung ausgerichtet. Die für die Kindergärten erforderlichen Mittel werden nicht bereitgestellt. Die geistige Gesundheit unseres Volkes wird geschädigt durch Mangel an Vorsorge für das noch „normale" Kind,

---

[4] Es sei hingewiesen auf die Bestrebungen von H. R. Lückert und W. Correll, ihre Lesespiele und genau festgelegten Leselehrgänge – es ist Verwandtschaft mit Montessoris „Methode" da, aber es fehlt die Beachtung der Initiative des Kindes, seiner individuellen Art zu lernen und die Ermöglichung, Schreiben und Lesen ihm zur Entdeckung werden zu lassen.

[5] Vgl. Kapitel XI.

und es entstehen dadurch viele Schäden, oder es wird verhindert, daß sie in einer normalen Kindergemeinschaft behoben werden. Für die nichtschulreifen etwa sechsjährigen Kinder hat man den Schulkindergarten eingerichtet. An manchen Orten werden der Schule „Vorklassen" hinzugefügt, damit schon jüngere Kinder lesen und schreiben lernen und allgemein gefördert werden. Es gibt auch neue Kindergärten für körperlich und geistig geschädigte Kinder.

Es wäre besser, daß ein Kind in einem Montessori-Kinderhaus verbleiben kann, statt in einen Schulkindergarten oder eine „Vorklasse" überzugehen. Es entwickelt sich ungestört in der gewohnten Verbindung mit Kindern verschiedenen Alters. Die Zusammenführung von gleichen Jahrgängen, und das schon für die Kleinen, ist ungünstig.

Es können sich manche zurückgebliebenen und gehemmten Kinder im Montessori-Kinderhaus ruhig und günstig normalisieren. Man sollte stärker darauf aufmerksam werden, daß die Montessori-Praxis viele der sich heute erhebenden Forderungen erfüllt und daß durch ihre Forderung Kosten erspart werden könnten. Natürlich kann ein Montessori-Kinderhaus nicht alle geschädigten Kinder aufnehmen. Sondereinrichtungen für körperlich und geistig geschädigte Kinder sind nicht zu entbehren.

Man darf über den notwendigen neuen Einrichtungen nicht vergessen, die für alle Kinder geltenden traditionellen Kindergärten und Schulen zu verbessern. Auch für die Sonderschulen und Sonderkindergärten ist das wichtig, denn die sachlich richtige normale Grundeinrichtung ist wegweisend. Der Blick des Pädagogen muß auf die Normalität des werdenden Menschen gerichtet bleiben, auch wenn er dem nichtnormalen Kind zu helfen sucht. Er muß das Kind in seinem Grundwesen kennen und Schäden des Kindes danach beurteilen können. Dazu braucht er natürlich auch die Kenntnis zusätzlicher psychotherapeutischer Hilfe. Man sucht Hilfe bei Montessori, um diesen Kindern gerecht zu werden. Arbeitsmittel werden oft in Nachahmung des Montessori-Materials geschaffen. Das ursprünglich von Séguin, dem Begründer von Sondereinrichtungen für geschädigte Kinder, ausgehende „Montessori-Material" hat geradezu auch einen psychotherapeutischen Charakter.

Viele Kinder werden in der Schule gehemmt, weil die Art ihrer Begabung sich nicht im Klassenunterricht zeigt. Die in die Schule eintretenden Kinder finden sich weder in einer überfüllten Klasse zurecht noch in der Jahrgangsklasse, wo die großen Unterschiede im menschlichen Schicksal, in Begabung, Vorbereitung, Interesse nicht beachtet werden und das Kind weder zu der von ihm begehrten Betätigung noch zu erfreulichen Kontakten mit den Mitschülern und der Lehrerin kommen kann. Es fällt heute überall auf, daß der durch die zu große Kinderzahl gehemmte oder wegen Teilung der Klassen verkürzte Unterricht für die Unterweisung und für

die ruhige Eigenarbeit der Kinder nicht ausreicht. Sie kommen mit „Schularbeiten" nach Hause, die Mutter muß dem Kind helfen und findet an die erfolgte mangelhafte Schulanleitung keinen guten Anschluß. Das Kind aber wird unlustig, die natürliche Lernfreude wird vielleicht für immer gestört.
Der Montessori-Kindergarten und die Montessori-Schule berücksichtigen die Verschiedenheit der Kinder und lassen sie Zuversicht in selbständiger Einzelarbeit gewinnen. Sie fördern Unabhängigkeit.
Man denke noch an Folgendes: Viele Hemmungen und Schäden bei Kindern haben ihren Ursprung in Mängeln häuslicher oder anderer gesellschaftlicher Verhältnisse. Die Art der Montessori-Praxis berücksichtigt aber geradezu die zeitgemäß dringende soziale Erziehung. Infolge der freien Arbeit der Kinder in vorbereiteter Umgebung kommen diese in guten Umgang miteinander, die älteren mit den jüngeren, die schwachen mit den begabten. Auch die Haltung des Lehrers wandelt sich. Er gewinnt unbetont Kontakt zu den einzelnen Kindern. Es bildet sich eine gute Partnerschaft. Bei den Kindern entwickelt sich eine Achtung voreinander und vor der Verschiedenheit ihrer Naturen und Begabungen. Dieser Faktor der Montessori-Praxis ist heute von größter Wichtigkeit[6]. In der Reform der Schulen und Kindergärten sollte er stark beachtet werden.
Kind und Jugendlicher sind heute in großer Bedrängnis durch den ihnen fehlenden Lebensraum. Sie kommen in der üblichen Schule nicht zur Ruhe. Der Grundriß der Schule muß im Sinne Montessoris radikal geändert, Kinder und Heranwachsende müssen geachtet werden. An die Stelle einseitigen Klassenunterrichts sollen Einzel- und Gruppenarbeit, echtes Gespräch, erwünschte Lektionen des Lehrers, Feier und Spiel treten. Ein innerhalb der heutigen Verhältnisse bereiteter Lebens- und Bildungsraum soll die einzelnen Kinder aufnehmen.

---

[6] Vgl. Kapitel XX dieses Buches.

XV

DIE SPRACHLICHE BILDUNG

Von jeher war Sprachbildung ein zentrales Anliegen der Schule. Montessori sieht in der sprachlichen Erziehung und in der Bildung des mathematischen Geistes die Brennpunkte der Schulbildung.
Bei der Sprachbildung denkt sie nicht nur an die Schule. Von Beginn an ist das Kind ein Mensch, und zum Menschen gehört die Sprache. Die Sprache konstituiert ihn in seinem Wesen.

Das kleine Kind muß wie fast alles andere auch die Sprache erwerben, sie ist nicht angeboren, aber das Kind hat die Tendenz zu hören und zu sprechen von Anfang an in sich. Es hat die Sprachwerkzeuge vor der Geburt ausgebildet, doch das Sprechen selbst erfolgt erst in stufenweiser Entwicklung [1].

Es bestehen verschiedene Meinungen darüber, wieweit das Neugeborene geräuschempfindlich ist und wann es hört. In den ersten Tagen scheint es fast taub zu sein. Montessori bemerkt im Hinblick auf die Tatsache der schnellen Spracherlernung im zweiten Lebensjahr, daß eine von außen wenigbemerkte, starke innere Vorbereitung durch den die Sprache unbewußt „absorbierenden Geist" vorhergegangen sein müsse. „Mir scheint", sagt sie, „das Neugeborene ist nicht unempfindlich, sondern tief gesammelt auf eine Konzentration der Sensitivität in den Sprachzentren, besonders in dem des Gehörs." (Das Gehirnzentrum für das gehörte Wort ist von dem des gesprochenen getrennt.) „Der Grund ist, daß dieses Zentrum dafür bestimmt ist, die Sprache, die Worte aufzunehmen; es scheint, daß der zum Hören bereite Mechanismus nur auf besondere Töne antwortet und tätig wird, auf die gesprochene Sprache, so daß vom Wort plötzlich der Bewegungsmechanismus angetrieben wird, durch den der Laut erzeugt wird."[2] Was würde geschehen, fragt sie, wenn das Kind alle Töne seiner Umgebung aufnehmen würde? Aber da die Natur diese Zentren besonders für die menschliche Sprache gebaut und isoliert hat, lernt der Mensch sprechen. Die in der Wildnis ausgesetzten und später aufgefundenen „Wolfskinder", z. B. der „Wilde von Aveyron", waren stumm, obwohl sie

---

[1] Vgl. M. Montessori, La mente del bambino, Kapitel X und XI über die Sprachentwicklung.   [2] Ebd. S. 122 f.

inmitten vieler Geräusche und Töne lebten, aber die menschliche Stimme erreichte sie nicht zu der für das Lernen der Sprache bestimmten Zeit. „In der geheimnisvollen Periode gleich nach der Geburt ist das Kind, das feine seelische Sensibilität hat, wie ein schlafendes Ich, das plötzlich erwacht und eine süße Musik hört. Alle Fibern beginnen zu vibrieren. Das Neugeborene könnte sagen, daß kein anderer Ton es bisher erreicht, aber daß der Ruf der menschlichen Stimme seine Seele berührt habe und es nur ihr und keinem anderen Ton gegenüber sensibel sei."[3] Wohl reagiere der Säugling auch früh auf plötzliche Geräusche durch Erschrecken und Zusammenzucken, aber man müsse solche mechanische Reaktionen von einem seelischen Betroffensein durch die gehörte Sprache unterscheiden.

Wenn ein Kind von etwa zweieinhalb Jahren die schwierigste Sprache in einer gewissen Vollständigkeit mit grundlegendem Wortschatz, mit Satzbau und Akzent beherrscht, so ist, folgert Montessori, eine intensive Vorbereitung durch den „absorbierenden Geist" geschehen, und sie beachtet nicht nur das Lallen, das sich zu einem Versuch von Silben, dann Wörtern entwickelt, sondern sie sieht, wie das einige Monate alte Kind die Lippen des zu ihm sprechenden Erwachsenen aufmerksam beobachtet, wie es sich freut, in der Gesellschaft von Sprechenden zu sein, und ferner wie das Kind, schon bevor es spricht, versteht, was man zu ihm sagt. Es hat Sprache aufgenommen, bevor es spricht. Das Kind spricht keine allgemeine Natursprache, sondern die Sprache seiner Umgebung, ob diese hochentwickelt oder primitiv ist.

Es ist daher entscheidend wichtig, daß das Kind seine ersten Lebensjahre in der häuslichen Nähe der für es sorgenden und es liebenden Menschen verbringt. „Das Kind sollte soviel wie möglich in Kontakt mit seiner Mutter bleiben."[4] Montessori wies in ihren Schriften und Vorträgen auf die Erfahrungen von Ärzten hin, daß Kinder in Kliniken, wenn sie auch hygienisch einwandfrei behandelt werden, geistig zurückbleiben, weil nicht die Beziehung des Kindes zu der einen es anredenden Mutter und zu den mit ihm spielenden Angehörigen da ist. Das Kind nimmt viel vom Bestand der Sprache, zu der ja auch anderes als nur das Begriffliche gehört, in das Unterbewußte auf, und dieses drängt zum bewußten Sprechen hin. So wird Sprache aufs innigste eins mit dem Menschen.

Das Kind besitzt gemäß heutigen Forschungen mit zweieinhalb Jahren einen Wortschatz, der je nach der Umgebung 200 bis 300 Wörter umfaßt, und es bleibt sprachlich sensibel in der zweiten Periode der Sprachentwicklung, der Zeit von dreieinhalb Jahren bis zu etwa sechs Jahren, in welcher der Wortschatz sich mehr oder weniger stark bereichert und in der die Sprache leichter und natürlicher veredelt werden kann als später. Es ist auch die Zeit des Kindergartens, und Sprachbildung ist in ihm daher wichtig.

---
[3] Ebd. S. 123.   [4] M. Montessori, Absorbent mind, S. 139.

Die ganzheitliche Einstellung Montessoris zur Spracherziehung führt dazu, daß die Hilfe, die sie dem Kind geben will, nicht nur direkter Art ist. Sprache entsteht und entwickelt sich im Gemeinschaftsleben, und dieses ist wie der einzelne auf sie angewiesen. „Die Menschheit wird nicht von Instinkten geleitet wie die Tiere."[5] Die Sprache ist die Voraussetzung und Folge des menschlichen Zusammenlebens und der Kultur „Die Sprache ist der Ausdruck der Übereinstimmung, die in einer Menschengruppe besteht."[6] Sie ist eine, über die Natur hinausreichende Schöpfung einer bewußten Intelligenz."[7]

Im Kinderhaus wie in der Schule entsteht durch die Art der vorbereiteten Umgebung und freien Arbeit ein ungezwungener Umgang der Kinder untereinander und der Kinder mit dem Erzieher, so daß sich täglich ein natürliches Sprechen begibt. Es wird vermieden, daß die Sprache, die das Kind in sich gebildet hat und mitbringt, von einer künstlichen Kindergarten- oder Schulsprache überdeckt oder im Gerede der Masse verdorben wird und daß das eigene Sprechen des Kindes ungebildet bleibt. Kinderhaus und Schule sollen möglichst frei von Gefahren für das Kind auch in sprachlicher Beziehung, vielmehr auch darin eine veredelnd wirkende Umgebung sein. In den Schulen ist die Gefahr einer Verkünstlichung der Sprache, einer vom natürlichen Wesen abgespaltenen Sprachpflege da. Kinder werden oft veranlaßt, zu sprechen, wenn sie nichts zu sagen haben, sie sollen über etwas sprechen, bevor sie darüber in Ruhe nachdenken konnten, sie sollen vor der ganzen Klasse laut in „ganzen Sätzen" sprechen und sich dabei vom Sitz erheben. Dadurch daß das Kind in der Montessori-Klasse die Freiheit hat, mit den andern Kindern und mit dem Lehrer ungezwungen in Verbindung zu treten, und daß sich Gespräch im Anschluß an die Arbeit und die interessierende Sache ungezwungen ergibt, ist die Gewähr echter Sprachbildung in einer guten und gegenüber der Straße gehobenen Atmosphäre gegeben. Ein Schulrat und ein Rektor besuchten eine Montessori-Schule. Zwei Jungen waren intensiv damit beschäftigt, über Tiere eines fremden Erdteils mehr zu erfahren, als ihnen ein Zufall mitgeteilt hatte. Sie studierten in Büchern und schauten Bilder an. Die beiden Besucher fragten: „Warum macht ihr diese Arbeit?" — „Weil wir Spaß daran haben", war ihre die Besucher merkwürdigerweise nicht befriedigende Antwort. „Und teilt ihr nachher der Klasse das Erarbeitete mit?" war die weitere Frage der einen Gruppenunterricht vertretenden und die „individualistische" Einzelarbeit ablehnenden Pädagogen. Keine Antwort der Jungen. „Sprecht ihr mit den anderen denn nicht darüber?" — „Ja, auf dem Weg nach Hause." Was sie lernten ging in ihr alltägliches Leben und Sprechen ein, es war keine nur schulische Sache. In einer solchen Umgebung können dann auch direktere

---
[5] M. Montessori, La mente del bambino, S. 111.   [6] Ebd. S. 112.   [7] Ebd. S. 113.

Sprachpflege und durch den Lehrer geplantes Gespräch die natürliche Sprache des Kindes beeinflussen.

Im Kinderhaus ist das Tun die Hauptsache. Gelegentliches Plaudern und Erzählen fördert aber in der freundlichen Umgebung und durch die Haltung des Erziehers, der das Kind höflich und ernsthaft anredet, die Sprachentwicklung der Kinder. Das Wort spielt bei der Einführung von Übungen mit dem Material eine Rolle. Montessori betont seine Sparsamkeit, die seiner Klarheit dient. Das Kind wird vom Gegenstand abgelenkt, wenn die Erzieherin bei den Einführungen viel redet. „Die Lektion der drei Zeiten"[8] fügt zu den Übungen, nachdem das Kind sie oft wiederholt hat, Benennungen hinzu, die, so sagt Montessori, wie „Kristallisationspunkte" sind, in denen sich die Erfahrung sammelt und welche das Bewußtsein des Kindes aufmerksamer machen. So wird das Kind, wenn es mit den Farbtäfelchen geübt hat und man ihm dann Bezeichnungen von Farben sagt: „orange", „braun", „gelb", „mittelblau", Farben in der Umgebung interessierter unterscheiden. Ein kleiner Junge von vier Jahren blieb, als er auf die Terrasse hinauslief, plötzlich stehen und rief: „Oh, der Himmel ist blau!", und er stand unbeweglich und betrachtete die Weite des Himmels[9]. Die „Lektion der drei Zeiten" bereichert den Wortschatz in der Weise, daß die Wörter sich mit der Sache innig verbinden. Zuerst die Erfahrung und dann der Name, das Wort, betont Montessori.

Schon während der sensiblen Periode des Sprechenlernens, schon beim vierjährigen Kind, setzt Montessori die ersten Hilfen zum Schreiben- und Lesenlernen an. Aber es geht ihr weniger darum als um die Spracherziehung in der sensiblen Periode. Das Kind drängt jetzt nach Sprachentwicklung und Sprachbereicherung. Die Aufmerksamkeit des Kindes ist jetzt leicht auf sein Sprechen zu lenken und sein Interesse für dessen Erforschung und Eigenart zu wecken. Diesem Interesse dient auch das Schreiben und Lesen.

Um das Interesse für das Schreibenlernen zu schützen, es nicht durch eine ungeschickte Hand lähmen zu lassen, hat Montessori die *geometrischen Metallfiguren* in ihrem Kinderhaus: Ein Quadrat, ein Rechteck, ein Kreis, ein Oval, ein Dreieck sind aus je einem metallenen quadratischen Stück ausgeschnitten, in das sie wieder eingesetzt werden können und von dem sie sich farbig abheben[10]. Man zeigt dem Kind, wie es das Metallstück auf ein gleichgroßes Papier legt, nach Herausnahme der Figur den Rand der Öffnung mit einem Farbstift umfährt, wie es dann auch die herausgenommene Figur auf das Blatt Papier legt, sie umfährt und dann die von parallelen Linien gebildete Figur strichelnd ausfüllt. Die Haltung des Stif-

---

[8] M. Montessori, Pédagogie scientifique (1952), S. 124 ff.
[9] Ebd. S. 134.   [10] Ebd. S. 160.

tes, die wie beim Schreiben sein soll, wird genau gezeigt. Wenn es Übung gewonnen hat, nimmt das Kind gern zwei oder drei Figuren, verbindet sie miteinander, indem es z. B. die Kreisfigur in das entstandene Quadrat einfügt und umfährt, und es füllt die entstandenen Abschnitte verschiedenfarbig aus. Diese Übungen haben den Wert, daß das Kind den Stift in der Schreibhaltung fassen lernt, geschickt genug wird, die Grenzen beim Stricheln zu beachten, und dadurch eine Beherrschung der Hand gewinnt, die das Schreiben vorbereitet. Zugleich bilden sich Farben- und Formensinn, wie eine Weiterentwicklung dieser Art geometrischer und farbiger Zeichnungen, die eine große Liebe zur exakten Form zeigen, offenbart. Die Übung hat in sich ihren Wert, das Kind denkt dabei nicht an das Schreiben. Aber die Beherrschung der Hand führt dazu, daß dem Kind später seine Lust am Schreiben nicht gestört wird. Die Schrift wird flüssiger und schöner sein, wie sich in den mit einem Kinderhaus verbundenen Montessori-Schulen zeigt. Auch die anderen Übungen im Kinderhaus haben dem Kind zur Beherrschung der Hand und der Freude an genauen Bewegungen verholfen, bevor das Schreiben erlernt wird.

Ein sprachliches Material, das zum Schreibenlernen Beziehung hat, sind die *Sandpapierbuchstaben* [11]. Man bietet sie dem Kind schon im Kinderhaus in seiner für Sprache und noch für das Betasten von Dingen sensitiven Periode an. Aus hellem Sandpapier sind die einzelnen Buchstaben des Alphabets groß ausgeschnitten und je auf einem roten oder blauen Karton aufgeklebt, Vokale auf blauem und Konsonanten auf rotem. Man zeigt, wie der Buchstabe mit Zeige- und Mittelfinger nachgefahren wird, und spricht den Laut dazu. Die linke Hand liegt auf dem Karton links auf, so daß dieser festliegt. Die rechte Hand berührt den Buchstaben leicht, und wenn sie abgleitet, so merkt sie dies durch das Tastgefühl, da der Karton glatt ist und sich vom Sandpapier unterscheidet. So nimmt das Kind die Form des Buchstabens nicht nur mit dem Auge, sondern auch mit dem Tastsinn und Muskelgedächtnis auf. Es hat Interesse an Lauten, da es noch klein und mitten in seiner Sprachentwicklung ist. Und man spricht, wenn das Kind nicht selbst darauf kommt, zu dem Laut ein Wort aus dem Sprachschatz des Kindes, worin dieser vorkommt: „a wie Anna", „s wie summen" und läßt das Kind weitere Wörter finden, in denen am Anfang, in der Mitte oder am Ende der betreffende Laut vorkommt. Gewiß werden mit den wenigen Buchstaben des Alphabets nicht die Fülle der Laute einer Sprache unterschieden und bezeichnet. Dieses Material ist dem Kind nur ein Schlüssel zur weiteren Entdeckung seiner Sprache. Es hat Interesse und liebt daher Schwierigkeiten, es fühlt sich nicht allzusehr dadurch behindert, daß Laute, die mit demselben Zeichen bezeichnet werden, nicht immer gleich sind. Es

---

[11] M. Montessori, Pédagogie scientifique, S. 164 ff.

wächst intuitiv und mit gelegentlicher Hilfe in das Merken dieser Tatsache hinein. Das Kind versucht oft schon mit diesen Buchstabenkarten Wörter zu legen, wobei es die ihm unbekannten Buchstaben erfragt.

Es folgt nun die Einführung des *Beweglichen Alphabets*. Es besteht aus ausgeschnittenen Buchstaben in der gleichen Größe wie die Sandpapierbuchstaben, die nicht aufgeklebt, aber auch zweifarbig sind. Das Kind kann also, wenn es Wörter analysiert, die es in sich findet oder auf die es durch die Dinge der Umgebung oder durch besondere Ereignisse aufmerksam wird, die Buchstaben zum Wort zusammenlegen. Da im Deutschen die Schreibung der Wörter wenig phonetisch ist, hilft sich die Erzieherin gelegentlich durch Nennung phonetisch einfacher Wörter oder durch Bereitstellung von zu benennenden Gegenständen, deren Namen einfache Schreibart haben. Sie soll aber nicht ängstlich an Orthographie denken, für die es später besondere Hilfsmittel gibt, und nicht das Kind auf wenige von ihr genannte Wörter beschränken, so daß das Interesse ertötet wird. Das Kind fragt den Lehrer bei Schwierigkeiten. Es legt die Wörter zunächst phonetisch und in Kleinschreibung, das schadet nichts, das Kind liest sie nicht, es handelt sich auch nicht um bleibende sich einprägende Schrift. Hält der Lehrer beim größeren Kind Korrektur für ratsam, so wechselt er die betreffenden Buchstaben aus, solche Korrektur hemmt das Interesse nicht. Sandpapierbuchstaben und Bewegliches Alphabet werden den Kindern je nach Reife und Interesse vom vierten Lebensjahr an angeboten und entsprechen diesem Alter. Das Schulkind von sechs Jahren wird nicht mehr so bereit sein zum Nachfahren der Sandpapierbuchstaben und zu dieser Sinne und Muskelbewegung einbegreifenden Art des Schreibenlernens. Es braucht, wie die Erfahrung gezeigt hat, diese Hilfsmittel noch gern, wenn es im Kinderhaus nicht schreiben gelernt hat; aber sie sind ihm mehr ein technisches Mittel, das es schnell überwindet [12]. Montessori betonte, daß es sich bei den kleinen Kindern weniger um Schreiben- und Lesenlernen handelt als um Entdeckung und Erforschung ihrer Sprache. Indem das Kind auf seine Sprache aufmerksam wird, wird diese sorgfältiger und richtiger.

Schreiben ist, wie Montessori betont, ein psychologisch vom Lesen verschiedener Vorgang [13]. Beim Schreiben drückt man Eigenes aus, beim Lesen

---

[12] Man überreicht ihm die Buchstaben des Alphabets als kostbare Gabe, mit deren Hilfe es alle Wörter schreiben und lesen kann, und daneben Namenkarten und die anderen hier zu nennenden Hilfsmittel; es analysiert die Wörter, und es erkennt schnell das ganze Wort, das es der Sache verbindet und den Satz, der es zum Tun auffordert. Es besteht Verwandtschaft mit der „Ganzheitsmethode", aber das Kind wird nicht in die vom Lehrer und der Fibel vorgeschlagenen Wörter eingeengt, und das einzelne Kind lernt schreiben und lesen in seiner individuellen Zeit und Weise, es besteht kein Klassenunterricht. Gerade Schreiben und Lesen lernen die Kinder auf verschiedene Weise und verschieden schnell.

[13] M. Montessori, Pédagogie scientifique, S. 178.

nimmt man auf, was ein anderer geschrieben hat. Schreiben liegt dem kleinen Kind mehr als Lesen. Das Lesen erfolgt bei ihm später als das Schreiben. Man störe das Interesse am Schreiben nicht, indem man das Kind schon zum Lesen zu bringen sucht. Keineswegs wird Lesen im Kinderhaus erzwungen. Aber das Kind ist in der heutigen Zivilisation von geschriebener und gedruckter Sprache umgeben, so daß auch dies ein Grund ist zu frühem Erwachen des Interesses.

Wenn das Kind seine Hand geübt hat, wenn es die Buchstaben kennt und mit der Analyse von Wörtern und der Synthese von Buchstaben begonnen hat, so steht die „Explosion des Schreibens" bevor [14]. Manches Kind kommt von selbst dazu, eines Tages bei einer dazu herausfordernden Gelegenheit etwas zu schreiben, auf die Wandtafel, auf ein Stück Papier, das ein Briefchen wird, oder unter eine Zeichnung, die es gemacht hat. Es genügt oft ein Anlaß, der die Bereitschaft zum Schreiben zur Verwirklichung auslöst. Ein Besucher kommt in das Kinderhaus und schreibt seinen Namen an die Tafel. Und schon kommen Kinder und schreiben ihre eigenen Namen, Kinder, die vielleicht zum erstenmal schreiben.

Es ist ein Unglück in einer Montessori-Schule geschehen. Gaby ist mit dem Arm durch die Glastür gefallen, und er blutet schrecklich, die Kinder sind erschrocken. Am andern Tag kommt ein kleiner Junge und bringt der Lehrerin eine eigene Malerei, die er sorgfältig trägt, er hat darauf seine ersten Worte geschrieben: „Für Gaby."

Die Hand ist geübt, die Buchstaben sind bekannt, das Kind kann, wenn es will, nicht bloß Wörter, sondern auch Sätze schreiben ohne weitere Vorbereitung.

Das Kind liest vielleicht jetzt noch nicht. Für das Lesen ist eine größere geistige Reife und Wendigkeit erforderlich. Zwischen dem Schreibenkönnen und dem Lesenlernen kann eine Pause von Wochen oder Monaten liegen. Man soll bei den kleinen Kindern, die schreiben, nicht verlangen, daß sie auch lesen. Man soll das eine Interesse nicht durch ein anderes stören.

Es sind mehrere Kinder in der Gruppe, die nur einen kleinen Anstoß brauchen, und sie werden lesen. Eines Tages setzt sich die Leiterin zu einem von ihnen und schreibt den Namen eines Gegenstandes, den man mit anderen Dingen auf den Tisch gestellt hat, deren Namen phonetisch geschrieben werden, auf einen Zettel und überreicht diesen Zettel dem Kind. Dieses ist neugierig, es versucht das Wort zu entziffern. Wenn es den Übergang von einem Laut zum andern nicht findet, so sagt die Leiterin etwa: „Lies schneller, noch schneller!", bis es verstanden hat. Es überreicht den Gegenstand, den das Wort bezeichnet. Oft kommen andere Kinder hinzu, sind interessiert und wollen mittun. Es entsteht ein Spiel.

---

[14] Dies., Kinder sind anders, S. 184 ff.

Der Erzieher gibt dem einen und dem anderen Kind Zettel mit Namen von Dingen im Raum, und alle holen die Dinge herbei, die bezeichnet sind, oder sie bringen die Namen zu den Gegenständen hin. Das geschieht, ohne zu sprechen. Die Kinder merken das Wunderbare: Jemand kann den anderen zu etwas auffordern, ohne zu sprechen. Man kann das Wort eines anderen aufnehmen, ohne ihn sprechen zu hören. Sie merken das Geheimnis der Schrift. Montessori spricht von einem „totalen Schreiben- und Lesenlernen". Das Kind soll nicht nur eine „Kulturtechnik" erwerben, sondern das Eigentümliche und den Sinn des Schreibens und des Lesens merken und verwundert sein über die wunderbare Kunst des Schreibens und Lesens.

Das geschieht, wenn das Kind in einer echten Situation sein erstes Wort schreibt, wenn eine „Explosion" dazu erfolgt, und anderseits wenn Lesen als das, was es ist, sich offenbaren kann. Wenn der Erzieher im Anfang nicht fertige Lesekarten hinlegt, sondern vor den Kindern stumm die Wörter, die zu lesen sind, aufschreibt, so gewinnt das Kind Interesse, und das, was Lesen bedeutet, wird ihm verständlich und interessant. Beide Fähigkeiten, Schreiben und Lesen, entwickeln sich mit Hilfe vielfacher Übungen und Gelegenheiten weiter. Gern schreibt das Kind Briefchen an den anwesenden Lehrer, an abwesende Kameraden, an Mutter und Vater. Es schreibt neue Wörter, die es schätzt, in ein Heft, es sammelt Wörter, indem es lesen lernt. Es beginnt aufzuschreiben, was es erlebt, erfahren oder kennengelernt hat.

Zum Lesenlernen gibt man nicht gleich ein Buch. Das Kind würde entmutigt. Manches Kind allerdings greift doch nach dem Buch und versucht darin zu lesen, was es kann, vielleicht sind es nur einzelne Wörter. Man hindert es nicht. Es begegnet der Tatsache, daß es viel, sehr viel zu lesen gibt. Der Wege und Mittel, lesen zu lernen, gibt es viele. Man bereitet Kärtchen vor, welche das Kind zu Dingen legt, etwa zu denen, die zum Modell eines Bauernhofes gehören oder zu einem anderen im Kinderhaus aufgestellten Modell oder zu anderm im Raum, z. B. dem „Material". Die Übungen des Lesenlernens dienen der Bereicherung der Sachkenntnisse und des Wortschatzes. Das kleine Kind fügt zunächst die Kärtchen wirklichen Gegenständen zu oder zu den Gegenständen die bereitgelegten Namen. Später sind kleine Bildermappen da aus einem bestimmten Fachgebiet, z. B. der Biologie: die einfache Zeichnung eines Baumes wiederholt sich auf einer Reihe von Karten. Bei einer solchen Zeichnung ist einmal das Ganze, einmal die Wurzel, einmal der Stamm, einmal die Krone usw. farbig hervorgehoben, und der Name zum Ganzen oder einem Teil des Ganzen steht auf einer Karte, welche diesem bestimmten Bild zugefügt wird. Solche Serien von Karten stellt man aus verschiedenen Gebieten her. Das Gebiet der Naturkunde ist besonders geeignet. Das Kind hat draußen den Reichtum der Blattformen unbewußt und diffus aufgenommen, nun sind Karten da, auf denen die Grundformen der Blätter gezeichnet sind, auf jeder Karte eine Form. Und die Bezeichnung für diese Form steht auf den Kärtchen, die hinzugefügt werden: „lanzettförmig", eiförmig", „gefiedert". Das Kind will nicht nur leichte Wörter. Sein Interesse wird am Lesenlernen festgehalten, wenn das zu entziffernde Wort ihm unbekannt, die Sache aber in etwa bekannt ist.

Für die Kinder haben auch die „Aufträge" oder „Leseröllchen" eine große Anziehungskraft. Zettel mit je einem Auftrag zu einer Handlung sind zusammengerollt und in ein Körbchen gelegt. Das Kind entziffert den „Auftrag" und führt die Handlung aus. Für die Leseanfänger sind die Befehle einfach, für die Fortgeschrittenen sind sie schwieriger, enthalten z. B. die Aufforderung und Anleitung zu einem kleinen Experiment aus Chemie oder Physik.

Bald kommen Büchlein dazu mit einem Kindergedicht, einem kurzen Märchen, einer Tiergeschichte, und schließlich erscheint das Bücherbrett mit verschiedenen, dem Alter des Kindes entsprechenden Büchern und vielleicht ein besonderes kleines Pult mit dem Buch der Heiligen Schrift in Form und Sprache, wie sie zum Kind und zur Würde der Bibel passen. Das Kind soll ahnen, „es ist der Erforschung der Gedanken der ganzen Welt gegenübergestellt" [15]. Man gibt nicht die gewöhnlichen Fibeln, sie setzen dem Kind Grenzen [16]. Das Kind erfährt, welcher Reichtum ihm durch das Lesenkönnen erschlossen wird. Man sucht Schönes, Edles, Interessantes für das Kind zur Lektüre aus. Der größte Dichter ist für das Kind gerade der rechte, wenn sein Wort einfach genug ist, vom Kind aufgenommen zu werden, sich ihm einzuprägen und seinen Sinn, wenn das Kind heranreift, tiefer zu entfalten.

„Ich ging im Walde so für mich hin,
Und nichts zu suchen, das war mein Sinn
. . . . "

Größere Kinder haben gern eine Sammlung von Gedichten, aus denen sie aussuchen, was ihnen lieb ist, und auswendig lernen. In einer Montessori-Klasse in Frankfurt war die Gedichtsammlung morgens gleich vergriffen, wie mir die Lehrerin bei einem Besuch erzählte. In einer Klasse in Aachen lasen und lernten die Kinder oft von ihnen selbstgewählte Gedichte, die uns für sie viel zu schwer erschienen wären. Es hängt auch von der häuslichen Umgebung ab, ob das Kind Interesse für das Lesen gewinnt, und die Begabung spielt dabei eine Rolle. Das Lesematerial muß

---

[15] M. Montessori, Pédagogie scientifique, S. 186.
[16] Vortrag Mario Montessori, London 1946.

dem Interesse des Kindes entsprechen. Von dem ersten Interesse kann man es weiterführen auf dem ihm eigenen Weg. Ein Junge in einer Hilfsschule konnte nicht lesen. Er kannte jedes Teil seines Fahrrades, und so schwache Begabung er sonst zeigte, er konnte alle kleinen Reparaturen am Fahrrad selbst machen. Er putzte auf eigenen Wunsch täglich das Rad der Lehrerin und brachte es in Ordnung, wenn etwas daran fehlte. Ob vielleicht die aufgeschriebenen Namen der Teile des Fahrrades und anschließend anderer technischer Dinge ihm zum Lesen verholfen hätten?

Mittlerweile hat man dem Kind neue *Buchstabenkästen* bereitgestellt[17]. Sie enthalten auf weißen Kärtchen ein schwarzes Alphabet und ein blaues, ein rotes, ein grünes. Jeder Kasten hat die Farbe seines Alphabets. Mit diesen Kärtchen werden Wortstudien betrieben zur Überwindung von Schwierigkeiten beim Lesen oder bei der Rechtschreibung oder zur Richtung der Aufmerksamkeit auf sprachliche Eigentümlichkeiten. Besonderheiten, z. B. Diphthonge oder Doppellaute, Vor- oder Nachsilben werden farbig hervorgehoben, indem das Kind Wörter einer Tabelle und anschließend selbstgefundene zugehörige Wörter mit den schwarzen und farbigen Buchstaben legt. Das Hantieren verhilft wieder zur vertieften Aufmerksamkeit und zur Ausdauer bei der Übung.

Der Bildung der Sprache wird aber nicht nur gedient durch das Schreiben- und Lesenlernen; Sprache wird gesprochen und will gehört werden. Spracherziehung ist erfolglos ohne *Erziehung zum Hören.*

Hier ist wiederum auf die schon genannten günstigen Bedingungen in der Montessori-Schule hinzuweisen. In der „vorbereiteten Umgebung" gibt es kein von außen erzwungenes Stummsein, nicht den Kontrast zwischen der auferlegten Disziplin der Schule und dem Lärm in den Pausen und nach Schulschluß. Erzwungenes Schweigen macht innerlich stumm und verschlossen, nicht hörend. Gewiß erreicht in vielen Schulklassen der begeisternde Lehrer ein echtes Schweigen und Hören. Ich spreche hier nicht vom einzelnen Lehrer, sondern von der bannenden Wirkung des Systems, von der Form des vorherrschenden geschlossenen Klassenunterrichts. Es wurde dargelegt, daß die freie Einzel- und Gruppenarbeit in Kinderhaus und Schule zu einer Stille führt, die nicht starr ist, in der es ein leises Sprechen gibt, die durch ein gelegentliches lauteres Arbeiten der Kinder unterbrochen wird, die aber doch eine Grundhaltung herausbildet, welche als charakteristisch auffällt. Die Stille entsteht durch Hingabe an die Arbeit. Durch diese entsteht das innere Hören auf den Gegenstand. Dann auch das Merken auf das andere arbeitende Kind und auf den Lehrer. Der

---

[17] Es handelt sich um Übungen, die schon 1916 in „Educazione nelle scuole elementari", S. 272 ff., genannt, die aber später weiterentwickelt und für die sorgfältiger hergestellten Material bereitgestellt wurde.

Geist wird wach und frei, er verschließt sich nicht durch Trotz und wird nicht durch Trägheit gelähmt.

Mit der Spracherziehung in enger Verbindung steht die „Schweigeübung", von der an anderer Stelle gesprochen wird [18]. Die Sprache ist, bevor sie geschrieben wird, eine gesprochene und bleibt es immer. Das Schreibenlernen geht von der gesprochenen Sprache des Kindes aus. Weil die Kinder frei arbeiten dürfen und sich keine Trotzhaltung bildet, so kommen sie auch unbefangen herbei, wenn die Kindergärtnerin erzählt oder der Lehrer Berichte und Darlegungen aus Geschichte und Erdkunde gibt oder wenn er — in einer guten Stunde — Dichtung vorträgt und in einer anderen aus der Heiligen Schrift erzählt. Das gesprochene Wort des Lehrers ist nötig zur Ergänzung der stillen Arbeit der Kinder oder zur Anregung solcher Arbeit. Wenn bei den kleinen Kindern die „Lektion" fast ohne Worte gegeben wird, so ist bei den Kindern etwa von sieben Jahren an die begeisternde Lektion des Lehrers, der in einen Wissensbereich einführt und durch seinen Bericht Hilfe zum Arbeiten gibt, nicht nur möglich, sondern von den Kindern wie wegen der Sache selbst notwendig. Der Lehrer muß aber merken, wann das Interesse der Kinder für sein Wort aufhört und sie begierig sind, nun selbst zu arbeiten. Er muß seine Worte bemessen können.

Das Gespräch mit dem Lehrer und das Gespräch der Kinder untereinander ergibt sich nicht nur im zwanglosen täglichen Verkehr, sondern auch anschließend an gemeinsame Erlebnisse, an eine einheitliche „Arbeitswelle" in der Schulklasse oder als Belebung der stillen Arbeit zur gegebenen Zeit.

Auch die Kinder berichten, erzählen, sprechen *Gedichte*, lesen vor. Montessori gibt aber zu bedenken, daß für das Lesenlernen auch das stille Lesen wichtig ist. Beim Lesen muß das Auge dem Mund voraus sein, und bevor das Kind laut vorlesen kann, muß es dies für sich, still oder allein halblaut lesend, üben. Die vielfach übliche Art des Lesenlernens in der Schulklasse durch lautes Lesen der einzelnen kann die gezwungen Zuhörenden nur langweilen und muß den Leseanfängern peinlich sein. Stilles Lesen ist auch eine gute Gewöhnung, der heutige Mensch hat oft keine Beziehung mehr dazu.

Maria Montessori schätzt das *dramatische Spiel*. In der einfachsten Gestalt kommt es z. B. in manchen Grammatiklektionen vor. Weitere Pflege ergibt sich ähnlich wie in anderen Schulen, vielleicht organischer als in ihnen. Kinder eines ersten Schuljahres bereiteten sich mit der Lehrerin auf Weihnachten vor, indem sie während der Adventszeit die Weihnachtsgeschichte der Bibel spielten, ohne Zuschauer.

---

[18] Kapitel: „Die Stille".

Auch von *Grammatik* muß gesprochen werden. Ihr gegenüber gibt es bei vielen Menschen, auch Pädagogen, ein Ressentiment. Man stellt sie einer lebendigen Sprachbildung als Feind gegenüber. Und doch ist sie altes würdiges Schulerbe. Ihre Nichtbeachtung bewirkt Mängel und Dürftigkeit in der mündlichen und schriftlichen Rede, wie wir sie heute auch bei Intellektuellen finden. In der Montessori-Schule wird sie nicht vernachlässigt. Sie beginnt beim Kind, wenn es noch sensibel ist für die Entwicklung seiner Sprache. Bevor es grammatische Begriffe haben kann, wird es durch ein Tun aufmerksam auf die Art und Funktion der Wortarten und gewinnt Freude an der Differenziertheit des sprachlichen Ausdrucks, an der Wahrheit der Sprache.

Lebendiges Interesse für Grammatik gehört zu einem wesentlichen Teil der Spracherziehung. Merkwürdigerweise fängt „Grammatik" schon in der Sprachpflege des Kinderhauses an. Eines der reizvollsten Dinge des Montessori-Materials sind die *Wortsymbole,* welche des Kindes Aufmerksamkeit auf die Verschiedenheit der einzelnen Wörter lenken[19]. Man spricht noch nicht von „Dingwort", „Eigenschaftswort", aber wenn die Kinder anfangen zu lesen und die Namen der Dinge mit diesen verbinden, so legt man eines Tages über den Namen ein dunkles Dreieck aus Glanzpapier ausgeschnitten. Man läßt die Kinder solche Dreiecke zu den verschiedenen Dingen im Raum hinbringen. Ihr Unterbewußtsein macht dabei die Erfahrung, daß diese Dinge und ihre Namen wichtig sind. Bald lesen die Kinder auf Zetteln „die rote Blume", „die gelbe Blume", „die blaue Blume" und legen Blumen zu den Zetteln. Dann legt man große dunkle Dreiecke über „Blume", kleine blaue über „rote", „gelbe", „blaue" und über den Artikel noch ein kleineres gelbes Dreieck. So merken die Kinder, diese Wörter gehören zusammen, bevor sie die grammatischen Bezeichnungen kennen. Sie sind fähig, Wörter, die Eigenschaften bezeichnen, zu erkennen und sie mit dem Symbol zu versehen. Nachdem man die drei Blumen genommen und sie mit einem Band zusammengebunden hat, fügt man das Wörtchen „und" zwischen die Zettel, auf denen „die rote Blume", „die gelbe Blume", „die blaue Blume" steht, und auf „und" legt man als Symbol einen schmalen Streifen.

Man überreicht Kindern je einen Zettel, auf dem ein einzelnes Verbum steht: „hüpfe", „gehe", „laufe", sie führen die Handlungen aus und legen einen Kreis aus rotem Glanzpapier über jedes Verbum. Auch das Verbum unterscheiden sie zunächst ohne Begriffsbezeichnung. In ähnlicher Weise gibt man „Lektionen" über Art und Funktion aller Wortarten und führt Symbole für sie ein. „Da es im Satze etwas Statisches gibt, das

---

[19] M. Montessori, Pédagogie scientifique, S. 187 ff.

Nomen, das die bleibende Materie repräsentiert, stellen wir diesen Sprachteil durch ein schwarzes Dreieck dar, das sichtbares Symbol dieser Stabilität ist; da es anderseits etwas Dynamisches gibt, das Verbum, das die Energie, die Tätigkeit darstellt, so nehmen wir für dieses Wort eine rote Kreisfläche als Zeichen eines Faktors, der stets in Bewegung ist. Die anderen Symbole wurden um diese beiden gruppiert gemäß ihrer Beziehung zu ihnen, Dreiecke für die Artikel und Adjektive — kleinere und von anderer Farbe —, ein kleinerer Kreis für das Adverb." [20] Die Kinder fühlen sich nun nicht mehr einer ungeordneten Menge von Wörtern gegenüber, sie finden den Weg zu einer Ordnung. Die Tausende von Wörtern der Sprache können neun Wortarten zugeordnet werden. Die Grammatik wird den Kindern, wie Mario Montessori 1946 in London sagte, zu einem „Alphabet des Gedankens".

Damit das Kind gut lesen lernt, muß man ihm helfen, die Welt der Sprache zu erforschen. „Wir müssen ihm einen Schlüssel geben zum Eintritt in die Umgebung der Sprache, so wie die Sinneserziehung die äußere Welt ihm klarmacht." [21]

Die Wortsymbole sind ein Material, das die Kinder in die weiterführenden Klassen begleitet, ja das auch uns Erwachsenen Freude macht, wenn wir etwa den Stil eines Schriftstellers mit Hilfe dieser Sprachsymbole untersuchen, wenn wir ein Gedicht mit ihnen darstellen und sehen, welches sinnfällige Bild mit diesen Symbolen die Sprache eines Dichters gegenüber der eines anderen ergibt. Man wählt edle und anregende Texte aus, die das Kind mit Hilfe der Wortsymbole untersucht. Manche Kinder beschreiben viele Bogen oder Hefte mit diesen Texten oder mit selbstgefundenen und kleben oder malen die Symbole über die Wörter. Oder die kleinen legen die Texte auf Teppichen mit den Buchstabenkärtchen aus und die Symbole dazu. Es gibt manche Materialien, welche man den kleinen Kindern in Gebrauch gibt, die aber das Kind dann viele Jahre begleiten, weil sich immer neue Möglichkeiten aus ihnen entwickeln. Wie diese Wortsymbole gehören z. B. die „konstruktiven Dreiecke" dazu, die im Kinderhaus wie ein Baukasten zu einfachem Zusammenlegen benutzt werden und zu unterbewußten mathematischen Erfahrungen führen und dem größeren Kind zu mathematischen Erkenntnissen helfen.

Montessori sagt, es ist nicht Grammatik im üblichen Sinn, die man mit den Wortsymbolen einführt, sie sind eine Hilfe zur Erforschung der Sprache. Sie machen das Kind aufmerksam auf ihren Reichtum und ihre Möglichkeiten, sie fördern die Sprechsorgsamkeit und die Liebe zur Wahrheit.

---

[20] Ebd. S. 188.   [21] Vortrag von Mario Montessori, London 1946.

Die Namen der Wortarten werden gewöhnlich erst mit Hilfe der *Wortkästen* eingeführt, wenn sich durch die Benutzung der Sprachsymbole die Reife des Kindes dafür ergeben hat. Es gibt neun Grammatikkästen; den ersten für Artikel und Substantiv, die übrigen je eine Wortart mehr einführend. Sie enthalten Fächer für jede Wortart mit Kärtchen, auf denen die Wörter stehen, welche in Phrasen oder Sätzen auf Karten des großen Faches in jedem Kasten enthalten sind. Diese Phrasen oder Sätze werden mit den verschiedenfarbigen Karten — jede Wortart hat ihre Farbe — gelegt, die Namen der Wortarten dazu.

Tiefer in die Sprache hinein führt die *Satzanalyse*. Wenn bei den Wortarten vom Namen der Dinge, vom Dingwort, ausgegangen wird, so bei der Satzanalyse vom Tätigkeitswort. Damit sind die zwei Brennpunkte der Sprachlehre genannt. Vom Tätigkeitswort aus versteht man den Satz. In der Aussage konstituiert sich erst der Gedanke, der Satz erst bedeutet Sprache. Die Kinder lieben die Satzanalyse, wie sie in den Montessori-Klassen geübt wird. Die Art des Materials hält ihre Sensibilität für Sprache weiter lebendig. Montessori will nicht, daß die Kinder auf ein Minimum an Sprachbildung und Grammatik beschränkt werden, weil man ihrer Fähigkeit nichts zutraut und Lernen als Last statt als geistige Befreiung auffaßt. Das Wort macht den Menschen frei, wenn es wirkendes und wahres Wort und nicht Gerede ist. Grammatik, die dem Kind zur rechten Zeit gegeben wird, verbindet sich seinem geistigen Heranreifen. Auch das Grammatikmaterial entspricht dem Prinzip, den Kindern bei allem Lernen Gelegenheit zur Mitbetätigung der Hand zu geben, da dadurch das Interesse belebt und das Gedächtnis des Gelernten gesichert wird. Die Einbeziehung der Sinne und der Bewegung hilft, daß der ganze Mensch versteht und den Gegenstand erfaßt.

Es sind aus Holz oder Karton geschnittene Scheiben und Pfeile da: rote Scheiben für das Prädikat, schwarze für das Subjekt und Objekt, kleinere orangefarbene für die adverbialen Bestimmungen. Man zerschneidet aufgeschriebene einfache Sätze, legt die Teile auf die Symbole und verbindet diese mit Pfeilen. Auf einer zweiten Serie stehen Fragen: „Wer oder was", „wen oder was" usw. Später kommt das Kind zur Analyse reicher gegliederter Sätze mit Hilfe eines erweiterten, alle Satzteile bezeichnenden Materials, so daß der Bau des Satzes und auch des Stils anschaulich wird. Mit ihrem Tun wachsen die Kinder in die Freude am Reichtum und an der Dynamik der Sprache hinein. Sie bekommen ein Gefühl für die Tatsache, daß Wahrheit durch sie offenbar und verehrt werden soll. Wie wichtig das in unserer Zeit ist, erkennt jeder, der um das Verkommen der Sprache im Gerede, in der Reklame, in der Überflutung durch das Gedruckte, im Ersatz der lebendigen Dinge durch leere Worte weiß und der erkennt, daß der redende Mensch sich so zum Herrn einer benutzten, aber nicht geachteten Sprache macht, statt sie als den Diener und Offenbarer der Wahrheit und das objektive Gut einer Kultur zu ehren.

Es wäre noch etwas über den schriftlichen Gebrauch der Sprache zu sagen. Von der „Explosion des Schreibens" wurde gesprochen. Das Kind, das, wie dargelegt wurde, eine vorbereitete Hand hat und die Buchstaben kennt, dieses Kind „kann", wie Montessori sagt, schreiben. „Es wird dann sehr bald der Tag kommen, wo es schreiben will, und das wird ein Tag großer Überraschung sein, die wunderbare Ernte einer Saat." Hier zeigt sich ein von Montessori vielfach befolgtes Prinzip: eine für das Kind wichtige Erwerbung wird indirekt vorbereitet, damit sie in ihrem vollen Sinn ganzheitlich vom Kind erfaßt wird. Wenn das Kind, wie Montessori sagt, das „totale" Lesen und Schreiben, d. h. den Sinn desselben, erfaßt hat, so macht es neben den übrigen sprachlichen Übungen schriftliche Aussagen mancherlei Art. Dabei wird eine stärkere Besinnung auf das Wort realisiert. Das Kind kommt in diesen Aussagen zu bewußterem Dasein, in seinen Sätzen oder Niederschriften bezieht es sich auf Dinge, die es bemerkt hat und die es interessieren, es ordnet sie sich intensiver zu, es schreibt Beobachtungen auf, die es am Aquarium oder am Pflanzentisch gemacht hat. Es erzählt von Vögeln oder von Katzen, vom Wetter oder von besonderen Ereignissen des Tages. Es macht Mitteilungen in Briefform. Im Anfang schreibt es naive Briefchen an den anwesenden Lehrer und überreicht sie ihm schweigend und lächelnd. Und der Lehrer antwortet schweigend durch ein geschriebenes Wort. Ich beobachtete in einer Montessori-Klasse des ersten Schuljahres solch ein liebenswürdiges kleines Spiel, das sich den halben Vormittag hinzog. Im stillen Wort vollzieht sich eine Beziehung zum anderen Menschen, Zugehörigkeit wird bestätigt, das Kind wird ihrer inne.

Es liegen farbige Blätter bereit, die das kleinere Kind gern zu Briefen und „Geschichten" nimmt. Es verschenkt sie oder bewahrt sie in einer Mappe auf. Ich sah in einer Klasse ein gemeinsames Tagebuch, in einer andern eine Art Zeitung und auch einen Kalender, um Beobachtungen und merkwürdige Begebenheiten niederzuschreiben. Bald schrieb das eine, bald das andere Kind darin. Manches Kind hat ein Heft, in dem es „Geschichten" aufschreibt. Ein kleines Wörterbuch, später der Duden, ist zur Hand, in dem die Schreibweise der Wörter nachgesehen werden kann. Es entsteht Interesse an der Orthographie. Schwierige Schreibweisen wurden schon mit Hilfe der farbigen Alphabete geübt und eingeprägt. Es gibt auch Diktate, doch herrscht das stille freiwillige Abschreiben oder Aufschreiben vor.

Manche Gelegenheit regt an, die Kunst des Schreibens anzuwenden. Ein Kind ist krank, es werden Briefe geschrieben. Es wird ein Elternabend sein, und die Einladungen sind zu schreiben. Ein Heimatkundeheft wird angefertigt mit Niederschriften und Zeichnungen. Die größeren Kinder machen ihren Studien entsprechende Niederschriften aus verschiedenen Sachgebieten. Der aufgegebene, etwas künstliche „Aufsatz" tritt zurück. Wenn das Schreiben mehr der Gelegenheit zugeordnet ist, so wird das Kind es selbsttätiger sich zu eigen machen, es wird auch die späteren Gelegenheiten im Leben, z. B. das heute so vernachlässigte Briefschreiben, natürlicher pflegen. Gewiß sind auch zweckbestimmte nützliche Schreibübungen von der Lehrerin ergänzend anzuregen, aber sehr wichtig ist, daß das Kind von sich aus zur stillen Niederschrift kommt und seines Wortes und der Sache, über die es schreibt, oder des Menschen, an den es schreibt, sich bewußt wird.

XVI

DIE BILDUNG DES MATHEMATISCHEN GEISTES

Wer das Arbeitsmaterial Montessoris für die mathematische Bildung kennenlernt, wird von ihrer hohen mathematischen Begabung überrascht sein. Dieser verbindet sich die Fähigkeit, dem Kind auf eine ihm gemäße Weise Erkenntnis zu vermitteln, ohne dem Gegenstand Gewalt anzutun. Auch Mario Montessori, der Erbe ihres Werkes, hat eine besondere Begabung, das Mathematikmaterial weiterzuentwickeln und zu ergänzen. Schon mancher Mathematiker, der es kennenlernte, war begeistert davon und wünschte es in seinem Unterricht zu gebrauchen. Es ist aber kein bloßes Anschauungsmaterial. Wer seinen Unterricht darauf gründen will, muß konsequent auch das Prinzip der Eigentätigkeit des Kindes akzeptieren. Nur in Verbindung mit der freien Hingabe an die Arbeit wird sich der Charakter dieses Materials voll auswirken können und ein mathematisches Denken heranreifen. „Die wunderbare Wirkung, die das mathematische Denken auf den erwachenden Geist des jungen Menschen hat, kommt nur dann zustande, wenn der Funke der echten und vollkommenen Einsicht zündet."[1] Martin Wagenschein spricht in einem Aufsatz vom Wesen und Unwesen der Schule über Mathematik und macht die eben zitierte Bemerkung. Wie Montessori sagt er, „daß nichts als der gesunde Menschenverstand" Voraussetzung für mathematische Bildung sei, und er fügt hinzu: „Jeder von uns kann das, wenn ihm nur eines gegönnt ist: die Möglichkeit zum ruhigen, selbsttätigen, eindringlichen und inständigen Nachdenken."[2] Er fährt fort: „Gerade das ist uns nicht gegönnt, wir gönnen es nicht dem Lehrer und nicht dem Schüler. Die Stoffjagd und der Massenbetrieb verführen zu Kurzstunden, die nicht ausreichen, um das echte, tiefgehende Nachdenken auch nur anfangen zu lassen. Was kann da, von Ausnahmen abgesehen, übrigbleiben als Dressuren? So kommt es, daß dieser wunderbare Garten des menschlichen Geistes, der wie kein anderer allen offensteht, den meisten wie ein staubiger und steiniger Exerzierplatz vorkommt."[3] Ganz ähnlich spricht Montessori von Mathematik. Der menschliche Geist, sagt sie, ist ein mathematischer Geist.

---
[1] Erziehung wozu (Kröner Verlag, Stuttgart 1956), S. 57.   [2] Ebd.   [3] Ebd.

Überall ist dieser wirksam, ob wir wohnen, ob wir die Treppe hinaufsteigen, die Straße überqueren, überall brauchen wir das Augenmaß und den Sinn für mathematische Verhältnisse. Die Erzeugnisse primitiver Kulturen, die wir in den Museen beschauen, zeigen, wie ohne Hilfe späterer Wissenschaft und Technik die Angehörigen solcher Völker Werkzeuge und Waffen mit wunderbar genau bemessenen Verhältnissen hergestellt haben. Längst bevor die neuzeitliche Wissenschaft bestand, gab es gewaltige und schöne Bauten, gab es Musikinstrumente feinster Art und andere Dinge, bei denen der mathematische Geist in einer vollkommenen, reifen Weise tätig war. Der Wissenschaftsbetrieb hat ihn nicht geschaffen, er kann ihm auch schädlich werden.

Montessori setzt ihn im Kind voraus, und sie will ihn früh bilden. Es gibt zwar Unterschiede in bezug auf mathematische Begabung, diese aber gehört schlechthin zum Menschen.

In den Rechenstunden der gewohnten Schule geht es oft öde her, weil der mathematische Geist nicht wach wird. Die Übungen gehen in einem engen, von Zweckhaftigkeit bestimmten Bereich vor sich. Sie sind daher dem kindlichen Geist fremd, so einfach sie sind. Das Kind ist ein geistiges Wesen, es will zweckfreier und sachgemäßer mit dem Gegenstand bekannt werden. Das Kind lernt z. B. rechnen „bis 10", „bis 20", „bis 100", statt daß man ihm, wie Montessori es tut, die Kulturgabe des Dezimalsystems mit seiner großen Einfachheit beim Beginn des Rechnenlernens überreicht, so daß dieses Rechnen in einem grenzenlosen Raum vor sich gehen kann, Würde bekommt und dem Kind interessant wird.

Schon im Montessori-Kinderhaus bildet sich der mathematische Geist. Die in einem anderen Kapitel beschriebenen Montessori-Materialien heben sich durch ihren mathematischen Charakter von den lebendigen Dingen der Natur ab. Sie stehen in Spannung zu diesen, nicht im Widerspruch. Sie lassen Grundformen erkennen sowie regelmäßig abgestufte Beziehungen und Größenverhältnisse. Sie bilden den Sinn des Kindes für Unterschiede wie „leicht, schwer", „lang, kurz". Sie erwecken das Wohlgefallen des Kindes an Genauigkeit, wenn es die Zylinder einpaßt in ihre Öffnungen, die Stangen abgestuft aneinander legt, den winzigen zehnten Würfel mit leichter Hand auf den „Turm" zu stellen lernt, mit den kleinen farbigen Zylindern hantiert und ihre Beziehungen untereinander sinnenhaft erfährt. Viele dieser Materialien bilden das Unterbewußte indirekt vor auf bestimmte mathematische Erwerbungen. Wenn das Kind mit den geometrischen Figuren der „Kommode", mit Kreis, Quadrat, Rechteck, Vieleck als in entsprechende Öffnungen einzusetzenden Holzplatten hantiert, so wird das Interesse, das erwacht, ihm das spätere mathematische Studium erleichtern. Das kleine Kind gewinnt Erfahrungen, die das mathematische Verstehen vorbereiten. Man kann nichts erlernen, sagt Montessori, wovon man nicht schon etwas weiß. „Man gewinnt Interesse für etwas, das man schon unterbewußt kennt. Wenn man eine vorhergehende Erfahrung hat und dann eine Führung bekommt, so erkennt man bewußt, was schon im Unterbewußten war."[4]

Auch für die den mathematischen Disziplinen verwandte Wissenschaft der Physik geschieht im Kinderhaus manche dem Kind nicht bewußte Vorbereitung. Es empfindet die Bedeutung der Schwerkraft, wenn es den Turm aufbaut oder wenn es die Gewichtstäfelchen auf seinen Fingerspitzen balanciert.

Schon die ersten Materialien, die das Kind zum Zählen und Rechnen veranlassen, haben mathematischen Charakter. Es wird nicht mit Äpfeln und Nüssen oder anderen in sich ungleichen Dingen gerechnet, sondern die Zahlen werden materialisiert durch gleich große Perlen. Das Interesse des Kindes für das Wesen der Zahl wird wach, wenn es bei den *blau-roten Stangen* die Stange 1, die Stange 2, die Stange 3 bis zur Stange 10 in die Hand nimmt. Hier ist jede Zahl eine Einheit, zugleich wird ihre Stelle deutlich in der Reihe der Zahlen. Die 3 hat 3 Abschnitte. Legt das Kind die Stangen hin, so merkt es ihre Beziehungen zueinander, wenn es sieht, wie von 1 an jede Stange um eine Einheit zunimmt. Die aneinanderliegenden Stangen machen das durch die Farben und die Abstufung sinnfällig. Das Kind zählt von 1 bis 10 und fügt die Ziffern, die es kennenlernt, den Stangen hinzu. Es sieht, daß man 9 mit der 1 zu 10 ergänzen kann, die 8 mit der 2, die 7 mit der 3 usw. Es macht die ersten Rechenoperationen, die, wie der Erwachsene erkennt, auch algebraisch formuliert werden könnten.

Ein Schritt zur Abstraktion wird gemacht, wenn es die „Spindeln", Hölzer, die in der Mitte verdickt sind, in die *2 Spindelkästen,* deren jeder fünf Fächer hat, zählt. Ein Fach bleibt leer. Es stellt Null dar. In das zweite Fach wird eine Spindel, in das dritte Fach werden zwei Spindeln gelegt, und so geht es weiter bis 9. Es sind 45 Spindeln da zur Verteilung in die zwei Kästen. Das kleine Kind bindet die Spindeln einer Abteilung, z. B. 4, gern noch mit einem Bändchen zusammen, um wieder die Zahl als Einheit zu erfahren. Ein weiterer Schritt zur Abstraktion wird veranlaßt durch ein Kästchen mit 55 Chips, zu denen Karten mit Ziffern von 1—10 gehören. Diese Ziffern werden in der richtigen Reihenfolge nebeneinander gelegt. Unter jede Ziffer legt das Kind die entsprechende Menge von Chips in Reihen zu 2. Bei ungeraden Zahlen legt es das letzte Plättchen in die Mitte unter die andern. So erlebt es schon Paar und Unpaar, Teilbarkeit und Unteilbarkeit. Nach diesen ersten Übungen geschieht die Einführung in das *Dezimalsystem.* Das Material besteht aus einzelnen goldfarbenen Perlen als Einern, aus Zehnerstängchen, welche je

---

[4] Montessori-Vorträge, London 1946.

aus 10 auf einen Messingdraht aufgereihten Perlen bestehen, aus den Quadraten, in denen 10 Zehnerstängchen miteinander verbunden sind, und aus Kuben, in denen 10 aufeinandergelegte und miteinander verbundene Hunderterquadrate eine neue Einheit bilden. Dazu gibt es Papierstreifen, mit den Zahlen von 1—9, grün, 10—90, blau, 100—900, rot, und 1000 wieder grün. Die große Hilfe in unserem Dezimalsystem ist die geometrische Beziehung. Die Eins ist analog zum Punkt, die Zehn zur Linie, die Hundert zum Quadrat, die Tausend zum Kubus. Hier erfahren die kleinen Kinder schon, ohne daß darüber gesprochen wird, daß der Bereich der Mathematik eine große Einheit ist.

Es kann hier der Gebrauch dieses Materials nicht bis ins einzelne dargelegt werden, es ist der Schlüssel, der dem Kind erlaubt, in die Welt der Zahlen einzudringen und schon zu hohen Zahlen aufzufliegen, statt an Kleinigkeiten gebunden zu sein. Es braucht nur von 1 bis 9 zählen zu können, dann kann es mit Hilfe dieses Materials auch bis 100, bis 1000, bis 100 000 weiterzählen. Es merkt, wenn es bis neun gezählt hat, folgt stets eine neue Einheit, es braucht immer nur bis neun zu zählen. Die Einheit bekommt ihren Wert durch ihre Stelle in einer Ordnung. Das Material, welches das Dezimalsystem darstellt, gibt das Verständnis dafür. Das Kind lernt mit diesem Material zunächst Zahlen zu bilden, dann mit Quantitäten des Materials zu addieren, zu subtrahieren, zu multiplizieren und zu dividieren, es lernt Einer in Zehner umzuwechseln, Zehner in Hunderter und diese in Tausender und umgekehrt. Das Kind hat Verständnis für dieses Material und seine Möglichkeiten, schon bevor es sechs Jahre alt ist. Das kleine Kind liebt das Umgehen mit großen Zahlen, und mit Hilfe der auch Sinne und Bewegung betätigenden Übungen entsteht das Verständnis und bereitet sich die spätere Abstraktion vor. Abstraktion muß jedes Kind zu seiner Zeit vollziehen; die vom Lehrer in der üblichen Weise in einer Unterrichtsstunde nach kurzer Erklärung und Veranschaulichung herbeigeführte ist unecht; vielfach prägen die Kinder ihrem Gedächtnis dann nur Formeln und Techniken ein, ohne die Grundlage eines wirklichen und interessierten Verstehens. Auch bei diesem Material wird nicht vom praktischen Leben ausgegangen, aber die Erfahrung in den Montessori-Klassen hat ergeben, daß, wenn das Kind mit dem Material gearbeitet hat, es leicht das Gelernte in die Praxis übersetzt. Es braucht nicht viel Hilfe dazu, es kann auch mit Äpfeln und anderen Dingen rechnen. Mit geringer Hilfe lernt es die Prozentrechnung, indem es jedem Hundertquadrat Perlen, die die Höhe des Prozentsatzes darstellen, hinzufügt.

Für die Überschreitung der Zehn beim Rechnen, d. h. für das Umgehen mit den Zahlen 12, 15 usw., gibt es besondere Materialien. Es sind farbige *Perlstäbchen* da, solche mit 2, mit 3, mit 4 Perlen bis zu solchen mit 9 Perlen. Jede Perlstange hat eine andere Farbe. Die Zehnerstange bleibt, wie sie beim Perlmaterial für das Dezimalsystem ist. Mit diesen Stängchen können Rechenoperationen im Zahlenkreis von 1—10 gemacht werden. Ferner werden die Stängchen den Zehnern hinzugefügt und so die Zahlen von Zehner zu Zehner verstanden: $10 + 1$, $10 + 2$, $20 + 1$, $20 + 2$. Die sogenannten *Séguinschen Tafeln* helfen zu diesen Übungen.

Es folgen weitere Schritte zur Abstraktion der Zahl. Bei den *Rechenrahmen* ist der Zehner nur durch eine Perle vertreten, ebenso der Hunderter und der Tausender, sie sind nur durch Farbe verschieden, die den Stellenwert angibt. Das Kind der Grundschule addiert und subtrahiert große Zahlen mit Hilfe der Rechenrahmen, auf deren Drähten die 10 grünen Perlen Einer bezeichnen, darüber die 10 blauen Zehner, und in der dritten Reihe die 10 roten Perlen die Hunderter. Über der roten Perlenreihe kommt wieder eine grüne, deren 10 Einer Eintausender sind, und über dieser die Perlen, welche Zehntausende, und darüber die Perlen, welche Hunderttausende vertreten. Das Rechnen mit Hilfe dieser Rahmen und das Umwechseln dabei macht das Kind bald mit großer Geschicklichkeit. Die Abstraktion ist gut vorbereitet, das Verständnis hat sich „inkarniert". Der große Rechenrahmen nimmt die Einer der Millionen noch dazu.

Für das Malnehmen ist das *Multiplikationsbrett* da mit 100 Löchern, die quadratisch angeordnet sind. Dazu gehören 100 Perlen. Mit diesen kann man die Reihen des 1×1, 1×2, 1×3 in den Löchern des Brettes auslegen. Man sieht gleichzeitig, daß 3×3, 4×4 usw. ein Quadrat ist. Viele Kombinationen werden sinnfällig deutlich und befriedigen das sich entwickelnde mathematische Denken.

Zum Multiplikationsbrett kommen die *Tafel des Pythagoras* und noch andere Tafeln hinzu, die dem Kind Anleitung zum Rechnen sind und es zu vielen Entdeckungen bringen.

Für die einfache Bruchrechnung und ebenso für die Dezimalbruchrechnung ist ebenfalls ein Material vorhanden. Das Grundmaterial besteht aus 10 quadratischen Metallstücken, aus denen Kreise ausgeschnitten sind: ein ganzer Kreis, ein Kreis in 2 Hälften geteilt, andere Kreise in 3, 4, 5 und mehr Teile geteilt. Schon früh beginnt das Kind mit diesem Material spielend Versuche zu machen. Es macht die Endeckung, das 2 Hälften ein Ganzes sind, daß eine Hälfte 2 Viertel hat, daß ein Viertel gleich 2 Achtel ist usw. Man braucht es nur mit den Namen $1/2$, $1/4$ usw. und mit der Schreibweise bekannt zu machen. So kommt es auch bald zur Addition, Subtraktion und Division. Die Lösungen findet es durch Hantierung mit den Teilen der Kreise. Dezimalbrüche versteht das Kind leicht, weil es das Dezimalsystem sich durch die vielfachen Übungen ganz zu eigen gemacht hat. Es hat dabei die Stellenwerte der Zahlen verstanden, und man hat ihm durch die Zahlenkarten und anderes Material dazu geholfen. Es gibt noch ein Material für die sogenannte „große" Multiplikation und die „große" Division. Es kann nicht alles im einzelnen dargelegt werden. Montessori hat ein leider bisher nur in spanischer Sprache erschienenes besonderes Werk über ihre Mathematikmaterialien herausgegeben [5]. Das Büchlein „Learning Arithmetic by the Montessori Method" von einer englischen Mitarbeiterin Montessoris, Margaret Drummond, gibt eine kurze Darlegung aller Mathematikmaterialien außer einigen in letzter Zeit hinzugekommenen mit bildlicher Darstellung [6].

Die große Einfachheit des Materials, die pädagogisch ausgezeichnete Isolierung der Schwierigkeiten, die doch jeder Übung ihre Einheit beläßt, ist überraschend. Die Materialisierung der Zahl durch gegenständlich unauffällige gleiche Perlen ermöglicht die Zuhilfenahme der Sinne und Bewegung bei der Einübung in einen großen Bereich des Rechnens, ein Erfahren von Beziehungen und Gesetzen und eigenes Entdecken der Regel. Das Kind legt das Material beiseite, wenn die Abstraktion reif ist und es sich im Besitz der geübten Künste fühlt.

Das Material hat einen systematischen Aufbau. Zu den Grundmaterialien gibt es zusätzlich solche, die in variierten Parallelübungen die Vertiefung des Gelernten ermöglichen und elastisch in der Anwendung machen. Es gibt „Additions- und Subtraktionstafeln", Tafeln für Multiplikation und Division; es gibt Übungen mit Spielcharakter, wie z. B. das *Markenspiel*, das *Punktspiel*, die *Schlange*. Durch alle diese Übungen wird die Einprägung von Rechenkombinationen gesichert, wie sie für das praktische Leben notwendig ist.

Auch Dinge wie das Ziehen der Quadratwurzel, der Lehrsatz des Pythagoras usw. werden mit Montessoris Material von den Kindern leicht verstanden. Es ist ersichtlich, daß das Mathematikmaterial aus langer Erfahrung mit den Kindern, aus gründlichen mathematischen Studien und auch aus dem Kennenlernen von Rechenhilfen alter Völker hervorgegangen ist.

In den Montessori-Klassen haben wir immer wieder erfahren, daß die Kinder mit großer Freude rechnen und daß sie zu sehr guter Rechenfähigkeit kommen. Daß die Art der mathematischen Bildung, die durch die Methode Montessoris erfolgt, dem üblichen Rechnen in der Volksschule weit überlegen ist, das Ziel der Volksschule nicht nur erreicht, sondern übersteigt, kann man ohne Übertreibung sagen.

---

[5] M. Montessori, Psico Aritmética, Psico-Geometrica, Casa Editorial Araluce (Barcelona 1934).
[6] Erschienen im Verlag George G. Harrap, London.

XVII

DIE NATUR IN DER MONTESSORI-PÄDAGOGIK

Zwar gibt es in diesem Buch ein Kapitel „Realien", und die Naturkunde gehört, schulisch gesehen, in ihren Bereich. Da aber die Beziehung zur Natur nicht nur schulisch, sondern gesamterzieherisch wichtig ist und den ganzen Stil einer Schule mitbestimmt, so soll in einem besonderen Kapitel etwas gesagt werden über die Beziehung der Pädagogik Montessoris, besonders des Kinderhauses und der Schule, zur Natur.

Wenn man in ein Montessori-Kinderhaus oder in eine Montessori-Schulklasse kommt, so fällt auf, daß auf den kleinen Tischen und den Regalen hier und da schön geordnete Blumen oder Zweige je nach der Jahreszeit in Gläsern oder Krügen stehen und daß die Kinder sie sorgsam pflegen. Hier wie sonst, das sei hinzugefügt, bemerken wir bei unseren Kindern ihre Freude am Schönen. In den Klassen ist eine Fensterbank oder ein Blumenständer mit Pflanzen da, man sieht, es sind ausgewählte Pflanzen, die zu beobachten für die Kinder interessant ist. Die Blätter der einzelnen sind verschieden geformt, die Bedürfnisse der Pflanzen sind verschieden, die eine braucht viel Wasser, die andere wenig, sie werden nur gedeihen, wenn die Kinder diese Verschiedenheit achten. Kommt man im Frühjahr in eine Klasse, so sieht man, daß in Gläsern, Schalen und Kästen Versuche gemacht werden, die den Kindern das Keimen von Samen und das Wachsen von Pflanzen zeigen, die sie pikieren und pflegen. Aquarien und Terrarien vermitteln die Beziehung zu Tieren.

So ergibt sich in dieser „vorbereiteten Umgebung" ein schönes Spannungsverhältnis zwischen den vom Erwachsenen erfundenen und für das Kind bereitgestellten Übungsmaterialien und der lebendigen Mannigfaltigkeit von Dingen der Natur. Diese Spannungsvielfalt der Umgebung kommt auf mancherlei Weise zustande, regt das Kind an und hilft zu seinem Lebensreichtum. Sie entspricht auch der Art unserer Kultur, ihren positiven Ansätzen und Möglichkeiten. Ihre negativen Seiten sind oft genannt und beklagt worden. Es kommt darauf an, ob die Spannungen, die sie enthält, vom Menschen gemeistert werden. Man hat Montessori sowohl des Naturalismus wie des Intellektualismus beschuldigt und ihre ganzheitliche Erfassung des Kindes wie die Berücksichtigung der geschichtlichen Situation nicht verstanden. Die von der Natur mitbestimmte Umgebung der Montessori-Schule ist verwandt mit der Art, wie in den Decroly-Schulen die Klassen, die dort „Werkstatt" oder „Atelier" für die Arbeit der Kinder sein sollen, ausgestattet sind. Bei Decroly werden die Kinder zur intensiven Beobachtung und zu einem guten pflegerischen Umgang mit Pflanzen und Tieren angeleitet. Decroly geht von den Lebensbedürfnissen des Kindes aus, welche es in die Beziehung zur Natur und anderseits in die Beziehung zur menschlichen Gesellschaft hineinwachsen lassen. Bei Montessori ist die Beziehung des Kindes zur Natur seinsmäßig voller erfaßt. Letztere wird nicht nur von den Bedürfnissen des Menschen aus betrachtet, ihre Schönheit wird gesehen, sie ist die Schöpfung Gottes, der Mensch aber ist nicht nur Teil der Natur, er soll sie auch als ein anderes erkennen.

Montessori will auch nicht wie Rousseau das Kind in einem „natürlichen Leben" abseits vom Leben des Erwachsenen und in einem Gegensatz zu diesem erziehen. Sie verachtet die Kultur nicht, sie kennt kein sentimentalisches Ressentiment ihr gegenüber, sondern bejaht sie und die Beherrschung der Natur durch den Menschen, sie macht jedoch auf die Gefahr aufmerksam, daß der Mensch in Unnatur gerät, wenn seine sittliche Entwicklung nicht Schritt hält mit wissenschaftlicher Erforschung und technischer Ausnutzung der Naturkräfte [1]. „Die Natur hat sich allmählich", so sagt Montessori, „in unserer Auffassung auf die Blumen beschränkt, die wachsen, auf nützliche Tiere, die uns ernähren... und dadurch ist unsere Seele zusammengeschrumpft... wir haben eine nebelhafte Liebe zur Natur fast verwechselt mit dem Vergnügen, gefangene Vögel in ihren Käfigen zu betrachten."[2] Montessori führt aus, daß Natürlichkeit und die Nähe zur Natur dem Kind selbstverständlich ist. Sie trat für gesunde Kleidung und Ernährung ein, wie sie in unserer Zeit üblich geworden sind. „In unserer Epoche und in unserer zivilisierten Gesellschaft leben die Kinder so entfernt von der Natur und die Möglichkeiten für sie, in eine intime Beziehung zur Natur einzutreten und dort direkte Erfahrungen zu erwerben, sind selten."[3] „Die Konzeption, in der Natur zu ‚leben' und nicht nur sie zu kennen, ist die letzte Erwerbung der Pädagogik. Das wichtigste ist, das Kind von den Banden zu befreien, die es im künstlichen Leben der Städte isolieren."[4] Das Kind will mit Wasser, Luft, Wind und Regen in unmittelbare Berührung kommen. Es will draußen Tätigkeiten ausüben, die mehr anstrengen als häusliche Blumenpflege, es will graben, säen, ernten, beschwerliche Wege gehen. Die sorgfältige Blumenpflege, wie sie

---

[1] M. Montessori, Pédagogie scientifique, S. 55.
[2] Dies., Het onbegrepen Kind, S. 16 ff.
[3] Dies., Pédagogie scientifique, S. 54. [4] Ebd.

in den Montessori-Schulen geübt wird, soll nicht herabgesetzt werden, aber sie muß, soweit es möglich ist, mit einer umfassenden Pflege der Naturbeziehung verbunden sein. Das Kind möchte frühmorgens aufstehen mit der Sonne, aber die Erwachsenen zwingen es, mit ihnen in den Tag hineinzuschlafen. Es möchte einmal länger aufbleiben dürfen, die Sterne sehen und das Licht des Mondes. Warum sollen die Kinder nicht mit nackten Füßen durch den Tau des Rasens gehen, warum im Sommer nicht den kühlen Regen auf ihrer Haut erfahren, warum nicht in der Frühe wandern? Wenn die Kinder draußen die Tiere beobachten und lieben lernen, so wird Grausamkeit Tieren gegenüber sich in ihnen nicht entwickeln [5].

Auch der Garten ist wichtig [6]. Montessori weist darauf hin, daß die Erwachsenen heute mit ihrem Haus gern einen Garten verbinden, den sie selbst pflegen und in dem sie jede Pflanze kennen, der also nicht zu groß sein darf. So soll auch der Garten oder das Stück Feld der Kinder ihren Bedürfnissen angepaßt sein. Das Kind möchte, wie es zu seinem Spiel sich ein Feld abgrenzt, einen Garten, der seinem Maß entspricht [7]. „Es gibt also Grenzen, die Grenzen ‚unseres Gartens', wo jede Pflanze uns lieb ist und uns eine fühlbare Hilfe ist, die unser intimes Selbst stärkt. Die Überlegung über diese Grenzen hat viel Interesse gefunden, und ihre Anwendung auf einen Garten wurde in vielen Ländern versucht, sie entspricht auch den Bedürfnissen des kindlichen Geistes. Heute ist die Architektur unserer Gärten von unseren Erfahrungen inspiriert."[8] Man wird also den Kindern nicht nur Beetchen zuteilen, das wäre zu armselig, man wird ihnen einen Garten geben, der ihr Eigen werden kann. „Es müssen so viele Pflanzen dasein, wie es sie überschauen und in sein Bewußtsein aufnehmen kann, so daß es sie in seinem Gedächtnis behält und sie ihm bekannt werden."[9] Die Freude an den vielerlei Arbeiten im Garten wird gestärkt und erhalten durch die Beziehungen zu seinem Ganzen. Wichtig ist das Halten von Tieren, doch ist es meistens nur möglich in Tagesstätten oder Kinderheimen. Schon bei den ersten Kinderhäusern Montessoris gab es die Pflege von Hühnern oder Kaninchen.

Daß Montessori für die Jugendlichen in den Entwicklungsjahren Landarbeit wünscht und das Leben in einer Art von Landerziehungsheim oder Stadtrandschule, wird noch an anderer Stelle gesagt werden.

Das Leben in der Natur wenigstens tage- und wochenweise, die Pflege von Pflanzen und Tieren in Kinderhaus und Schule ergeben die unbedingt notwendigen Erfahrungen, die Voraussetzung sind für eine sinnvolle Pflege der Naturkunde im schulischen Sinn, wie sie zu den „Realien" gehört.

---

[5] Ebd. S. 55 f.
[6] Vgl. auch Portielje en Joosten-Chotzen, De Natuur in de Amsterdamsche Montessorischool (1932).
[7] M. Montessori, Pédagogie scientifique, S. 60.   [8] Ebd. S. 61.   [9] Ebd. S. 60.

Montessori bedenkt auch das symbolische Sehen der natürlichen Vorgänge und Dinge. Auf einer höheren Ebene bekommen Brot und Wein, Wasser, Öl und Salz, der Hauch des Atems eine neue Bedeutung. Sie werden im sakramentalen Leben der Kirche unentbehrliche Zeichen. Das Kind trifft auf sie durch seine Teilnahme am Leben der Kirche, und die natürliche Beziehung zur Natur bereitet es darauf vor.

Montessori achtet, ja bewundert die erstaunlichen Ergebnisse der Naturwissenschaften, aber ihre Pädagogik entspricht auch der Sorge, daß wir den natürlichen Urbildern und der Realität der Schöpfung in ihrer vollen Sinnlichkeit fernrücken. Sowohl ihre „Sinnesübungen" als „Schlüssel" zur Entdeckung der Welt wie auch ihre vielfachen Vorschläge, das Kind und den jungen Menschen die Natur und den Kosmos unmittelbar erfahren zu lassen, sind von hier aus zu beachten.

XVIII

„REALIEN"

Sprachliche Erziehung führt schon, wie wir darstellten, von vornherein zu den Dingen, zu den Sachen hin. Die Mathematik bildet mit der Fähigkeit der Abstraktion den Sinn für die großen Ordnungen und Gesetze des Kosmos aus, so hat auch die mathematische Bildung Beziehung zu den Dingen, zu den „Realien". Es sei nun gesondert von ihnen gesprochen, von Kenntnissen, die das Kind in Naturkunde, Erdkunde und Geschichte gewinnen muß. Es gibt heute mehr als je psychische Erkrankungen, die, wie der Psychoanalytiker und der Psychotherapeut sagen, in der Kontaktlosigkeit des Menschen, in seiner Unfähigkeit oder seiner Abneigung, sich an die Wirklichkeit zu binden, ihren Ursprung haben. Die Schule, die viel Zeit des Kindes in Anspruch nimmt, bleibt ein in etwa künstliches Gebilde, wenn man sie mit der Familie und mit natürlichen Formen menschlicher Gemeinschaft vergleicht. Es ist viel Absicht in der Schule da. Der tiefere Kontakt zu den Dingen aber entsteht absichtslos, er begründet sich zuerst durch den absorbierenden Geist des Kindes, der sich unbewußt und ohne Reflektion die Umwelt erobert. Herbart, der sich sehr um eine psychologisch fundierte Didaktik bemüht hat, tat doch den Ausspruch, daß diese nichts sei ohne die Beziehungen und Erfahrungen, die das Kind vor und außerhalb der Schule gewinnt. Immer besteht die Gefahr, daß schulisch erworbene „Kenntnisse" dem Kind und noch dem Erwachsenen die Welt versperren, statt zu öffnen.

In der Montessori-Schule kann infolge der freien Wahl der Arbeit das Kind auf eine unmittelbarere Weise zu den Dingen Kontakt gewinnen. Es ist Spielraum um das Kind, und die Schule schließt sich nicht allzu methodisch gegen ein freies Gewinnen von Erfahrungen und Kenntnissen ab.

Es kann in dieser Schrift, die nur eine Einführung in die Pädagogik Montessoris und in die Didaktik, besonders der Grundschule, geben will, auf die einzelnen Realienfächer nur wenig eingegangen werden. Das, was an Materie im Unterricht mitzuteilen ist, bleibt in allen Schulen ungefähr das gleiche, es muß den von der Regierung gegebenen Richtlinien entsprechen; es ist wohl möglich, daß die einzelnen Schulen das Schwergewicht und die Akzente verlagern, die Kenntnisse auf das Notwendige beschränken oder erweitern. Die Weise aber, wie dem Kind Zugang zum Gegenstand geöffnet und wie die Haltung diesem gegenüber gepflegt wird, kann verschieden sein und ist wichtig. Es wird in der pädagogischen Literatur heute oft ausgesprochen, daß die Neigung, entsprechend der Entwicklung der Wissenschaften, immer mehr „Stoff" in die Schule hineinzubringen, auf falsche Wege führe. Die Schule kann durch eine Überfülle von Stoff in ihrem Wesen, das doch eine humane Bildung des Kindes meint, zerstört werden. Entscheidend für die Bildung ist das Interesse für einen Gegenstand, der im Ganzen der Wirklichkeit steht; wenn die Bindung an ihn gelingt, so kann es nicht anders sein, als daß der Mensch offen wird für dieses Ganze, und er wird aus sich weitere Kenntnisse erwerben, weitere Verantwortung auf sich nehmen, wenn das Leben sie ihm zuweist. Daß gewisse elementare Kenntnisse da sein müssen, daß man Rücksicht zu nehmen hat auf die jeweilige Zivilisation und ihre Erfordernisse, ist selbstverständlich. Man kann das Kind aber in der Schule nicht mit allem versorgen, was es später nötig hat. Man muß ihm helfen, in der Wirklichkeit Fuß zu fassen, seine Trägheit zu überwinden, seinen Blick zu öffnen, seinen Lebenswillen zu stärken.

Was Montessori über die „Realien" sagt, entspricht den Forderungen, die in der Pädagogik heute auffallen, aber aus Mangel an Hilfen zu ihrer praktischen Durchführung meistens nur theoretisch dastehen. Man fordert Bildung statt Überfülle von Tatsachenwissen. „Die Tübinger Resolution 1951 enthält den Satz: ‚Ursprüngliche Phänomene der geistigen Welt können am Beispiel eines einzigen, vom Schüler wirklich erfaßten Gegenstandes sichtbar werden.' ‚Und wirklich erfassen', das tun wir heute nicht mehr."[1]

Montessori betont, das Kind müsse eine Vision vom Ganzen haben, die durch Erzählung des Lehrers, begleitet von Karten, Bildern und Experimenten, im Kinde veranlaßt oder geklärt werden kann. Schon Kinder der ersten Schuljahre haben, gemäß Erfahrung Montessoris in Schulen verschiedener Länder, Interesse für die Schöpfung der Welt, ihre Entwicklung und für das Leben des Menschen auf ihr. Bei einer Tagung von Vertretern der Internationalen Montessori-Gesellschaft in Hilversum Januar 1956 gab Mario Montessori Bericht über die Anregungen Montessoris und die zugehörigen Hilfsmittel[2]. Er hielt ein ausführliches Referat über die Einführung des Kindes in die Schöpfung des Kosmos, die Entwicklung der Erde in Beziehung zur Sonne und die Entwicklung des Lebens und des Entstehens der Menschengeschichte auf ihr[3]. In Verbindung mit seinem Referat

---

[1] M. Wagenschein, Wesen und Unwesen der Schule, in: Erziehung wozu (Stuttgart 1956).
[2] Communications of the Association Montessori Internationale Nos. 1 und 2 (1956).
[3] Ein Bildstreifen davon mit Text ist bei der Association Montessori Internationale (AMI), Amsterdam, Koninginneweg 161, zu erwerben. Weitere neue Arbeitsmittel, die Realien betreffend, wurden in Sonderkonferenzen der A.M.I. 1958 und 1962 gezeigt und vermittelt.

zeigte er eine Fülle von Zeichnungen, die er und Maria Montessori gemacht hatten und die dem Kind die großen Vorgänge im Kosmos veranschaulichen. Er beschrieb eine Menge kleiner Versuche, die den Sinn für elementarste Vorgänge, z. B. die Wirkung der Hitze, die Abkühlung von Körpern, die Entstehung der Winde usw., aufschließen. Es war eine Ausstellung da von zahlreichen biologischen Versuchen, die in jeder Schulklasse von den Kindern gemacht werden können und zu denen man keine kostspieligen Dinge braucht. An die Anregungen des Lehrers schließt sich das eigene Studium des Kindes, es wird sich zunächst Einzelheiten zuwenden, dann Zusammenhängen nachgehen; erdkundliche Arbeitsmittel, Fachbücher aus verschiedenen Gebieten, Materialien und Anleitungen für physikalische und chemische Versuche müssen zur Verfügung stehen.

Montessori betont, daß, da es unmöglich ist, alles Wissenswerte zu lehren, der einzelne Gegenstand des Unterrichts in seinen Beziehungen zum Ganzen sichtbar werden, das Kind intensiv das Detail erfassen und als Stimulans für die Phantasie und Ausgangspunkt für Fragen und individuelle Studien gewinnen müsse. „Die Einbildungskraft ist fähig, das Ganze zu konstruieren, wenn sie das wirkliche Detail kennt... Der, welcher diese Welt der Phantasie nicht besitzt, ist ein armes Geschöpf... Wenn sie als Teil eines Ganzen dargeboten werden, so werden die kleinsten Einzelheiten interessant... Der Unterricht der Kinder im Alter von sieben bis zwölf Jahren muß sich an ihre Einbildungskraft wenden. Von der Phantasie aus muß sich die Vorstellung der Wirklichkeit ergeben; es ist aber nötig, streng, genau und exakt zu sein."[4] „Wenn man das Interesse des Kindes auf einer Grundlage der Wirklichkeit weckt, so wird das Verlangen, mehr zu wissen, sofort geboren."[5] „Die Einbildungskraft ist die Basis des Geistes; sie erhebt die Sachen auf eine höhere Ebene, auf die Ebene der Abstraktion. Aber die Phantasie braucht eine Stütze; sie muß aufgebaut, organisiert werden. Der Mensch kann nur dann ein höheres Niveau erreichen, er dringt in die Unendlichkeit ein. Hier zeichnet sich eine Art Studienplan ab: man gibt dem Kind das Ganze, indem man ihm die Einzelheit als Mittel darbietet... Die Lehrerin muß sich mit der Größe dieses Ganzen durchdringen, um es dem Kind vermitteln zu können."[6]

Das simplifizierende Abkürzungsverfahren der Schulbücher tötet das Interesse. „Wenn man diese Neigung (zu vereinfachen) in ihren Wurzeln weiterverfolgt, so sieht man deutlich, daß sie dem Bedürfnis entspringt, die unbegreifliche Vielgestaltigkeit der Dinge zu begreifen. Und dies kann nur als Wunsch verstanden werden, wenn man die Mittel sieht, mit denen man die Verwirklichung dieses Wunsches erstrebt, nämlich das Schematisieren selbst, d. h. das bewußte Ausschalten des qualitativen Reichtums des

---

[4] Montessori, De l'enfant à l'adolescent, S. 42 f.
[5] Ebd. S. 44. [6] Ebd. S. 46.

Objektes, um es in die armseligen Begreifformen — Begriffe — unseres eigenen Geistes einordnen zu können. Daraus erhellt denn auch die Besitz- und Machttendenz, die hinter diesem Wunsch als Triebfeder wirksam ist."[7] Das übliche Schulbuch tötet den Trieb, zu forschen und zu erkennen. Die Art seines abgekürzten Tatsachenwissens interessiert das Kind nicht. Man bemüht sich daher heute, lebendigere Bücher aus verschiedenen Sachgebieten, ferner Nachschlagewerke und Bildbände für die Kinder zu schaffen.

Das Studium des Details weckt das Staunen und die Überzeugung, daß man wenig weiß. „Wenn wir die verschiedenen Funktionen des Lebens der Insekten kennenlernen, die wir auf dem Lande sehen, so können wir uns eine Idee vom Leben aller Insekten des Universums machen; die Welt wird psychologisch durch die Einbildungskraft erobert. Man studiert die Wirklichkeit des Details, und dann stellt man sich das Ganze vor. Dieses Detail kann in der Phantasie wachsen und zur Kenntnis des Ganzen werden. Diese Sachen studieren ist irgendwie eine Meditation über das Detail. Das heißt, man vertieft in einem Individuum die Persönlichkeit eines Fragments der Natur." „Wenn man einem Fluß oder einem See begegnet, ist es dann nötig, alle Flüsse und alle Seen der Welt zu sehen, um zu wissen, was das ist? Die Einbildungskraft kann sich dann die Welt vorstellen."[8]

Das „Fragment", die Einzelheit, entbindet die Kraft des Geistes nur, wenn er nicht eilt, sondern zu empfangen weiß. Ich denke an einen Satz aus den Briefen Brentanos; er, der so gern sich seiner Phantasie überließ, schreibt: „Wer nur einen Moment des Lebens nur das kleinste Fragment der Natur, ich will nicht sagen, versteht, nein, nur ruhig stehenläßt und vorübergehend anschaut, ohne daran zu zerren, zu modellieren, zu metamorphosieren, der findet eine so unendliche, tiefe, hohe und doch so naive einfältige Würde und Bedeutung in jeder Realität ohne übrige Deutung, daß für das Empfangen nur Dank und für das Besitzen nur Opfer übrigbleibt, um es zu würdigen."[9] Entscheidend ist, daß die dem Kind erlaubte Freiheit und die Atmosphäre der Umgebung ihm gestatten, einfach zu sehen, aufzunehmen, rezeptiv zu sein. Der Natur gegenüber hat der echte Gelehrte diese Grundhaltung. Das Ethos, die eigene Meinung vor der Wirklichkeit zurückzustellen, nicht voreilig etwas nützen zu wollen, sondern Wahrheit zu empfangen und das Schöne zu sehen, sollte in die Art hineinwirken, wie unsere Schulen Naturkunde pflegen.

Das Kind aber muß den wirklichen Fluß, den wirklichen Wald erfahren. Das Kind von sieben bis zwölf Jahren will wandern, will hin-

---

[7] F. J. J. Buytendijk, Erziehung zur Demut, S. 38 f.
[8] M. Montessori, De l'enfant à l'adolescent, S. 38 f.
[9] Brentanos Briefe, Koblenz, 3. Juli 1828.

aus und die Anstöße zum Wissen in der Wirklichkeit empfangen. „Der Ausgang ist ein neuer Schlüssel, um die Bildung zu vertiefen, die gewöhnlich durch die Schule vermittelt wird."[10] Nur vom Wirklichen her beflügelt sich die Phantasie und entsteht Erkenntnis des Allgemeinen. „Keine Beschreibung, kein Bild eines Buches kann das wirkliche Sehen eines Baumes, eines Waldes mit allem Leben, das sich dort entwickelt, ersetzen... Das Gehölz, das man sieht, offenbart uns, daß nicht bloß Bäume existieren, sondern ein Gesamt von Leben... Diese Majestät und Mannigfaltigkeit muß man erfahren, niemand kann sie zur Schule bringen."[11] „Man muß dazu kommen, eine Idee aller Wissenschaften zu geben, nicht mit Einzelheiten und Genauigkeiten, sondern nur einen Eindruck; es handelt sich darum, „die Wissenschaften zu säen" (de semer les sciences) in dieser Epoche, in welcher das Kind eine Art sensibler Periode der Einbildungskraft hat. Und wenn man die Idee des Ganzen vermittelt, so muß sich zeigen, wie von jedem Zweig eine Wissenschaft ausgeht: Mineralogie, Biologie, Physik, Chemie usw. Wie wir gesehen haben, führt die Prüfung des Details zum Studium des Ganzen. Man muß, wohlverstanden, bei einem Detail anfangen; aber da es keines gibt, das nicht Teil des Ganzen ist, so genügt es, irgendeins zu wählen, welches die Verbindung zum Ganzen konstituiert."[12] Montessori gibt für dieses ihr Prinzip, vom einzelnen auszugehen, als Beispiel das Studium des Wassers. Dieses wird zum Kristallisationspunkt vieler Ansichten der Natur, es kann mannigfaltige Studien anregen und zusammenhalten. Wasser regt das Interesse eines Kindes und seine Phantasie sehr an. Wasser hat größten Anteil an der Bildung der Erde, es führt zu den Wissenschaften der Erdkunde, der Biologie, der Physik, der Chemie. Der Gedanke an „Wasser" ruft Vorstellungen und Bilder hervor, die symbolisch sind, die mit Religion sowohl wie mit Kunst zu tun haben. In einem Kapitel des Buches „De l'enfant à l'adolescent", überschrieben „Das Wasser", legt Montessori dar, wie man im Unterricht vorgehen, das Kind zu chemischen und physikalischen Versuchen führen und ihm Ansporn geben kann zu seinen Studien. Auf das Kapitel „Das Wasser" folgen in Verbindung damit solche mit den Überschriften „Einige Erfahrungen in der Chemie" und „Der Kohlenstoff in der Natur", „Einige Kenntnisse der organischen Chemie". Montessoris eigenes Interesse geht ihrer ganzen Entwicklung gemäß, sie ist ja auch Ärztin, stark auf die Naturwissenschaften und die Mathematik hin. Für die Einführung des Kindes in diese Gebiete gibt sie geniale Anregungen. Nur einiges ist allerdings für die Praxis so ausgebaut, daß die Arbeitsmaterialien fertig bereitliegen. Der einzelne Lehrer sowie die Montessori-Arbeitskreise müssen daran weiterarbeiten.

---

[10] M. Montessori, De l'enfant à l'adolescent, S. 39.
[11] Ebd. S. 39 f.   [12] Ebd. S. 48.

Zu den Erfahrungen, die das Kind durch Exkursionen, Beobachtungen und Versuche an der Wirklichkeit macht, gibt Montessori ergänzend Materialien, die helfen, das einzelne zu klassifizieren und einzuordnen [13]. Tabellen helfen, einen Einblick in den Aufbau des Tierreichs und des Pflanzenbereichs zu gewinnen oder Namen, Bezeichnungen für das Gesehene zu finden. Diagramme stützen die Beobachtung. Montessori ist der Systematik nicht abgeneigt, vorausgesetzt, daß nie Beobachtung, eigene Entdeckung und Erfahrung fehlen. Je stärker die Fähigkeit wird, Ordnung zu erkennen, um so größer kann die Hingabe an die Erscheinung des Individuellen sein, ohne daß sich der Blick oberflächlich ins Viele verliert. „Nicht die Anhäufung von direkten Kenntnissen über die Dinge macht den Literaten, den Gelehrten, den Intelligenten aus, sondern die im Geist geschaffene Ordnung, die diese aufnimmt. Dagegen hat der ungebildete Mensch nur die direkte Kenntnis von den Dingen." [14]

Natürlich gehören zu den Arbeitsmitteln, die dem Kind zum Studium der Realien helfen, auch Dinge, die ähnlich im allgemeinen Lehrmittelhandel zu haben sind und die von Montessori ihrer Methode angepaßt wurden. Es gibt den Globus, der schon im Montessori-Kinderhaus seine Stelle hat und der Phantasie des kleinen Kindes hilft, Zusammenhänge und die Einheit der Erde zu ahnen, manches deutlich werden zu lassen, das unbestimmt in seinem Geist durch die heutige Umwelt angeregt wird. Es gibt Atlanten mit Bildzeichen, stumme Karten, die zur Einprägung von Kenntnissen helfen, es gibt für Physik und Chemie Geräte für Versuche, zu denen man Arbeitskarten bereitlegt. Allerdings mußte ich beim Besuch einer Lehrmittelmesse feststellen — und es wurde mir von einer Fachlehrerin für Biologie und Physik bestätigt —, daß die meisten „Lehrmittel" für den Lehrer Hilfe sind zur Veranschaulichung seiner Materie und keine Arbeitsmittel des Kindes.

Für die Kinder von sieben bis zwölf Jahren, für welche die Einführung in die Realien von Bedeutung ist, setzt Montessori, wie schon gesagt wurde, auch die Lektion des Lehrers voraus. Das Kind kann in diesem Alter leichter als vorher durch das Wort gelehrt werden, es kann zuhören, fragen und am Gespräch teilnehmen. Lektionen des Lehrers sind dem Kind Anstoß und Anleitung zu eigenen Studien. Der Lehrer muß taktvoll merken, wo sein eigenes Wort zu enden hat. Ist das Interesse geweckt, hat das Kind Anregung und Wegweisung empfangen, so soll seine Aktivität nicht gehemmt werden. Der Lehrer würde sonst das Interesse ertöten. Das Kind will selbst forschen und lernen.

Die Beachtung der naturwissenschaftlichen Disziplinen ist auch für die

---

[13] Vgl. das biologische Kartenmaterial für das Lesenlernen. Kapitel: „Die sprachliche Bildung".
[14] M. Montessori, Erziehung für Schulkinder, S. 205.

Volksschule wichtig, weil unsere heutige Geisteswelt davon sehr bestimmt wird und die Schule zu helfen hat, die rechte Haltung des Menschen gegenüber den Ergebnissen dieser Forschungen zu wecken. Wir müssen den Materialismus des 19. Jahrhunderts auch in der Schule überwinden, wozu uns die Führer der Wissenschaft manchen Weg andeuten.

Montessori sieht auch das Studium der Geschichte, das zwar früh beginne, aber erst im Alter von 12—15 Jahren mit tieferem Verständnis geschehe, in Verbindung mit der Gesamtentwicklung der Erde. Der Mensch soll in all seinen Äußerungen und Aspekten gesehen werden, und im Kind soll das Verständnis heranreifen, wie in Natur und Kultur alles zusammenhängt und welche Stelle und Aufgabe der Mensch hat. Montessoris Anregungen stimmen mit Bestrebungen der heutigen Geschichtsmethodik in vielem überein. Was sie auch hier bei der Vermittlung der Schulkenntnisse von den Didaktikern unterscheidet ist ihr überall hervortretendes Bestreben, die Selbsttätigkeit des Kindes zu ermöglichen, damit das Interesse tief genug entstehe, um die Verantwortung für das Gelernte und Erkannte zu bewirken.

XIX

FREIHEIT UND BINDUNG
IN DER PÄDAGOGIK MONTESSORIS

Ich nenne in meinen Darlegungen oft das Wort „Freiheit". Es ist für eine pädagogische Praxis entscheidend, wie sie zur Frage der Freiheit steht, die den Menschen von allen anderen irdischen Wesen unterscheidet und ihn aus dem Naturzusammenhang heraushebt. „Die Pläne und Ideale der Pädagogik können sich wandeln, das Bestreben, dem Menschen seine edelste Gestalt zu geben, bleibt unverändert, das heißt: man versucht, ihm eine freie Existenz zu ermöglichen."[1] Es zeigt sich schon in den ersten Lebensjahren das Streben nach Unabhängigkeit — früh will das Kind allein essen, früh weist es das pflegerische Tun des Erwachsenen von sich ab. Zugleich ist es mit der Offenheit seines Geistes auf den andern Menschen und die Umgebung gerichtet. F. J. J. Buytendijk legt in seinem Aufsatz „Gelebte Freiheit und sittliche Freiheit im Bewußtsein des Kindes" dar, wie das Kind, das von vornherein Mensch ist, schon im frühen Trotz seine Abhebung von der Umwelt, sein beginnendes Gefühl des Fürsichselbstseins offenbart, ferner wie durch die einfach gelebte Freiheit sich der Vitalraum des Kindes erweitert, in welchem es durch die Wahl seiner Tätigkeit sich allmählich seine Welt schafft, wo es Werte erfährt, wo es sich beheimatet im „Akt der Annahme". Nicht bloß Trotz, so sagt er, sondern auch das Streben des Kindes nach Anpassung zeigt sich in der ersten Lebenszeit. Diese beiden Phänomene, das Streben nach dem Fürsichsein und nach Unabhängigkeit, und anderseits das Verlangen nach Anpassung, nach Annahme und Bindung, gehören früh zur Äußerung und Erwerbung der Freiheit.

In der von Montessori geschaffenen Umgebung von Kinderhaus und Schule wählt das Kind frei, bindet sich aber zugleich und findet sich in Situationen, die zur Entscheidung und zugleich zur Annahme einer Begrenzung der Freiheit auffordern. In seinem Aufsatz sagt Buytendijk, daß die durch die vorbereitete Umgebung Montessoris ermöglichte Wahl der Arbeit für die Entstehung der sittlichen Freiheit bedeutsam sei und daß

---
[1] F. J. J. Buytendijk, Gelebte Freiheit und sittliche Freiheit im Bewußtsein des Kindes, in: Vierteljahrsschrift für wissenschaftliche Pädagogik 3 (1952), S. 169.

diese nur „zu ihrer vollen Entfaltung und zu ihrer vollen Fruchtbarkeit" komme, „wenn sie durch die Wahlfreiheit hindurchgeht und eine schöpferische Bindung eingeht: was einen Akt voraussetzt, in dem das Kind sich entschließt, die Verantwortung zu tragen. Dieser Akt ist derjenige, in welchem das Ich sich erfüllt und sich darstellt als eine Persönlichkeit in ihrer menschlichen Würde."[2] Daß die Praxis Montessoris das Zustandekommen dieses Aktes möglich macht und übt, sei das erzieherisch Bedeutsame. „Nach meiner Ansicht ist es eine der wichtigsten Entdeckungen Montessoris, Situationen von einer höchst verpflichtenden Art erfunden zu haben. Durch diese pädagogische Methode hängt die Entwicklung der sittlichen Freiheit nicht mehr von den individuellen Anordnungen des Lehrers ab, sondern sie ist einer Welt anvertraut, die sich dem Kinde als eine konkrete darstellt."[3] In der Umgebung des Kinderhauses, die das Kind in seiner Ganzheit aufnehmen kann, ist Spielraum zur Bildung des kindlichen Willens. „Der bewußte Wille ist eine Fähigkeit, welche sich durch Übung und Arbeit entwickelt. Unser Ziel ist es, den Willen zu bilden, nicht ihn zu brechen. Der Wille kann gleichsam in einem Augenblick zerstört werden, seine Entwicklung aber ist ein langer Prozeß, der erfolgt durch eine beständige Aktivität in bezug auf die Umgebung. Er ist leicht zu zerstören." „Es gibt nur ein Mittel, um dieses Ziel (die Übung der Willenskraft) zu erreichen: das Kind muß sich inmitten anderer Kinder betätigen und im alltäglichen Leben eine solche Willensgymnastik treiben."[4]

Von verschiedenen Aspekten her kann, von der Praxis Montessoris ausgehend, über die Erziehung zur sittlichen Freiheit gesprochen werden[5]. Wir haben gesehen, daß Montessori großen Wert legt auf die Selbstentfaltung des Kindes und auf die Erringung der ihm gemäßen Unabhängigkeit durch die von innen her wirkende Lebenskraft und das Selbertun. Im Kinderhaus oder in einer andern günstigen Umgebung entwickelt sich allmählich echte, vom Willen her bestimmte Wahl. Diese Freiheit der Selbstentfaltung bedeutet, das Kind ist nicht gehemmt, es wird nicht schüchtern, nicht feige, es wagt, seinen Antrieben zu folgen, es wagt, es selbst zu werden. Die Fähigkeiten, die zu ihm gehören, formen sich durch das Tun seinem Selbst ein, ordnen sich ihm zu, das Kind wird Herr darüber. Es kann Hand und Fuß gebrauchen, es schaut mit seinem Auge gerade hin auf Menschen und Dinge, es geht seinen aufrechten Gang, das Kind gewinnt das Maß, die Weise seiner selbst. Es überwindet die Hemmungen, die

---

[2] Ebd. S. 180.   [3] Ebd. S. 181.
[4] M. Montessori, La mente del bambino, S. 252.
[5] Ich weise hin auf R. Guardini, Lebendiger Geist (Verlag Die Arche, Zürich). Dieser Schrift sowie anderen Werken Guardinis verdanken wir Pädagogen wesentliche Hilfe zum rechten Verständnis der Freiheit und zum Sehen ihrer verschiedenen Aspekte.

seine Entfaltung verhindern, es wird Herr über seine Launen und ungemäßen Wünsche und lernt von seinen echten Bedürfnissen her sich zu bewegen und zu handeln. Diese Freiheit der Entfaltung heißt also, dem Ruf zu gehorchen, der von innen her geschieht durch das dem einzelnen Menschenkind zugewiesene Wesen und Vermögen und durch das Gewissen, das dazu auffordert, nicht den Launen, sondern den echten Antrieben zu folgen. Wie Montessori der Verwirklichung solcher Freiheit dient, ist in den Kapiteln über die Polarisation der Aufmerksamkeit und über die freie Wahl der Arbeit gezeigt.

Nicht Entfaltung allein, sondern bejahte Begegnung mit der Wirklichkeit führt den Menschen zur Freiheit. „Die Entdeckung Montessoris" — sagt Buytendijk — „beruht auf dem vollen Vertrauen in den Wert und die Intelligibilität der Wirklichkeit. Diese Wirklichkeit appelliert an den spontanen Dynamismus des Kindes."[6] „Die gelebte Freiheit wird die gelebte Erfahrung einer Freiheit, deren Herz", nach einem tiefen Gedanken von M. Lavelle, „in einem Akt der Annahme in einem Ja, das wir zum Sein und einem Leben geben, beheimatet ist."[7] Von vornherein muß sich beim Menschen Selbstentfaltung mit der Bindung an die Wirklichkeit der Welt und der Umwelt vereinen. Nie wird der einzelne regiert von seinem isolierten Willen und Bewußtsein. Er ist in eine Umgebung hineingeboren, befindet sich stets in einer geschichtlichen Situation, er gehört einer Familie an, einem Land, einer Zeit. Seine Umgebung ist nie eine nur gewählte, sie ist von vielen Faktoren, die außerhalb seines Ichs wirken, mitbestimmt, und sie gehört zum Ganzen der Welt und des Seins. Die Dinge der Umgebung engen ein, aber sie machen auch dadurch frei, daß der Mensch Organe und Erkenntnisse gewinnt, indem er dient und Antwort gibt. Er muß die Ordnung der Dinge kennen und achten lernen, sonst widerstehen sie ihm und hindern sein Leben, statt es zu bereichern. Das Kind in der Montessori-Schule wird angeleitet und in seiner Umgebung dazu aufgefordert, jedem Ding seinen Platz zu geben, jeden Gegenstand in der rechten Weise zu gebrauchen, zu sehen, welches seine Eigenschaften sind und sie zu achten. Wenn das Kind dieses tut, so helfen die Dinge seiner Entfaltung; wenn es den Dingen dient, so nehmen die Dinge es auf, so wird es nicht mehr von ihnen gehemmt und gehindert, sondern es gewinnt neue Möglichkeiten und freien geistigen Raum. Es gewinnt selbst seinen Platz in der Ordnung des Ganzen. Die Übungen des täglichen Lebens helfen dem Kind, sich zu entfalten und zugleich sich reibungslos in den Verkehr mit den Menschen und Dingen einzufügen.

Indem das Kind die Dinge achtet und unterscheidet, erkennt es ihr Wesen. An dem Rechenmaterial erfährt es die Wahrheit mathematischer Be-

---

[6] F. J. J. Buytendijk, Gelebte Freiheit..., a. a. O., S. 181. [7] Ebd. S. 179.

ziehungen. Es lernt auch, sie überall in der Welt zu sehen und zu ahnen, und es fühlt sich freier durch solches Erkennen. Wenn das Kind die Farben und ihre Schattierungen unterscheidet, wenn es bei einer Sprachübung lernt, den Eigencharakter der Wörter und ihre Funktion zu verstehen, wenn es die Struktur eines Satzes zu durchschauen und genau eine Satzanalyse vorzunehmen vermag, so erquickt die sich ergebende Erkenntnis seinen Geist, und es fühlt sich als Mensch. Seine Dumpfheit wird durchbrochen.

Ein anderer Gesichtspunkt: Wir sahen, wie Freiheit der Arbeitswahl durch die Rücksicht auf die anderen Kinder begrenzt ist. „Die Freiheit des Kindes hat als Grenze das Interesse der Gemeinschaft, als Form das, was wir gewöhnlich gute Erziehung nennen."[8] Der Mensch muß überall mit anderen leben. Wenn er dies nicht lernt, nicht dazu kommt, am Wesen des andern Freude zu finden, so wird er sich selbst gehemmt fühlen. Nichts kann die Freiheit eines Menschen so einengen, als wenn er es nicht versteht, mit seinen Mitmenschen zu leben. Sagt er aber ja zu dem Zusammenleben, lernt er Selbstüberwindung, Rücksichtnahme und Interesse für den Mitmenschen, hört er auf ihn, so wird sein Lebensraum reich und weit durch die Liebe von Mensch zu Mensch. Den engen Raum eines Zuhause, auch den begrenzten Raum einer Schulklasse, kann das gute Zusammenleben miteinander, die rechte Liebe, weit und bedeutsam machen. Die Montessori-Schule verhindert unedle Abhängigkeit vom Lehrer und Ehrgeiz durch hoffärtiges Strebertum; sie ermöglicht ein Hören aufeinander und ein Fürsichseinkönnen des einzelnen innerhalb der Gemeinschaft. „Das Kind ist in der Montessori-Schule nicht isoliert. Es befindet sich in einer kleinen wirklich menschlichen Gesellschaft. Die ideale Wirklichkeit dieser Gesellschaft ist die Einheit und der Zusammenhang, die Ehrfurcht und die Liebe. Die Pädagogen sind überall davon beeindruckt, daß sie feststellen, wie die Kinder, die nicht eingeteilt und eingefangen sind, ihre Freiheit der Willkür und der Macht unter der Wirkung der objektiven Macht der sozialen Beziehungen mäßigen. Sie stellen durch den Ernst ihrer solidarischen Arbeiten und durch ihre gegenseitige Hilfe und auch durch die Freude an ihren Spielen das „Wir" dar als eine Wirklichkeit, innerhalb welcher jeder sich dem anderen gegenüber verantwortlich findet. So ergibt sich durch die Erfahrung der sozialen Beziehungen diejenige einer wirklich gelebten sittlichen Freiheit."[9]

Es wäre noch darüber zu sprechen, daß, wenn das Kind durch die Realisierung seiner selbst, durch Erkenntnis, durch Bejahung der Ordnung und durch die Liebe zum andern Menschen in seinem Wesen erwacht, dieses

---

[8] M. Montessori, Selbsttätige Erziehung, S. 81.
[9] F. J. J. Buytendijk, Gelebte Freiheit..., a. a. O., S. 182.

alles erst zu seiner Erfüllung kommt in der Liebe zu Gott. Ohne daß die Atmosphäre des Kinderhauses oder der Schulklasse und aller Unterricht letztlich religiös gegründet sind und dadurch ihre Tiefe erreichen, wird die Gewinnung echter Freiheit nicht gelingen, weil Gott der Schöpfer und Sinn und Ziel aller Dinge ist. Doch wird darüber in dem Kapital über religiöse Erziehung gesprochen. Es sollte hier aufgezeigt werden, wie die Erziehung zur Freiheit in alles hineinreicht und alles erst menschlich macht. Wie Montessori das Problem der Erziehung zur Freiheit löst, unterscheidet sie von allem Naturalismus, aber auch von einer christlichen Sorge um den Menschen, die es nicht wagt, dem Kind trotz seiner Gefährdung zu vertrauen und daran zu glauben, daß der Mensch über die Gewinnung seines Heils, sosehr er dazu Hilfe, vor allem der Hilfe Gottes, bedarf, selbst entscheiden muß. Die Erziehung muß heute mehr als je helfen, daß der einzelne die Kraft und den Willen gewinnt, über sein Tun letztlich zu entscheiden. Wahl der Tätigkeit ist dabei oft nicht möglich und nicht das allein Wichtige. Es handelt sich um das Ja der Annahme des Zugewiesenen und um das Nein der Ablehnung, wenn das Gewissen es verlangt. Die Bereitschaft zur Freiheit ist aber die zum Reichtum des Lebens. Der einzelne kann sich ihr versagen, er kann sich treiben lassen, statt sein Leben und das anderer aufzubauen. Freiheit ist nicht bequem. Nur wenn schon das Kind das Maß der Unabhängigkeit, zu dem es in jeder Phase fähig ist, gewinnen kann, wird es die Substanz und Würde gewinnen, die nötig sind, dem Weg der inneren Unabhängigkeit treu zu bleiben. Freiheit heißt, einfach gesagt, man tut, was man will. Montessori ist oft dahin verstanden worden, die Kinder könnten in ihrer Schule tun, wozu ihr ungeordnetes Wollen sie treibt. Immer aber betont Montessori, daß es sich um die Freiheit des zu seinem eigentlichen Wesen befreiten Willens eines „normalisierten" Kindes handelt. Dieser eigentliche Wille des Menschen erstrebt das Gute, und sein Wesen ist die Liebe. Soweit dieser Wille wählt und unterscheidet, tut er das Rechte. Sein Ziel ist die Liebe, und soweit er liebt, kann er tun, was er will. Viele Irrwege werden im Namen der Freiheit gegangen, um so mehr lohnt sich die Mühe, zu untersuchen, ob nicht Montessori der Pädagogik einen guten Weg zur Realisierung menschlicher Freiheit zeigt.

XX

ERZIEHUNG ZUR MITMENSCHLICHKEIT

Es ist heute notwendig, in jeder menschlichen Beziehung von der Grundeinstellung zum anderen als Mitmenschen auszugehen. Viele Ordnungen zerfallen, um so tragender muß das Fundament der einfachen Mitmenschlichkeit, christlich gesprochen, der Nächstenliebe, werden. So muß uns auch das Kind zuerst der Mitmensch sein. Fast wie durch Zauber geschieht im geschädigten Kind aus „asozialen Verhältnissen" eine Wandlung, wenn der Erzieher es als seinen Nächsten, als seinen Mitmenschen, ernst nimmt und anredet. Das Kind richtet sich in seinem Wesen auf, es gewinnt von seiner Grundexistenz her Raum zum Atmen. Wenn diese Grundlage einer mitmenschlichen Beziehung zwischen Erzieher und Kind geschaffen ist, so findet sekundär die Autorität dieses Erziehers, seine Führung und sein Schutz die vom Kind angenommene gute Verwirklichung. Auch Pestalozzi betonte in seiner Haltung zum Kind die Mitmenschlichkeit, daher suchte er immer wieder die armen Kinder und liebte an ihnen die einfache Menschlichkeit und die überzeugender als bei den „Reichen" sich zeigenden ursprünglichen menschlichen Möglichkeiten; doch war diese Liebe bei ihm fast aufgehoben in seiner Väterlichkeit oder in seinen Schriften im Bild der Mutter. Auch Fröbel sieht die rechte liebende Haltung zum Kind fast ausschließlich in der Mutter dargestellt.

Maria Montessori wendet sich in ihren Schriften oft an die Mutter, und in der Sorge der Mutter sieht sie bei allen höheren Lebewesen das Prinzip des Lebensaufbaus durch Liebe verwirklicht, das sie dem Prinzip des Kampfes und des Sichdurchsetzens des Stärkeren entgegensetzt [1]. Sie sieht aber das Kind in der menschlichen Gesellschaft und auch in seiner häuslichen Umgebung heute so gefährdet, daß sie von ihm als einem „vergessenen Bürger" redet, dessen Rechte man beachten muß. Es genügt nicht mehr, die Sorge der Mutter aufzurufen, dieser Mutter, die oft in der Berufsarbeit steht und die Arbeit zu Hause hastig erledigt und die in der großstädtischen Zivilisation das natürliche Verstehen des Kindes weithin verloren hat. Die menschliche Verhaltensweise und die Zivilisation sind so kindfremd geworden, daß man dem Kind nur helfen kann, wenn die Hal-

---
[1] M. Montessori, La mente del bambino, S. 32 f.

tung des Erziehers, der Mutter, der „Tante", wie die Erzieherin im Kindergarten vielfach genannt wird, sich von der Grundhaltung her, die ein Mensch zum andern haben muß, ganz gleich welchen Standes und welchen Alters dieser ist, erneuert. Das Sekundäre genügt nicht, es hat sich vom Primären abgelöst und ist unzuverlässig geworden. Von der Gründung in die Mitmenschlichkeit und von der Nächstenliebe aus erneuern sich aber ohne verfälschende Sentimentalität die Haltungen als Vater, Mutter, Erzieherin, Lehrer, Seelsorger.

Wenn der Erzieher oder die Erzieherin die Achtung vor dem Kind als Mitmenschen haben, so entsteht die Atmosphäre, in welcher das Kind sich aufgenommen fühlt und befreit zu seiner Eigenbewegung, beschützt, aber nicht beherrscht. Wo der Erzieher als Vater, Mutter, Lehrer dem Kind Sicherheit und Führung gibt, aber im Grunde auch einfach der Nächste bleibt, der das Kind liebt wie sich selbst, da wird die Erziehung des Kindes selbst zur Mitmenschlichkeit gelingen. Wir sprechen viel von sozialer Erziehung und übersehen dabei die Schwierigkeit, daß die Auflösung organischer Gemeinschaft heute auch in das Leben der Kinder hineinwirkt und wir uns hier fragen müssen, wo der Ansatz zum Neubau der Gemeinschaft sich zeigt.

Schon in den Kindergarten kommen heute die kleinen Kinder selten als schon nachbarlich miteinander Verbundene, als ein „Reigen der Kinder", wie Sergius Hessen es einmal ausdrückt, ein Reigen, der sich im Spiel des Kindergartens fortsetzen und vollenden könnte. Die Kinder kennen sich meistens nicht. Sie kommen aus den abschließenden Etagen der Großstadthäuser. Das einfache Zueinanderfinden ist für die kleinen Kinder in der Stadt meistens unmöglich. Auch die Schulkinder kommen zumeist als unverbundene einzelne in die Schulklasse, oder sie haben sich auf der Straße als eine Art Bande zusammengefunden. Ein organischer Umgang miteinander, der in einem nachbarlichen, von dem Erwachsenen behüteten Bereich erfolgt, ist selten geworden. Der Erzieher muß dies wissen, er würde sich sonst Illusionen von Gemeinschaftserziehung hingeben. Sowohl die Kindergartengruppe wie auch die Schulklasse kann erst allmählich zu einer Gemeinschaft werden. Zuerst sind die einzelnen da, und die Menge, die bedroht ist von einem Absinken in ein Verhalten, das durch Anonymität des einzelnen entartet, und es besteht die Gefahr, daß auch in Kindergarten und Schule die Menge vorherrscht und keine auf Würde des einzelnen begründete Gemeinschaft entsteht.

Die Kinder im Kindergarten sind noch nicht reif dazu, sich bewußt in die Gemeinschaft einzufügen. Sie sind, wie Montessori es einmal nennt, „in einer Art Kohäsion" beieinander da [2], das einzelne Kind freut sich,

---
[2] Ebd. S. 231 ff. (Societa per Coesione).

unter den andern Kindern zu sein, auch wenn es für sich allein tätig ist und ein geregeltes Miteinanderspielen und Arbeiten sich noch nicht ergibt. Gehalten von dem zunächst äußerlichen Beieinandersein, kommt das Kind des Kinderhauses zu einer Anerkennung des anderen Kindes, zu einer Rücksichtnahme auf dieses und zu einer Verbundenheit mit ihm, sobald sich das Leben im Kinderhaus beruhigt und geordnet hat. Die Kinderhausleiterin wird wissen, daß sie die Schar, die zu ihr ins Haus kommt, im Anfang durch zunächst mehr äußerlich verbindende Hilfsmittel beruhigen muß. Sie singt mit ihnen, sie erzählt, man spielt miteinander. Es ergeben sich dann die „Übungen des praktischen Lebens", welche die Kinder von zu Hause schon kennen [3]. Diese Übungen, das wurde gesagt, helfen ihrer Natur nach zur Einfügung in die Gemeinschaft. Sie wiederholen sich im täglichen Miteinander, wo immer Menschen beisammen sind, menschliche Urbewegungen sind in ihnen enthalten. Wenn das Kind den Besen in die Hand nimmt, wenn es etwas putzt oder abstaubt, wenn es den Tisch deckt, so kommt es mit den andern Kindern in Verbindung, auch wenn es diese kleinen Arbeiten zunächst nicht um der andern willen tut, sondern aus Freude an der eigenen Tätigkeit. Es wurde darauf aufmerksam gemacht, daß Maria Montessori verschiedene Stufen der Reife des Kindes bei diesen Tätigkeiten unterscheidet [4]. Ohne daß die Erzieherin moralische Ermahnungen gibt, führen diese Übungen des täglichen Lebens das Kind in die Verwirklichung mitmenschlicher Beziehungen hinein.

Nachdem die Kinder durch solche Übungen einen Anfang des geordneten Lebens miteinander gemacht haben, bekommt das „Montessori-Material" im engeren Sinn seine Bedeutung. Das Kind findet zu diesen Materialien hin, es konzentriert sich auf eine Arbeit, es kommt dadurch zu sich selbst, und nun geschieht ein weiterer Schritt auch in die Gemeinschaft hinein. Das durch die Polarisation seiner Aufmerksamkeit in sich selbst tiefer beruhigte Kind wird sehend für den Mitmenschen, sein menschliches Auge wendet sich diesem zu, es ist bereit, die Arbeit des anderen Kindes zu achten, ihm zu helfen, auf es Rücksicht zu nehmen.

Die Art der freien Arbeit der Kinder im Kinderhaus und in der Schule führt aus sich zu guter mitmenschlicher Beziehung, die sich, wie schon in andern Kapiteln gesagt, in mancherlei Weise zwanglos verwirklicht. Man hat oft nicht verstanden, daß Montessori in unserer Zeit, welche so vordringlich eine soziale Erziehung fordert, die individuelle Arbeit betont. Montessori aber ist davon überzeugt, daß eine Erziehung zur Achtung des andern Menschen und zur Fähigkeit, mit diesem als dem Nächsten zusam-

---

[3] Vgl. Kapitel: „Die Übungen des praktischen Lebens".
[4] Ebd. S. 3 und Pédagogie scientifique, S. 77 f.

menzuleben und in Arbeitsverbindung zu kommen, durch Bildung der einzelnen Persönlichkeit und durch die verbindende erkannte Wahrheit, tiefer noch durch den Glauben geschieht. Ihrer Schrift „Das Kind in der Kirche" stellt sie den Satz voran: „Man erlangt die vollkommene Gesellschaft nicht, indem man die Menschen untereinander verbindet, sondern indem man jeden Menschen mit Christus verbindet."[5]

Buytendijk weist in seiner Schrift „Erziehung zur Demut" darauf hin, daß man zu einer mitmenschlichen Haltung nicht direkt erziehen kann, etwa durch die Möglichkeit, die Kinder einander helfen zu lassen. Das Helfen, sagt er, das von manchen neueren Pädagogen betont und in Gegensatz zu dem ehrgeizigen Streben der einzelnen in der alten Schule gesetzt wird, kann aus verschiedenen Motiven erfolgen[6]. Es geschieht nicht immer aus Selbstlosigkeit oder aus gemeinsamem Interesse an der Sache. Die soziale Erziehung muß tiefer ansetzen. „Und so kann ich mir denken", sagt Buytendijk, „daß eine streng individualistische Erziehung, eine innerliche, starke Liebe zu Gott und seiner Welt, deren Folge Nächstenliebe und wahrhaftige Hilfsbereitschaft wachsen lassen, daß dagegen die ‚social Education' nur eine scheinbare Hilfsbereitschaft und eine Lieblosigkeit Gott und dem Nächsten gegenüber erzeugen könnte."[7] Wir wissen aus der Geistesgeschichte der Völker, wie wahr dieses ist. Der Mensch, der sich um einer großen Sache willen in die Einsamkeit zurückzieht, ist nicht egoistisch oder gemeinschaftsfremd. Von den großen Einzelnen, die sich an eine erwählte Sache hingeben, bildet sich neue Gemeinschaft. Bloßes Helfenwollen kann Geschäftigkeit, Geltungsbedürfnis oder Flucht vor anderer Pflicht sein.

Professor Attisani wies beim Internationalen Montessori-Kongreß in Rom 1957 darauf hin, daß die „neue Pädagogik" dahin neige, Pflege des Gemeinschaftslebens mit moralischer Erziehung zu identifizieren. Montessori habe aber das Verdienst, sich von dieser Gefahr frei zu halten und richtig zu unterscheiden. „In der neuen Erziehung ist zur Zeit", so sagte er, „eine starke Tendenz, die soziale Neigung (l'appetitus societatis), die dem Menschen und daher dem Kind eigen ist, mit dem moralischen Empfinden zu verwechseln und die Annahme und Achtung der Gesetze einfachen Zusammenlebens mit dem Gefühl der Achtung für die Forderungen des Gewissens: Nur eine voreilige Betrachtung kann zu der Meinung führen, daß die sozialen Gesetze und die moralischen Gesetze zusammenfallen, falls die ersteren spontan formuliert und von denen angenommen sind, welche sich ihnen unterwerfen müssen. Und deshalb meint man, daß die Förderung des sozialen Lebens der Jugendlichen zusammenfalle mit der Notwendigkeit, das moralische Leben zu fördern.

---

[5] M. Montessori, L'éducation religieuse (Desclée de Brouwer, 1954), S. 17.
[6] F. J. J. Buytendijk, Erziehung zur Demut, S. 31.   [7] Ebd. S. 32.

Sich vor dieser Gleichsetzung gehütet zu haben ist das Verdienst Montessoris, die klar gesehen hat, daß, wenn auch zweifellos das soziale Leben zur moralischen Bildung beitrage oder besser hinführe, dies doch nicht sei, weil es schon notwendigerweise von der Moral herrühre, sondern weil mit der Ordnung, die es mit sich bringe und an die es gewöhne, die Voraussetzungen und die Bedingungen da seien für das Erwachen des moralischen Gewissens."[8]

Die größeren Kinder, die Acht- oder Zehnjährigen, arbeiten, wie anderswo schon gesagt, gern in Gruppen an gemeinsamen Aufgaben. Montessori erkennt dies und gibt ihm Raum. Nur soll es sich um organisch entstandene Gruppenarbeit handeln, nicht um künstliche Veranstaltung derselben. Immer bleibt die Einzelarbeit vor und neben der Gruppenarbeit notwendig und behält ihre Bedeutung. Einzelarbeit und Gruppenarbeit haben Verbindung zueinander, indem das Kind, das sich in eine Sache vertieft hat, anderen von dieser berichtet und mit ihnen nun in der Sache weitergeht, oder die anderen Kinder für dieselbe Sache entzündet. Die größeren Kinder haben Sinn für das Werk, während das kleine Kind tätig ist um der Tätigkeit willen. Nicht bloß im Garten und in der Werkstatt, auch in den einzelnen Fächern der Schule, z. B. in den naturwissenschaftlichen, bieten sich bei Erfüllung einer Aufgabe, Durchführung eines Experiments, Ausarbeitung und Vorbereitung einer Exkursion Anlässe zur Gruppenarbeit. Einer findet eine Aufgabe, und er sucht Mitarbeiter.

Wesentlich für die Erziehung zur Mitmenschlichkeit und Gemeinschaft ist die Auflockerung, ja die grundsätzliche Aufhebung des Klassenunterrichts bei Montessori. Wohl gibt es bei ihr auch den gemeinschaftlichen Unterricht, wenn es der Gegenstand oder die Gelegenheit erfordern. Aber es gibt nicht die Forderung, die Klasse als eine Vielheit von gleichen solle gleichmäßig im Wissen und Können unterrichtet werden und vorankommen. Es gibt nicht die Täuschung, eine so aufgefaßte Klasse könne zur Gemeinschaft werden, obwohl man alle mit gleichem Maß mißt und ehrgeizigen Wetteifer als Tugend auffaßt, ritterliches Helfen und Anerkennung von Verschiedenheit aber keinen Raum hat [9]. Gemeinschaft entsteht nur da, wo Verschiedenheit der einzelnen in ein übergeordnetes Ganzes aufgenommen ist, das geradezu diese Verschiedenheit voraussetzt und von ihr reiches Leben hat.

Die Erziehung zur Mitmenschlichkeit tritt in eine neue Phase in den Jahren der Pubertät. In dieser Zeit reift das Kind leiblich und seelisch zum Menschen heran. Der jüngere Schüler interessiert sich für Physik, für

---

[8] Prof. A. Attisani, Maria Montessori e l'educazione nuova (Montessori-Kongreß, Rom 1957).

[9] Vgl. auch Kapitel: „Erziehung zum Guten", die Auffassung der Gerechtigkeit, S. 158.

äußere Tatsachen der Geschichte, der Jugendliche wendet sein Interesse vor allem dem Menschen zu. Montessori möchte, daß in den Jahren der Pubertät Gelegenheit gegeben wird zum Miteinanderarbeiten in einer Weise, daß dadurch ein Hineinwachsen in die Grundlagen der menschlichen Gesellschaft geschieht. Die Jugendlichen, etwa von 12 bis 15 Jahren, die eine starke leib-seelische Entwicklung durchmachen, dürfen nicht einseitig intellektuell in Anspruch genommen werden, wie es in den höheren Schulen geschieht; sie sollten auf dem Land arbeiten, in einer Art Landerziehungsheim oder einer Stadtrandschule miteinander leben, wo sie sich körperlich betätigen und die Arbeiten kennenlernen, welche die Gesellschaft begründen, den Landbau und die damit verbundenen wirtschaftlichen Beziehungen [10]. Diese Jugendlichen sollen in der schulischen Arbeit auf die Geschichte des Menschen hingelenkt werden und auf dessen Aufgaben im Kosmos. Der Jugendliche will tiefer zu sich selbst kommen, sein inneres Leben erwacht zusammen mit den Vorgängen, die sein körperliches Dasein verändern. Neues Verstehen des andern und Verlangen nach Verständnis erwacht aus Einsamkeit und innerer Wandlung. Bewußter und verantwortungsbereiter will der Jugendliche sich in die Gemeinschaft einfügen. Montessori wirft den weiterführenden Klassen oder Schulen vor, daß sie sich um diese bedeutungsvolle Phase nicht kümmern. Erst nach den Jahren der Pubertät sei wieder eine strengere intellektuelle Arbeit ohne Schaden zur Vorbereitung auf die Universität möglich [11]. Wird der junge Mensch erwachsen, so sollte er unabhängig sein. Montessori, die das frühe Streben des Kindes nach Unabhängigkeit erkannt und beachtet hat, hält die lange wirtschaftliche Abhängigkeit des jungen Menschen heute für unwürdig. Man sollte die aus Not entstandene Form des Werkstudententums, so meint sie, auch in Rücksicht auf das Studium tragbar ausgestalten, damit der „Student" in die menschliche Gesellschaft rechtzeitig und organisch hineinwächst. Es sollte, so wünscht sie, die Ausbildung so sein, daß eine Beweglichkeit entsteht, die bereit zu irgendwelcher Arbeit macht und für eine unsichere Zukunft wappnet. Der Unterschied von „Kopf-" und „Geistesarbeiter" darf nicht so sein, daß keiner den Mitmenschen anderen Standes versteht und zu dessen Arbeit keine innere Beziehung hat [12].

---

[10] M. Montessori, De l'enfant à l'adolescent, Kapitel: „L'enfant a la terre", S. 105 ff.
[11] Vgl. ebd. S. 128 ff.   [12] Ebd. S. 149 ff.

XXI

ERZIEHUNG ZUM GUTEN

Alle Erziehung, ob sie sich nun um Hilfe zum Leben, um Bildung zum nützlichen Glied der Gesellschaft, um Entfaltung aller Kräfte, und wie die Ziele heißen mögen, bemüht, ist nichts, wenn nicht die Grundrichtung dieser Erziehung auf das Gute hinzielt. Das Leben des Menschen geht ins Leere, wenn er sich nicht ständig zum Guten entscheidet. Der Mensch mag aufwachsen und sich anscheinend gesund entwickeln und seine Arbeit tun, ist aber in seinem Leben nicht der Wille wirksam, mit dem er sich auf das Gute hinwendet, so ist alles nur Schein, nur Blüte ohne Frucht oder Frucht ohne Süße. Es ist wie ein Nichts. Das Gute soll in allem sein, was zum Leben des Menschen gehört. Im Guten gelangt er zur Existenz. Welche Arbeit er auch zu tun hat, wo er auch lebt, welchem Stand er angehört, welcher Altersstufe, welchem Geschlecht und welcher Menschenrasse, immer geht es darum, daß der Mensch sich in seinem Tun an das Gute bindet. Die Entscheidung zum Guten ist des Menschen Krone und Glück.

Auch bei der Pädagogik Montessoris ist zu fragen, ob sie der Hinführung des Kindes zum Guten dient. Das Gute ist das jeweils Richtige, das mit der Wahrheit Übereinstimmende, das vom Menschen in der gegebenen Situation frei verwirklicht wird. Der Anwalt des Guten im Menschen ist das Gewissen, die geheimnisvolle Stimme aus dem Innersten, die der Natur des Menschen mitgegeben ist, wo er sich in seinem Wesen zusammenfaßt und wo Gott ihn anruft. Die Stimme aus dem Gewissen entscheidet, was jeweils zu tun ist. Sie ist die höchste Instanz für jeden, soweit er überhaupt gesunder Mensch ist. Gebote können Stütze dieses Gewissens sein, zur Entscheidung helfen, aber das Gewissen bleibt die letzte Instanz, weil der Mensch auf Freiheit gestellt ist. Was er an Erkenntnis gewinnt, reift im Gewissen zur Lenkung seines konkreten Tuns. Er kann inmitten des sich wandelnden geschichtlichen komplexeren Daseins nicht mit seinem Verstand allein entscheiden, das Gute trifft er nur vom Gewissen aus, von der Stelle her, von wo er als Beteiligter sein Dasein tätig besteht.

Diese wenigen Sätze seien über das Wesen des Guten gesagt als Einleitung zu der Antwort auf die Frage, wie die Pädagogik Montessoris zur Hinführung des Kindes zum Guten steht.

Man hat Maria Montessori oft mißverstanden in ihrem entschiedenen Willen, sich für die Freiheit des Kindes einzusetzen, aber sie tritt einer Verfälschung der Erziehung in und zur Freiheit entschieden entgegen. In den Schlußkapiteln ihres letzten Buches „La mente del bambino", in welchem sie der Erzieherin praktische Anleitung gibt, bei der Gründung eines Kinderhauses recht vorzugehen, tritt deutlich hervor, daß Montessori Freiheit des Tuns dem Kind nur soweit ermöglichen will, als sein eigentliches Wesen zur Wirkung gelangen kann. Kommt das Kind in das Kinderhaus, so zeigen sich schon Abwegigkeiten in seinem Benehmen, die verschiedene Gründe haben können. Manches Kind hat einen Defensivcharakter angenommen, es wurde unterdrückt, es konnte seinen gesunden Tendenzen in der häuslichen Umgebung nicht folgen, es fand keine Nahrung für seinen Geist, wurde, wie Montessori es ausdrückt, ausgehungert. Es fand keine Möglichkeiten für zielhaftes Tun, für die Koordination von Geist und Bewegung. Man unterbrach seine Tätigkeiten, man erlaubte sie ihm nicht, es flüchtete in die Unwirklichkeit, in eine irregeleitete Phantasie. Ungeordnete Bewegungen, Mangel an Kontakt mit der Wirklichkeit oder übersteigerte Nachahmungssucht kennzeichnen oft das Kind schon, wenn es mit drei Jahren in das Kinderhaus kommt. Wie eine Maske hat sich über die ursprüngliche menschliche Natur die Defensivnatur gelegt, die nicht zum Guten strebt [1]. Die wichtige Aufgabe der Kindergärtnerin ist es nun, die echte Aktivität des Kindes von einer falschen, ungeordneten zu unterscheiden und zu helfen, daß sein gutes Selbst in Bewegung kommt. „Man darf nicht fürchten, das Ungute zu zerstören, wir müssen nur fürchten, das Gute zu zerstören."[2] „Die Erzieherin muß den kleinen Geschöpfen helfen, die daran sind, sich in den Abgrund zu stürzen. Sie muß sie rufen, was noch schläft durch ihre Stimme und durch ihre Überlegung aufwecken"[3]. „Wenn die Erzieherin nicht die bloßen Impulse von der spontanen Energie, die einem ruhigen Geist entspringt, unterscheiden kann, so wird ihr Vorhaben unfruchtbar bleiben. Die Basis der Aufgabe der Kindergärtnerin beruht, wenn sie Erfolg haben will, in der Fähigkeit, zwischen den beiden Aktivitäten zu unterscheiden, beide scheinen spontan zu sein, denn in beiden Fällen handelt das Kind aus eigenem Willen — aber in ihrem Wert widersprechen sie sich. Erst wenn sie diese Fähigkeit zu unterscheiden erlangt hat, wird die Kindergärtnerin beobachten und führen können ... Diese Fähigkeit, das Gute vom Bösen zu unterscheiden, ist wie eine Lampe, die wir in der Hand halten müssen, um uns auf dem dunklen Weg der Ordnung zu leuchten, welcher zur Vollkommenheit führt."[4] Montessori schildert, wie das Kind durch Ungeordnetheit hindurch zur Ordnung und zur Normalisation kommt, wenn ihm eine gute Umgebung, die

---

[1] M. Montessori, La mente del bambino, S. 262. [2] Ebd. S. 266. [3] Ebd. [4] Ebd. S. 263.

rechten Bildungsmittel und die Erzieherin helfen. Montessori führt die Ungeordnetheit des kleinen Kindes, seine Fehler, auf seine Labilität, auf die Schuld der Erwachsenen und auf die Ungunst der Umgebung zurück, in der das Kind heranwuchs. „Das normalisierte Kind achtet sehr darauf, nichts Schlechtes zu tun."[5]

Die Möglichkeit eigentlicher Gewissensentscheidung sieht sie beim Kind heranreifen, wenn es sieben Jahre alt wird. Schon vorher ist in ihm ein Unterscheidungsvermögen für Gut und Böse wirksam, das die Erzieherin nicht übergehen darf, auch wenn sie dem Kind noch keine eigentliche Schuld zuschreibt. Aber es ist noch nicht in sich gefestigt, es ist abhängig von seiner Umwelt, leicht gestört in seinem Verhalten, das es erst aufbaut; sein Gewissen muß sich bilden, seine Entscheidungsfähigkeit sich üben, aber die Mündigkeit ist noch nicht da. Man hat Maria Montessori gefragt, ob im Kind nicht die Erbsünde wirke. Sie hat diese nie verleugnet, aber sie hat sie nicht gern mit dem kleinen Kind in Verbindung gebracht. Vielleicht läßt ihr berechtigter Kampf gegen falsche moralische Beurteilung des Kindes und die Selbstsicherheit und den Hochmut des Erwachsenen und ihre Erfahrungen mit dem sich ihr offenbarenden Wesen des Kindes sie in ihren Schriften das Geheimnis des auch im Kinde wirkenden Bösen nicht genug berücksichtigen. In ihrer Praxis verkennt sie aber die Gefährdung des Kindes und die Forderung der Selbstüberwindung nicht. Oft hielt man ihre Pädagogik für zu streng, weil sie der Willkür klare Grenzen setzt.

Die Erziehung soll dem Kind helfen, zur „Normalisation" zu kommen. In dieser Gesundung des Lebens, mit der hauptsächlich seelische Gesundheit gemeint ist, und dieser Überwindung der Abwegigkeiten sieht Montessori die beste Voraussetzung für die Verwirklichung des Guten, das ja ein Gehaltensein in der Mitte, seelisches Gleichgewicht und das zu seiner Wirkung gelangende Gewissen voraussetzt. „Der Mensch hat von Natur keinen sicheren Instinkt, er kann nur mit Hilfe des Verstandes und der Sensibilität des Gewissens dem Guten und Schlechten gegenüber sein Leben verteidigen und seine Gefahren erkennen. Und wenn sein Verstand, der die Welt geradezu verwandeln kann, ihn dem Tier gegenüber so unendlich höher stellt, zu welcher Höhe könnte er sich erst erheben, wenn er sein moralisches Gewissen entwickelte ... Aber wenn dem Menschen die Sensibilität des Gewissens fehlt, dann steht er tiefer als die Tiere ... Die Menschen ohne Gewissen sind wie Tiere ohne Erhaltungstrieb: Wahnsinnige, die ins Verderben rennen."[6] Das Gewissen ist der Freiheit verbunden. Man kann es nicht direkt beeinflussen: „Wenn Sie

---

[5] 28. Vortrag, London 1946.
[6] M. Montessori, Erziehung für Schulkinder, S. 319/20.

mich fragen, wie ich zur Entwicklung des Charakters helfen kann, so antworte ich nur, daß sich Charakter nicht entwickeln kann."[7] Die Sorge für die Gesundung des Menschen, für die Normalisation ist jedoch die gute Voraussetzung für den sittlichen Charakter. Im Kinderhaus und in der Schule ergeben sich die Situationen, in denen das Kind zur Entscheidung aufgefordert wird, das Gute zu tun. Was Montessori „Normalisierung" nennt, ist dem Gutsein nahe, doch nicht ihm gleichzusetzen. „Laßt uns annehmen, daß eine Erziehungsmethode die Notwendigkeit erkennt, vom ersten Anfang an diese Normalisation zu sichern und danach diesen Zustand der normalen Funktion zu erhalten. Dann muß solch eine Methode auf einer Art psychischen Hygiene basiert sein, die dem Menschen hilft, in guter geistiger Gesundheit aufzuwachsen. Dies berührt die philosophische Betrachtung über die gute oder die schlechte Natur des Menschen nicht, ebensowenig wie den erhabenen abstrakten Begriff von dem, was der ‚normale Mensch' eigentlich ist. Es ist ein praktisches Faktum, das zu einem allgemeinen Faktum gemacht werden kann."[8] Man erinnert sich hier, daß Thomas von Aquin vom normalen Menschen sagt, er erstrebe seiner Natur nach das Gute.

Es wurde an anderer Stelle dargelegt, wie durch die Übungen des praktischen Lebens und dann durch die Übungen mit dem „Montessori-Material" sich das Kind beruhigt, Abwegigkeiten überwindet und beginnt, seine Richtung auf die Wirklichkeit hin zu nehmen und sich an sie zu binden. Die Erziehung in der Zeit der Kindheit ist dazu da, dem Kind die gesunde Grundlage seines psychischen Wachstums zu sichern. „So entsteht die friedsame, fröhliche Haltung des Kindes, das in einer günstigen Umgebung seine Tätigkeit und die dazu notwendigen Dinge wählt."[9] Es hat keinen Sinn, so legt Montessori dar, auf einzelne Fehler und Abwegigkeiten des Kindes die erzieherische Hilfe zu richten. Die Abweichungen können vielfacher Natur sein, und bei jedem Kind zeigen sie sich anders. Die Erzieherin soll ihren Blick auf das Einfache und Gesunde gerichtet halten und dem Kind zum guten Tun verhelfen. „Sie muß immer hinzielen auf etwas Einfaches und Zentrales. Es ist wie die Angel, auf der sich eine Tür dreht . . . Die Aufgabe der Kindergärtnerin zielt immer auf etwas Beständiges und Genaues."[10] Man muß dafür sorgen, daß das Kind nicht getrennt wird „von den inneren Quellen seiner schöpferischen Kräfte. Das kleine Kind ist noch wie umfangen von diesen Kräften, und die Dinge, an denen es seine Kräfte betätigt, sind fast ein Teil von ihm, sind nicht „äußere". Da ihm sein Abstand vom Gegenstand seines Tuns noch nicht sehr zum Bewußtsein kommt, so unterscheidet Montessori zwischen dem Zustand des normalisierten Kindes und dem des sittlich guten. „Ordnung

---

[7] Londoner Vorträge 1946.   [8] M. Montessori, Het onbegrepen kind, S. 48.
[9] Ebd.   [10] M. Montessori, La mente del bambino, S. 272.

ist nicht Gutsein, sie ist vielleicht wohl der unentbehrliche Weg, es zu erreichen."[12] Die Kraft des Guten wirkt in der vorbereiteten Umgebung, die das Kind zum Ja des Gehorsams aufruft. In Kinderhaus und Schule soll eine Atmosphäre sein, in der das Gute gedeiht. In der Art, wie das sich ordnende kleinere Kind sich bei seinen Übungen und Arbeiten verhält, sieht Montessori die ersten Anzeichen eines feinen moralischen Verhaltens. „Es ist jetzt die Periode da, in welcher die zarte Moral des Kindes, die es im Laufe seiner Erfahrung erwirbt, sich darin zeigt, daß es sowohl Hilfe wie auch Bewunderung abweist."[13] Ebenso ist die im Kinderhaus sich bildende Gemeinschaft der Anfang eines guten Lebens mit dem Mitmenschen.

Die freie Wahl der Arbeit zielt auf das Ja des Gehorsams hin. Montessori betont, daß Gehorsam vom Hören kommt und mit Gezwungenwerden nichts zu tun hat. Das kleine Kind kann zunächst noch nicht gehorchen. Der Gehorsam ist eine Stufe höherer Ordnung, die durch das Leben im Kinderhaus erreicht werden soll. Gehorsam und Freiheit gehören zusammen. Der Gehorsam „kann betrachtet werden als eine höhere Form des individuellen Willens"[14].

Ist das Kind zur Geordnetheit gelangt, so kann es gehorchen, ja seine Seele erwacht zu einem Gehorsam gegenüber der Erzieherin, der diese sich ihrer Verantwortung neu bewußt werden läßt. Das durch Bindung aus eigener Initiative frei gewordene Kind offenbart den Gehorsam, der mit Recht als die Grundtugend des Kindes bezeichnet wird, dessen Wesen so offen und aufnahmebereit und gläubig ist. Der kleine Guy de Fontgalland, über dessen heiligmäßiges Lebens manches geschrieben worden ist, sagte einmal: „Das hübscheste Wort, das man dem lieben Gott sagen kann, ist das ‚Ja'."[15]

Das Alter von sieben bis neun Jahren ist entscheidend für die Gewissensbildung. „Wenn die Zeit, dafür bestimmt, die erste Skizze des Menschen zu machen, vorbei ist, beginnt das Kind, das mehr oder weniger Erfolge in der Verwirklichung seines Lebensplanes gehabt hat, Interesse zu äußern für ‚äußere Dinge'. Dann kann auch Neid aufkommen auf den Erfolg anderer. Es geht dann um etwas anderes. Wir können dann ein Urteil formen über ‚Gut und Böse', z. B. über Gebrechen moralischer Art im Zusammenleben, die das korrigierende Eingreifen des Erwachsenen rechtfertigen."[16] Aber immer muß die Auffassung führen, daß eine Besserung der Gebrechen selten durch direktes Eingreifen gelingt. Das Wichtige ist, Spielraum zu bieten und Interesse zu wecken.

---

[12] M. Montessori, Het onbegrepen kind, S. 45.
[13] Discipline, S. 10.   [14] Übersetzung S. 6.
[15] Une âme d'enfant, Guy de Fontgalland (Paris, Maison de la Bonne presse, 110e Mille). S. 43.   [16] M. Montessori, Het onbegrepen kind, S. 49.

„Das Kind von sieben bis zwölf Jahren hat das Bedürfnis, sein Aktionsfeld zu erweitern."[17] „Das Kind will in einer erweiterten Gesellschaft seine sozialen Beziehungen aufnehmen. Die Schule im engen Raum, wie man sie heute auffaßt, genügt ihm nicht."[18] Daher rühren viele Unarten, „Anomalien", „Regressionen". „Ein weiter Raum läßt andere Gefühle entstehen, Gefühle, welche echte Leidenschaft wecken für das, was die Menschen zum Weiterschreiten leitet. Eine Erziehung im ‚Raum' ist also die Basis, in dem bestimmte moralische Gebrechen verschwinden können. Der erste Schritt der Erziehung muß darauf gerichtet sein, die Welt, in der das Kind verkümmert, zu erweitern . . . Wir müssen die Motive vervielfältigen, die Interesse einflößen können und die ein tieferes, in seiner Seele verborgenes Streben befriedigen. Wir müssen dem Kind so ermöglichen, ins Unbegrenzte vorzudringen, anstatt sein Verlangen zu unterdrücken, zu besitzen, was in seiner nächsten Umgebung ist. Auf dieser Ebene, offen für alle Möglichkeiten, können und müssen wir zur Ehrfurcht erziehen für die äußeren Gesetze, die durch die andere natürliche Macht, durch die Gesellschaft der Menschen, festgelegt werden. Kurzum, man kann die sittliche Frage, also das, was Gut und Böse betrifft, nur dann besprechen, wenn die beschränkte Lebensform des ‚kleinen Kindes' überwunden ist."[19] Montessori stellt also den für alle Erziehung so wichtigen Grundsatz auf, daß man zum Guten nicht hinführen kann, wenn man das Ungute fürchtet und nicht vertraut.

Das Leben der Gemeinschaft der Kinder kann sich nun durchdringen mit der volleren sittlichen Entscheidung des einzelnen. „Die Gesten der Höflichkeit, die man das Kind gelehrt hat, damit es Kontakt mit anderen aufnehme, müssen nun auf eine andere Ebene transponiert werden; es muß sich z. B. darum handeln, den Schwachen zu helfen, den Alten und Kranken; es geht jetzt nicht mehr darum, Bewegungen zu koordinieren, wir führen jetzt die Kinder in sittliche Beziehungen ein, in solche, die das Gewissen wach machen. Wenn es bisher wichtig war, niemand beim Vorübergehen anzustoßen, so ist es viel wichtiger, niemand zu beleidigen."[20] „Eine der merkwürdigsten Eigenschaften, die man nun beobachtet, ist das Interesse, das im Kind wach wird für gewisse Tatsachen, die es vorher nicht beachtete; es beschäftigt sich jetzt damit, ob das, was es tut, gut oder schlecht getan ist; es erhebt sich vor seinem Blick das große Problem des Guten und des Bösen. Diese innere Beschäftigung verbindet sich mit einer inneren, ganz besonderen Sensibilität: mit dem Gewissen; und diese Sensibilität ist eine ganz natürliche Eigenschaft. Die Zeit von sieben bis zwölf Jahren ist also eine besonders wichtige Periode für die

---

[17] Dies., De l'enfant à l'adolescent, S. 13.   [18] Ebd. S. 14.
[19] M. Montessori, Het onbegrepen kind, S. 50/51.
[20] Dies., De l'enfant à l'adolescent, S. 21.

moralische Erziehung ... Der Erwachsene muß auf die Entwicklung achten, die sich in der Seele des Kindes in diesem Augenblick vollzieht und muß sich entsprechend verhalten. Wenn in der ersten Periode die Erzieherin mit großer Sorgfalt sich bemühen mußte, in die Aktivität des Kindes sowenig wie möglich einzugreifen (einer Aktivität besonders der äußeren Bewegung und Sinne), so muß sich jetzt ihre Sorgfalt auf das moralische Bereich beziehen. Dort liegt das Problem dieses Alters. Wenn man denkt, das sittliche Problem stellt sich erst später, so vernachlässigt man die Wandlung, die sich begibt. Später ist das sittliche Problem viel schwieriger, wenn man dem Kind in dieser sensiblen Periode nicht geholfen hat. Die sozialen Anpassungen werden dann viel mühsamer sein."[21] Montessori spricht darüber, daß in diesem Alter das Gefühl für Gerechtigkeit stark ist, ebenso wie das Verstehen für die Handlungen und Bedürfnisse des Mitmenschen. Man muß sich jetzt vor einer falschen Auffassung der Gerechtigkeit bei den Kindern hüten. „Die Gerechtigkeit", der man in der Schule und in der Familie gewöhnlich folgt, könnte man die „distributive Gerechtigkeit" nennen, d. h. Gleichheit für alle sowohl in bezug auf die Verteilung der Strafen wie der Belohnungen; besondere Behandlung eines einzelnen scheint dabei eine Ungerechtigkeit zu sein. Man versteht die Bejahung der Individualität im Sinn des Egoismus und der Isolierung; eine solche Auffassung ist der inneren Entwicklung nicht günstig. Dagegen wird die Gerechtigkeit, so wie man sie gewöhnlich nicht auffaßt, gerade aus der inneren Erziehung geboren. Das Prinzip einer distributiven Gerechtigkeit und eines individuellen rein äußeren Rechtes zerstört das Gefühl, das der wirklichen Gerechtigkeit eingeboren und natürlich ist."[22] Die Montessori-Schule, in der jedes Kind nach seinem Maß und seiner Zeit arbeitet und sich in seiner Verschiedenheit vom andern entwickeln darf und wo es auch als das, was es ist, von den andern anerkannt wird, ist die Stätte einer Gerechtigkeit, die jedem das Seine geben will. Bei ihren Erörterungen über moralische Erziehung weist Montessori auf die Erziehung der Pfadfinder als ein Beispiel hin, welche das Kind dahin führt, daß es beginnt, in der Welt draußen und gleichzeitig in der Welt moralischer Entscheidungen seinen eigenen Weg zu finden. „Wenn das Pfadfindertum einen solchen Erfolg gehabt hat, so ist es, weil es moralische Prinzipien in eine Vereinigung von Kindern gebracht hat ... Die Kinder, welche zu diesen Gruppen gehören, tun gewöhnlich das nicht, was ihnen das Pfadfindertum verbietet. Es ist eine Anziehungskraft da, ein Ausgangspunkt: die Geburt der Würde."[23] Wenn das kleine Kind ein umhegtes Leben braucht, so will das größere Kind schon größeren Schwierigkeiten begegnen. Aber man muß darauf achten, daß sein Hinausgehen in eine weitere

---

[21] Ebd. S. 17 f. [22] Ebd. S. 19.
[23] Ebd. S. 21.

Umgebung nicht Flucht ist, sondern daß es sich selbst an ein Ziel bindet. „Wenn diese Kinder bewußt aus der Schule hinausgehen mit einem bestimmten und frei angenommenen Ziel, so ist das etwas ganz anderes."[24] Man muß in dieser Zeit dem Kind helfen, der Weisung des eigenen Gewissens zu folgen. Es braucht neue Möglichkeiten, sich dem Gefährten zu verbinden, äußere Aufgaben, die zu inneren werden können. Das Kind fragt nach dem Ziel und nach dem Warum, wenn auch sein Fragen noch einfach ist, seine Beziehung zur Gemeinschaft noch nicht problematisch wie in der Periode, die folgen wird. Wenn das Kind im Laufe seiner Entwicklung auch vieles mühelos erwirbt, wenn auch in einer behüteten Umgebung Freude sein Leben erfüllt und sein Tun ihm eine Lust ist, so kann es vor Mühe und Schmerzen doch nie ganz bewahrt werden, „denn sogar die Kinder haben ihr Kreuz zu tragen, das oft viel schwerer ist, als wir zu meinen geneigt sind"[25]. Montessori weiß, daß sein Leben auch Anstrengung ist, daß es Widerstände zu überwinden hat, auf Launen verzichten muß. Dies alles aber will das Kind, wenn es dem Innersten seines Wesens frei folgen darf, die Umgebung es stützt und der Weg zu Gott seiner Einfalt offen und vom Erwachsenen nicht verstellt ist. Das Kind weicht der Selbstüberwindung nicht aus, wenn es die Aufforderung dazu in sich und in der Situation fühlt und man ihm die innere Entscheidung überläßt. Es kämpft oft so ernsthaft um das Gute, wie wir es kaum beim Erwachsenen bemerken. Wir müssen ihm vertrauen.

Auch über die sittliche Erziehung in den Entwicklungsjahren von 12 bis 15 sagt Montessori Wichtiges. Der junge Mensch macht Jahre entscheidender Wandlung durch, die an Wichtigkeit mit den ersten Lebensjahren zu vergleichen sind. „In diesem Augenblick muß man das Studium auf die Menschheit richten . . . das Gefühl für die menschliche Gesellschaft muß entwickelt werden, zu mehr Verständnis und Liebe der Menschen untereinander führen. Bewunderung und Verständnis für die Arbeit und das Leben des Menschen ist zu entwickeln . . . Das Kind soll an irgendeiner praktischen Arbeit teilnehmen."[26] Eine andere Schulform als die der jetzigen höheren Schule ist für diese Jahre nötig, in welchen das Kind schwach ist und doch reich an Möglichkeiten. Das Studium muß anders organisiert und mit praktischer Arbeit und musischem Tun organisch verbunden werden. „Im Geheimnis des Heranwachsenden ruht der dem Menschen eigene Beruf."[27] Der junge Mensch bedarf der Achtung des Erziehers, er darf nie als Kind behandelt werden, sonst reift in ihm nicht die Würde und Sicherheit der eigenen Person heran, die bereit ist, verantwortlich in der Gemeinschaft mitzuarbeiten. Auch hier betont Montessori

[24] M. Montessori, De l'enfant à l'adolescent, S. 22.
[25] Dies., Child in the Church, S. 50.
[26] Dies., De l'enfant à l'adolescent, S. 107. [27] Ebd. S. 130.

die Verbindung von freier Wahl und Ordnung in einem vorbereiteten Milieu, das hier an ein Landerziehungsheim ohne dessen Exklusivität erinnert. „Man muß sich der Gelegenheiten bedienen, die sich bieten und welche die Organisation mit aufbauen."[28]

Die Erzieher sind Glieder dieser „Organisation", sie stützen die Ordnung und fügen sich ihr selbst ein. „Grenzen und Regeln müssen von der ganzen Institution beachtet werden, die Jugendlichen dürfen nicht den Eindruck haben, sie seien unwissend und unfähig, sich selbst einzuordnen." Es handelt sich nicht um ein Arbeitskollektiv, sondern um eine Bildungsstätte, ein Lebensbereich, wo dem einzelnen Spielraum und Besinnung gewährt ist und er durch seine Arbeit das Ganze trägt. „Neben den aktiven Beschäftigungen muß jeder sein Bedürfnis nach Einsamkeit und Ruhe befriedigen; dies sind beim Jugendlichen zwei verschiedene Notwendigkeiten."[29] Montessori hat ihre Gedanken über eine solche pädagogische Provinz in dem zitierten Buch skizziert, sie sind in dieser Weise noch nicht verwirklicht worden. Gegenüber der gewohnten Schule finden wir auch hier die Betonung der sittlichen Erziehung durch das Handeln in echten Situationen.

Die Pädagogik Montessoris ist keine nur das äußere Werk und die damit verbundene Tätigkeit des Kindes pflegende „Aktivitätspädagogik". Das Tun des Kindes in der Montessori-Schule will existentielle Bedeutung erlangen, daher erfüllt es sich erst im Tun des Guten. Es ist nicht unwesentlich, daß Montessori Wörter gebraucht wie „Bekehrung", „Vollkommenheit", auch daß sie bei allem, ohne pedantisch zu sein, auf Genauigkeit achtet und will, daß das Tun den ganzen Menschen betreffe. Das Kind soll zu seinem menschlichen Glück gelangen. Aber dies geschieht nicht ohne Selbstüberwindung. Immer wieder weist Montessori darauf hin, daß das Kind die Anstrengung liebt und daß in seinem Lebenswillen die Tendenz ist, sich über seinen jeweiligen Zustand zu erheben. Wenn Montessori in ihrem Werk nicht ausführlicher und gesonderter über sittliche Erziehung spricht, so liegt das daran, daß sie das Gute als verwurzelt im Sein des Menschen betrachtet und daß Moral für sie bedeutet, den Gesetzen des von Gott geschaffenen Lebens zu gehorchen. „Die sittliche Erziehung legt die Grundlage für jenes geistige Gleichgewicht, auf dem alles übrige ruht und das mit dem leiblichen Gleichgewicht verglichen werden kann, ohne das man sich nicht aufrecht halten und sich keiner tätigen Bewegung hingeben kann."[30] „Das Gute ist Leben, das Böse ist Tod; der wahre Unterschied ist so einfach und klar wie dieses Wort."[31] Die Förderung der sittlichen Erziehung ist in die Sorge Montessoris für das Leben des Kindes einbegriffen.

---

[28] Ebd. S. 132.   [29] Ebd.   [30] Ebd. S. 137.
[31] M. Montessori, Erziehung für Schulkinder, S. 320.

XXII

RELIGIÖSE ERZIEHUNG

Montessori spricht in ihren Hauptwerken nur wenig über religiöse Erziehung. Sie war leidenschaftlich darauf bedacht, den Frieden unter Völkern wie Konfessionen zu fördern und sah diese Aufgabe mit ihrer pädagogischen gern verbunden, was allerdings auch zu Mißverständnissen führte und in ihren Schriften ein ideologisches Element das Wesentliche und Richtige manchmal überdecken läßt. In ihren Kursen hielt sie einzelne Vorträge über die Grundlegung religiöser Erziehung. Sie selbst war Katholikin, und sie hat besondere Schriften über die Erziehung des Kindes im Raum der Kirche verfaßt. Bekannt ist ihr praktischer Versuch liturgischer Erziehung, den sie im zweiten Jahrzehnt des Jahrhunderts in Barcelona machte. Sie berichtet darüber in schönster Weise in der kleinen Schrift „I bambini viventi nella chiesa"[1]. Ein 1956 erschienenes Buch „L'éducation religieuse, La vie en Jesus Christ" faßt einzelne früher herausgekommene Schriften zu diesem Thema in einer neuen Ausgabe zusammen[2]. Andere Beiträge sind enthalten in dem von M. Standing herausgegebenen Buch „The Child in the Church" (Sands, London, 1930), das auch die kleine Schrift über den Versuch in Barcelona enthält. Eine Neuausgabe dieses Buches ist in Vorbereitung.

Der Beitrag Montessoris zur religiösen Erziehung gilt nicht nur der Weise, wie das Kind in das Leben der katholischen Kirche einzuführen ist, sondern auch der Grundlegung und den natürlichen Vorbedingungen aller religiösen Bildung. Montessori hat durch ihre Einsicht, daß religiöse Erziehung vom Beginn des Lebens an wichtig ist, alle aufklärerische Art religiöser Unterweisung überwunden. Mit ihrer Überzeugung, religiöse Bin-

---

[1] Zuerst erschienen bei Morano (Neapel 1922).
[2] M. Montessori, L'éducation religieuse, La vie en Jesus Christ (Desclée de Brouwer, Paris 1956). Darin enthalten sind „I bambini viventi nella chiesa" in Abkürzung. Ferner „La vita in Cristo", zuerst 1931 erschienen, und „La Sainte Messe", die eine Anleitung zur liturgischen Erziehung geben, verbunden mit Angaben von Hilfsmitteln. Ein zweites Werk über die Einführung in die heilige Messe: „La santa messa, spiegato ai bambini", ist 1940 bei Garzanti erschienen. In franz. Sprache bei Desclée de Brouwer.

dung gehöre zum Wesen des Menschen, sei ihm von der Geburt an aufgegeben und könne nie von einer gesunden Erziehung ausgeschlossen werden, stimmt sie überein mit Erkenntnissen, die aus der Praxis der Tiefenpsychologie und Psychotherapie immer deutlicher hervorgehen. Seelische Erkrankungen sind oft auf eine Störung oder einen Mangel in der frühen Kindheit zurückzuführen, und dieser Mangel betrifft nichterfüllte Grundbedürfnisse des Menschen, zu denen besonders das religiöse gehört. Inwiefern Montessori Freuds Auffassung nicht zustimmt, wurde an anderer Stelle gesagt [3]. Der Biologe Alexis Carrel, den Montessori gelegentlich erwähnt, kam im Laufe seiner Lebenserfahrung zu der Überzeugung, daß ein Mensch ohne religiöse Grundhaltung und ohne Glauben kein vollentwickelter Mensch sei. „Der Mensch hat Gott nötig, wie er Wasser und Sauerstoff haben muß, verbunden mit der Intuition, mit dem moralischen Sinn für das Schöne. Das Licht der Intelligenz gibt mit dem Sinn für das Heilige der Persönlichkeit ihre volle Entfaltung. Unzweifelhaft verlangt das Gelingen des Lebens die vollständige Entfaltung unserer psychischen, intellektuellen und geistigen Aktivitäten."[4] Er meint das gleiche wie Guardini, der von einem „unvollständigen Menschen" unserer Zivilisation spricht, welcher manche Organe, besonders das Organ für Religion, nicht entwickelt hat [5].

Religiöse Erziehung, sagt Montessori, geschieht vom Beginn des Lebens an oder wird schon zum Schaden des Kindes versäumt. Das kleine Kind nimmt mit seinem unbewußten, aber aktiven und menschlich wählenden Geist die Haltung der ihm nahen Menschen auf, in der sich auch der religiöse Glaube auswirkt. Primitive Menschen nahmen schon ihre Säuglinge mit in den Tempel oder in die Kirche, und hier wurde vom kleinen Kind die religiöse Gebärde, die Atmosphäre, die Haltung der Gemeinde aufgenommen, und das religiöse Organ konnte sich entwickeln [6]. Früh wirken Elternhaus und andere Umgebungen des Kindes, auch abgesehen von einer religiösen Unterweisung, die selbstverständlich ihre Bedeutung hat, auf die religiöse Erziehung hin durch die Art des Miteinanderlebens und die Grundhaltung der Menschen. Die Atmosphäre eines Hauses kann bestimmt sein durch Rechenhaftigkeit und Utilitarismus, sie kann sich auch gründen in Glauben und Frömmigkeit. Vieles in den alltäglichen Gewohnheiten wird daraus geformt. Das Selbst des Kindes wird angesprochen und bewegt. Das normale Kind, sagt Montessori, will glauben, seine Natur verlangt nach Gott, der es geschaffen hat, seine Seele strebt zu ihm hin. Montessori glaubt an das Aufwärtsstreben des

[3] Kapitel: „Das Unbewußte im Lebensaufbau", S. 18/19.
[4] A. Carrel, La prière, in: Le voyage de Lourdes (Librairie Plon), S. 247 f.
[5] R. Guardini, Der unvollständige Mensch und die Macht (1955).
[6] M. Montessori, La mente del bambino, S. 65 f.

Menschen und an die ihm innewohnende Neigung, sich zu vervollkommnen. Sie gab Beispiele dafür, daß Kinder, denen sie begegnete und die zu Hause keine religiöse Erziehung erhielten, nach dem Leben des Glaubens verlangten, was bei einer Gelegenheit ausgelöst wurde und sich spontan, ja heftig offenbarte [7]. Montessori weist auf das Offenbarwerden der religiösen Begabung bei manchen Kindern gerade unserer Gegenwart hin. Sie meint, Papst Pius X. sei vielleicht von dem Phänomen der Heiligkeit des bekannten kleinen irischen Mädchens Nelly beeinflußt worden, die päpstliche Entscheidung der Frühkommunion zu treffen. „Es begann sich im Kind eine unbekannte Macht zu offenbaren."[8] Wer Berichte über Kinder wie die heilige Bernadette von Lourdes [9], oder die Kinder Jacintha, Francesco, Lucia von Fátima [10] gelesen hat oder die Schriften über den kleinen Guy de Fontgalland [11] oder auch die Biographie ihres mit neun Jahren gestorbenen Kindes: „Das Buch von Jacqueline" von Jeanne Ancelet Hustache [12], kann nicht umhin, über die früh sich regende religiöse Natur der menschlichen Seele zu staunen. Von der besonderen persönlichen Gnade Gottes soll hier nicht gesprochen werden. Alle diese Kinder lebten in Familien, deren Gläubigkeit das Miteinanderleben formte, und die Bedeutung der frühen religiösen Erziehung bestätigt sich dadurch. Montessoris Auffassung von der Natur des Kindes, ihre oft wiederholte Mahnung, sich nicht nur als Erzieher des Kindes zu fühlen, sondern auch der Wirkung des Kindes auf das Leben der Erwachsenen Raum zu geben, läßt denken an die große Bedeutung der „Lehre" vom „Kleinen Weg der Kindhaftigkeit", welche Theresia von Lisieux gab und die von Papst Pius XI. bei ihrer Heiligsprechung als bedeutsam für unsere Zeit verkündigt wurde. Diese Kindhaftigkeit ist nicht das gleiche wie die natürliche des Kindes, sie ist deren übernatürliche Vollendung, der aber das natürliche Wesen des Kindes analog ist. Montessori macht aufmerksam darauf, daß Christus das Kind in unsere Mitte stellte und sprach: „Wenn ihr nicht werdet wie die Kinder, so werdet ihr in das Himmelreich nicht eingehen." Sie spricht von der ursprünglichen, aber durch Abwegigkeiten verdeckten Natur des Kindes. Wir können nicht leugnen, daß diese sich im Kind offenbarende menschliche Natur, wenn wir sie vorurteilslos betrachten, in ihrem Wesen auf Gott hinweist. Jeder Erwachsene, dessen Herz wach geblieben ist, kennt den Zauber, der von einem Kind ausgeht.

---

[7] Dies., L'autoeducazione nelle scuole elementari (Rom 1916), S. 260 f.
[8] Dies., Gott und das Kind, S. 3.
[9] Ich mache aufmerksam auf das bekannte Buch von F. Werfel, Bernardette.
[10] C. Barthas, Die Kinder von Fátima (Kanisiuswerk, Freiburg i. Ü.).
[11] La mission d'un enfant. Guy de Fontgalland. — H. Perroy, Votre ami Guy (Librairie Catholique Emanuel Vitte, Paris). — Une âme d'enfant (Maison de la Bonne Presse), Bericht der Mutter.
[12] J. A. Hustache, Das Buch von Jacqueline (Paulinus-Druckerei, Trier 1939).

Montessori fordert auf, die wesentliche Natur des Kindes zu befreien und zu schützen und ihr zur Entfaltung zu verhelfen. Das übernatürliche Leben soll eine gut vorbereitete, gesunde menschliche Natur vorfinden, und der Erzieher ist auch vom religiösen Gesichtspunkt aus verpflichtet, den Gesetzmäßigkeiten dieser Natur zu folgen. Auch das Kind ist betroffen von den Folgen der Erbsünde, wir sollten um so mehr sorgen, daß die ursprüngliche Neigung zum Guten in ihm gestärkt, die Gefahr aber von ihm ferngehalten werde. „Die Schwäche und die Neigung, zu fallen, die in seiner und in unserer Seele als eine Folge der Erbsünde bleibt, sollte jedenfalls die erleuchtetste Liebe unsererseits wachrufen, eine Liebe, die begleitet ist von wachsender Zartheit, eine feinere christliche Vollkommenheit in unserer Haltung und unseren Handlungen als Lehrer. Aber sie sollte uns nie erlauben und uns noch weniger das Recht geben, die Haltung eines strengen Richters anzunehmen und eines blinden Austeilers von nutzlosen Strafen. Infolge dieser selben Sünde ist das Fleisch des Kindes Schmerzen und Krankheiten unterworfen, aber trotzdem ist sein Körper Gottes vollkommenstes Werk, das den Glanz der Gesundheit offenbaren kann, wenn wir ihm die entsprechende Nahrung und eine Umgebung bereiten, die frei ist von Krankheit."[13] Montessori unterscheidet zwischen der Natur und der Übernatur. „Daß Kinder der Montessori-Schule sich bessei benehmen, gehorsamer, geduldiger sind usw., berührt nicht die wesentliche Frage wirklicher Gutheit; das Kind, dem man die geistige Behandlung unserer Methode zuteil werden ließ (d. h. abgesehen von besonderer religiöser Erziehung), hat eine Umgebung gehabt, die seiner Entwicklung besser angepaßt war; es ist jedoch deshalb noch nicht wirklich gut vom Gesichtspunkt der übernatürlichen Tugend. Es besteht etwas, das über all dieses hinausgeht. Die freiwillige Erhebung zum Guten, ein aus Liebe gebrachtes Opfer, heroische Tugend und Heiligkeit können nicht durch eine vernünftige seelische Behandlung erreicht werden; aber ein starker, reiner Mensch wird eher bereit sein, die göttliche Gnade zu empfangen und sie Frucht tragen zu lassen. Das Christentum selbst lehrt uns, daß wir menschliche Würde achten, ihr helfen und sie in ihrer Größe anerkennen müssen."[14]

Die pädagogische Praxis Montessoris kann von gläubigen Christen wie auch von Nichtchristen, die einen gesunden menschlichen Sinn haben, befolgt werden, sie bietet jedoch, wie gesagt, gute Vorbedingungen für die religiöse Erziehung. Durch die Übungen des Gleichgewichts und der Konzentration, von denen an anderer Stelle gesprochen wird, erfährt das Kind Hilfe, seine inneren Antriebe und die Regungen seines Gewissens zu merken. Indem das Kind zu sich selbst kommt, weil es seine Aufmerksamkeit

---

[13] M. Montessori, The Child in the Church, S. 160. [14] Ebd. S. 161 f.

auf den Gegenstand des Tuns richtet und sein Ich mit seinen Launen vergißt, wird es offen für die Wahrheit und auch für Gott, da sein Wesen auf Gott den Schöpfer ausgerichtet ist. „In ähnlicher Weise kann die ‚Übung der Stille' ... das Vorspiel sein für das wunderbarere Schweigen des Gebets und der Meditation."[15]

Montessoris Pädagogik vertraut der menschlichen Natur; sie glaubt, daß diese Natur trotz ihrer Abwegigkeiten auf das Gute und auf Gott zustrebt. In ihren Schriften über religiöse Erziehung des Kindes behandelt sie seine Einführung in das Leben der Kirche, an dem das Kind seinen vollen Anteil haben soll. Bei der religiösen Erziehung handelt es sich nicht nur um die Unterweisung in der Lehre oder um moralische Anleitung, sondern um „ein in sich vollständiges Leben, etwas, das die Kinder in allen Punkten bewegt"[16]. Montessori möchte, daß für die Kleinen im Kinderhaus oder in der Schule ein „Atrium" da sei, ein Raum, dessen Umgebung auf die religiöse Erziehung besonders ausgerichtet ist, mit Bildern, Statuen, zu denen man Blumen stellen kann, Karten, auf denen schön geschrieben „und verziert in der Weise alter mönchischer Manuskripte" wichtige Worte der Kirche stehen: Definitionen der Sakramente, die Werke der Barmherzigkeit, die Akte Glaube, Hoffnung und Liebe, die Früchte des Heiligen Geistes, das Vaterunser, das Ave-Maria, das Gloria, das Glaubensbekenntnis[17]. Diese Karten können an der Wand hängen oder an einem anderen besonderen Platz angebracht sein. Ähnlich macht man es mit den Zehn Geboten, den Geboten der Kirche, dem Gebot des Herrn. Die Kinder beginnen sie zu lesen, wenn sie lesen lernen, sie schreiben sie gern ab, halten die Blätter in einer besonderen Mappe und lernen sie auswendig. In diesem „Atrium" gibt es Gegenstände, an welchen die Kinder lernen, was zum Altar und zur heiligen Messe gehört. Es kann Modelle geben, welche Geschehnisse der heiligen Geschichte betreffen. Die Kinder können im „Atrium" manches selbst herstellen, z. B. eine Krippe, sie können sticken oder malen[18]. So bewirkt das „Atrium" mehr, als wenn man dem Kind nur religiösen Unterricht gibt. „Es wird wie eine umfassende und durchdringende Atmosphäre sein, in welcher (die Kinder) leben, sich bewegen und ihr Wesen haben. Das Licht, das die Atmosphäre erleuchtet und ihr Wärme gibt, ist Unser Herr selbst, der sagte: ‚Laßt die Kleinen zu mir kommen.' Hier werden wie in einer religiösen Gemeinschaft diese jungfräulichen Seelen, die noch überströmt sind von den Wassern der Taufe, frei sein, sich in ihrer Einfachheit und Reinheit zu entfalten und ihrem glühenden Glauben und der tiefen Frömmigkeit der Kindheit vollen Ausdruck geben. Die ganze Richtung moderner

---
[15] Ebd. S. 35.   [16] Ebd. S. 50.   [17] Ebd. S. 44.
[18] Möglichkeiten zum Tun der Kinder bieten auch die im Verlag Herder, Freiburg i. Br., erschienenen religionspädagogischen Hilfsmittel.

psychologischer Forschung betont den bleibenden Einfluß zum Guten oder Bösen von Eindrücken in früher Kindheit. Wie könnten sich diese Kleinen daher besser für den Kampf gegen das Heidentum von heute und morgen vorbereiten, als wenn sie in diesen formativen Jahren Kinder sind, die in der Kirche leben. ‚Bambini viventi nella chiesa.'"[19] Wenn kein „Atrium" da ist, so kann ein Teil des Raumes im Kinderhaus oder der Schulklasse in ähnlicher Weise darauf vorbereitet sein, daß die Kinder in „freier Wahl" ihres Tuns und der damit verbundenen Spontaneität des Herzens sich Dingen des geistlichen Lebens und liturgischer Bildung hingeben. Es ist so wichtig, daß Naivität und Unmittelbarkeit des Kindes gerade im religiösen Leben gewahrt werden. Damit dies geschehe, muß die Erzieherin selbst in der Einfalt des Glaubens mit den Kindern leben. Das „Atrium" ist ein Vorraum zur Kirche. Das Kind soll in die Gemeinschaft der Gläubigen früh eintreten können. Es hat ein Organ für die religiöse Wahrheit. Die Liturgie ist dem Kind nahe, weil Gebärde, Bewegung, Farbe an ihr Anteil haben. Natur und Übernatur sind in ihr miteinander verbunden, der ganze Mensch kann in sie eingehen. Durch das Mittun soll das Kind, wie Montessori schon seit Beginn der Liturgischen Bewegung mit Papst Pius X. forderte, in die Liturgie hineinwachsen. „Wenn der Erwachsene seine Religion nicht nur kennen, sondern leben muß, so ist dies für das Kind um so wichtiger, das fähiger ist, sie zu leben, als von ihr zu wissen. — Tatsächlich ist in diesem Fall Kenntnis nur der erste unerläßliche Schritt, der Seele die Wege des Lebens zu öffnen."[20]

Wenn die Kinder die natürlichen Dinge kennenlernen, welche zur Liturgie gehören, den Weizen, die Trauben, das Salz, das Öl, das Wasser, das Lamm und die Taube, die Bienen, die das Wachs liefern, wenn sie ferner die alltäglichen Dinge auf einer höheren Ebene tun, z. B. Blumen pflegen, Dinge ordnen, die zum Gottesdienst gehören, so werden sie verstehen, „daß das religiöse Leben nicht etwas vom alltäglichen Leben Abgesondertes ist, sondern ein einziges vollständiges Leben, das die einfachen Dinge des Lebens einschließt und in sich aufnimmt"[21]. Bei ihrem Versuch religiöser Erziehung, den Montessori in Verbindung mit einem Priester in Barcelona machte, bereiteten kleine Kinder sich auf die erste heilige Kommunion vor. Der Geistliche zeigte ihnen alles, was zu den Sakramenten gehörte, die Gewänder, die Zeichen. Die Kinder bauten Weizen auf einem kleinen Acker an, sie pflanzten Weinstöcke, und sie pflegten den Weizen und die Weinstöcke, bis sie die Früchte ernten konnten und die Hostien, bei deren Herstellung aus dem Mehl des Weizens sie halfen, und den Wein aus den gekelterten Trauben des kleinen Weinberges bei der heiligen

---

[19] M. Montessori, The Child in the Church, S. 50 f.
[20] Ebd. S. 4.   [21] Ebd. S. 41.

Kommunion zum Altar brachten. Die Schule in Barcelona, wo dieser Anfang liturgischer Erziehung gemacht wurde, ist in den Wirren der spanischen Revolutionskämpfe zugrunde gegangen. In anderen Schulen, in Belgien z. B. und in Irland, hat man die liturgische Erziehung der Kinder in ähnlicher Weise fortgeführt [22].

Alle religiösen Schriften Montessoris gehen die liturgische Erziehung an. „Die Messe ist der gemeinsame Brennpunkt unseres Gottesdienstes, und zugleich ist sie für uns als einzelne unser tägliches Brot." [22a] In der Messe vereinigt sich alles, führt Montessori aus, das Alte Gesetz und das Neue Testament, das Leben und Sterben unseres Herrn. Das Meßbuch enthält Gebete und Hymnen aus der heiligen Geschichte und „die Quintessenz der Heiligen Schrift". „An den Zeremonien und der Ausstattung für die Messe haben alle Künste — Musik, Dichtung, Malerei, Skulptur, Architektur, sogar das Drama — Anteil, und sie haben ihr Bestes gegeben, um den höchsten Künstler zu ehren. Die einfachen Elemente des Lebens, Brot und Wein und Wasser, sind als wesentliche Dinge in die heilige Messe aufgenommen; und die kostbarsten Produkte der Erde, die Spezereien des Orients, Gold, Silber und Edelstein, sind hinzugefügt, in der vergeblichen Hoffnung, einen würdigen Rahmen für das eucharistische Wunder zu bilden." [23] Wenn die Kinder etwas größer sind, so werden sie genauer in den Gang der heiligen Messe eingeführt. Montessori gibt dafür besondere Hilfen an. Die Gebete der heiligen Messe sind einzeln zweifarbig auf Karten geschrieben, kleine Figuren aus Karton ausgeschnitten, welche die Haltung des Priesters andeuten, werden hinzugefügt, und das Kind kann den Fortgang der heiligen Messe aufbauen und sich deutlicher einprägen, was es in der Kirche bei der heiligen Messe aufgenommen hat. Montessori schlägt auch eine neue Form des Meßbuches für die Kinder der ersten Lesejahre vor. Sie möchte verhüten, daß sie in einem großen Buch blättern und dadurch abgelenkt werden. Sie sollen ein kleines Buch haben, in dem nur der Ordo der Messe ist. Es ist darin Platz vorbereitet zur Hinzufügung der wechselnden Teile. Diese stehen auf besonderen Karten und bilden zusammen eine kleine Kartothek, aus welcher das Kind, bevor es zur Messe geht, am Tage vorher etwa, die Teile des Tages wählt, um sie in sein Büchlein einzufügen. Es schreibt die Na-

---

[22] Zur Zeit wird die religiöse Erziehung nach Anregungen Montessoris in Rennes/Bretagne (Frankreich) in der Schule des Herrn Lanternier durchgeführt und in der Scuola religiosa Maria Montessori (Rom) von Sofia Cavalletti und Gianna Gobbi, die nur für religiöse Erziehung ergänzend zu der anderen Schulerziehung gegründet wurde. Die Leiterinnen der Religionsschule in Rom gaben 1961 das Buch heraus „Educazione religiosa Liturgia e Metodo Montessori", Edizioni Paolini, Rom.
[22a] Ebd. S. 47.   [23] Ebd. S. 46 f.

men der Lebenden und die der Verstorbenen, für die es beten will, auf besondere Kärtchen und fügt sie an den rechten Stellen ein.

Montessori hat bei aller Unterweisung der Kinder zwei Prinzipien: Sie isoliert die Schwierigkeiten, um jede einzeln zu bedenken. Sie läßt die Kinder immer etwas tun und durch das Tun lernen.

Zur Mitfeier der heiligen Messe gehört die Mitfeier des Kirchenjahrs. In ihrer Schrift „La vita in Cristo"[24] behandelt Montessori das Kirchenjahr als das fortdauernde Leben des Herrn, es gehört ein Kalender dazu, den die Erzieher für die Kinder machen oder den die größeren Kinder anfertigen, ein Modell davon ist der genannten Schrift beigefügt.

Natürlich gibt es in der Montessori-Schule auch den Katechismus. Er soll nicht zu früh herangezogen werden, aber es ist wichtig, daß die Kinder gerade unserer Zeit klare Begriffe von der göttlichen Wahrheit haben. „Früher, als die Unterweisung sich begrenzte auf die Tatsachen der heiligen Geschichte und auf das Auswendiglernen der Katechismusantworten, der Wahrheiten der christlichen Lehre, waren wir, so mag mir erlaubt sein, zu sagen, daran, die Kinder von der Kirche wegzuziehen."[25] Die liturgische Erziehung aber läßt die Kinder in der Kirche leben. Montessori möchte, daß die Begriffe erst kommen, nachdem die religiöse Erfahrung da ist, „so daß, wenn sie die genauen Definitionen lernen, man wirklich sagen kann, daß das Auswendiglernen am Schluß kommt, nachdem sie die Wahrheiten erfahren haben"[26]. „Das Wichtige müßte sein, daß diese Sätze sehr exakt sind. Es wäre nicht nötig, nach meiner Meinung", sagt Montessori, „den ganzen Katechismus auswendig zu lernen, nur gewisse notwendige und genaue Definitionen, die jeder Katholik kennen muß. Heutzutage gibt es so viele Leute, die eine Menge sentimentalen Unsinn über Religion reden, daß es unerläßlich ist für jedes Kind, etwas Klares und Logisches zu besitzen, auf das es zurückkommen kann. Man kann unglücklicherweise all diesen ‚losen Denkern' nicht Schweigen gebieten. Leider! So muß man lernen, zwischen deren vagen Ideen und genauen Definitionen zu unterscheiden."[27]

Die Verwirklichung solcher religiöser Erziehung setzt große Ehrfurcht vor der Seele des Kindes voraus. Der Erzieher darf sich nicht selbst an die Stelle der göttlichen Wirklichkeit setzen, er soll zurücktreten vor den großen Dingen, in welche das Kind mit seiner indirekten Hilfe und seiner taktvollen Unterweisung eintritt. „Es ist offenbar, daß wir erlauben müssen, daß die Kinder zu Jesus gehen, und wir nicht beanspruchen dürfen, daß sie zu uns kommen sollen. Dieser Irrtum, der durch unseren Hochmut verursacht wird, ist ein höchst verhängnisvolles Mißverstehen in bezug auf die Seele des Kindes."[28] Die Anleitung und Unterweisung des Kindes durch

[24] Rom 1931. [25] M. Montessori, The Child in the Church, S. 4.
[26] Ebd. S. 30. [27] Ebd. [28] Ebd. S. 159.

den Lehrer soll nicht im Raum der Kirche selbst geschehen, besonders nicht während des Gottesdienstes. „Während der Elevatio, einer Zeit des Schweigens und der inneren Sammlung, erhebt sich die Stimme des eifrigen Lehrers, eine Stimme ohne Harmonie und Ausdruck und erklärt im Ton eines Menschen, der eine trockene Pflicht erfüllt, was die Elevatio bedeutet und welche Gefühle sie in den Herzen der Gläubigen erwecken soll. Nach der Lektion ruft ein lautes ‚Setzt euch!' die jugendliche Schar zu ihren Sitzen, und in ihnen wird, wenn auch mit besten Absichten, alle spontane Erhebung der Seele erstickt."[29] Wir erfahren heute nicht mehr oft solche Störungen durch den Erzieher. Doch kommt es immer noch vor, daß man meint, den Kindern alles erklären und ihnen alles sagen zu müssen, oft noch in der Messe, statt daß man ihnen im heiligen Raum des Mysteriums Freiheit zur Erhebung des Herzens läßt.

Montessori warnte auch davor, den Kindern bei Anlässen wie Nikolaus oder Weihnachten phantastische Geschichten zu erzählen [30]. „Die Seele der Kinder wird von Größe genährt. Wir wollen die Natur des Kindes nicht einengen." Man darf die Wahrheit vor dem Kind nicht verdecken oder verkleinern.

Das kleine Kind hat einen besonderen Sinn für den Glauben an den himmlischen Vater und den Schutzengel. Es fühlt seine Schutzbedürftigkeit, und es verlangt nach Sicherheit. Man darf aber den Engel nicht zum „Engelchen" machen. Man darf seine wunderbare Größe nicht zum spielerischen Weihnachtsschmuck verkleinern. Der Erzieher selbst, der das religiöse Leben des Kindes fördern will, muß von dem Verlangen nach der göttlichen Wirklichkeit durchdrungen sein und sich vor Sentimentalität und Äußerlichkeit hüten. Was man das Kind lehrt: Gebete, Lieder, muß im Kind weiterwachsen können in sein Christentum hinein, sonst geschieht, was viele Erzieher immer wieder berichten, daß Kinder, bald nachdem sie die Schule oder das Waisenhaus oder andere christliche Einrichtungen verlassen haben, trotz einer religiösen Erziehung nicht mehr den Gottesdienst besuchen. Sie haben „kein Interesse mehr daran", wie ein Junge seinem Pfarrer antwortete auf die Frage, warum er nicht in die Kirche komme. Solche Erfahrungen bestätigen Montessoris Auffassung, daß die christliche Bildung des Kindes früh beginnen muß und daß eine ganzheitliche Erfassung des Kindes durch die Atmosphäre der Umgebung und durch ein Aufgenommensein in die Liebe der Nächsten bestimmend sind. Besonders ist zu beachten, daß das Organ für Religion, die Offenheit für die Liebe zu Gott und zum Nächsten, das Bedürfnis zu beten, das Hören auf die innere Stimme, nur entwickelt und gewahrt werden, wenn man dem Kind Freiheit gewährt. Gerade die religiöse Erzie-

---

[29] Ebd. S. 73.   [30] M. Montessori, Das Kind in der Familie, S. 20.

hung verlangt den Raum der Freiheit, wie ihn Montessori dem Kind wünscht. Wohl ist Gewöhnung wichtig, aber nur insofern, als das Kind sie innerhalb der Gemeinschaft der Liebe erfährt. Ordnung ist wichtig für die religiöse Erziehung, aber nicht eine nur der äußeren Disziplin, Autorität soll sein, aber das Gleichgeachtetwerden als Nächster ist eine Voraussetzung dafür, daß sich im Kind das religiöse Organ bildet. Eine Überbetonung der Organisation, die Kindergottesdienste oder die Teilnahme der Kinder an den Sakramenten betreffend, kann die Freiheit des Herzens ersticken; Erwerbung dieser inneren Freiheit ist es, in welcher die Frömmigkeit gesichert bleibt. Heute, da äußere Macht und Zwang die Freiheit zu vernichten drohen, sollte der Raum christlicher Erziehung ein Raum der freien Herzen sein.

„Vielleicht ist es in keiner früheren Zeit so offenbar geworden wie heute, daß die Welt der Zwänge der direkte Gegensatz zum Reiche Gottes ist. Zwingherrschaft ist im letzten satanisch . . . Gott ist selige Freiheit. Erlösung ist Befreiung zu jener Freiheit hin, die in Gott ist und die Gott ist. Wenn Gott kommt, um uns zu erlösen, dann heißt das: er kommt, um Geknechtete zu befreien." Heinrich Spaemann, von dem diese Worte stammen, weist darauf hin, daß Gott als schwaches Kind in die Welt hineingekommen ist, um darzutun, daß er nicht Macht und Zwang will, sondern Liebe. „Das ist seine Weise, zu siegen, die auch die unsere werden will: daß er nicht zwingt, sondern vertraut. Die Kindwerdung Gottes sprengt die Welt der Zwänge, überwindet sie."[31]

---

[31] H. Spaemann, Zwischen Krippe und Kreuz, in: Der christliche Sonntag (Freiburg i. Br.) vom 20. 1. 1957.

XXIII

ERZIEHERISCHE GRUNDHALTUNG

Die Montessori-Schule hat gegenüber der gewohnten Schule einen neuen Grundriß. Beim Kinderhaus ist dies dem Fröbelschen Kindergarten gegenüber nicht so auffällig, doch tritt auch hier größere Zurückhaltung des Erziehers zugunsten eines freien Spielraums für das Kind deutlich hervor. Die vorbereitete Umgebung mit ihren Stimulantien und Arbeitsmitteln fällt dem Besucher in den Blick, die Kinder sind einzeln oder zu zweien oder dreien bei ihrer Arbeit, es könnte die Meinung entstehen, und sie ist bei solchen, die oberflächlich Kenntnisse dieser Pädagogik gewonnen haben, entstanden: der Erzieher bzw. der Lehrer verlöre in dieser neuen Schule an Bedeutung. Seine erzieherische Bemühung habe er, wie kürzlich ein Pädagoge seinen Hörern in einem Vortrag sagte und wie es in gewissem Maße auch der Fall ist, an das „Material abgegeben".

Es geht hier darum, darzulegen, daß der Erzieher und Lehrer der Montessori-Schule, indem er vor dem Kind und dem Gegenstand seines Tuns zurücktritt, zugleich sein Wesen als Erzieher geradezu erneuert.

Es sei zunächst die Erziher*in* und Lehrer*in* genannt, weil Maria Montessori vor allem die Praxis der Anstalten für das noch nicht schulpflichtige Kind und für die Grundschule durchgearbeitet hat und in solchen hauptsächlich weibliche Kräfte tätig sind. Es gibt viele Montessori-Klassen [1] mit männlichen Lehrkräften, besonders weiterführende, und doch ist es berechtigt, zunächst von der Erzieher*in* zu sprechen. Dies stimmt mit der Tatsache überein, daß durch Montessori das weibliche Element in der pädagogischen Grundhaltung, dessen jedoch jeder Erzieher bedarf, hervorgehoben worden ist. Darin hat sie Vorgänger in Pestalozzi und Fröbel. Montessori betont nicht in erster Linie das Lehren, das Hervortreten des Erziehers als des Wissenden, der vor die Schüler hintritt, sie unterrichtet und ihnen Zugang zu den „Bildungsgütern" verschafft, sondern sie hat die pädagogische Grundhaltung schlechthin herausgebildet. Wie ihre ganze pädagogische Theorie, so hat

---
[1] Die Grundschule in Holland umfaßt 6 Jahre. Deutsche vollständige Montessori-Volksschulen gibt es z. Z. in Aachen, Essen, Frankfurt a. M., Düsseldorf, Montessori-Lyzeen mit Abitur gibt es in Amsterdam, Rotterdam, Utrecht, Amersfoort.

sich auch die Auffassung dieser Grundhaltung aus der Erfahrung mit den Kindern ergeben, die sie lehrten, welche Hilfe sie brauchen. Montessori sieht den Erzieher als Helfer zum Leben des Kindes, der anerkennt, da ist ein lebendiges Wesen, das von seinem *Elan vital* her sich aufbaut, dabei aber auf den helfenden Mitmenschen angewiesen ist. Der Erzieher tritt mit seinem Wollen vor dem von innen her gelenkten Kind, vor dessen erwachender Seele, vor den im Kind schlummernden Kräften zurück, die es durch Tätigkeit an den Dingen der Umgebung zum Aufbau seiner Persönlichkeit führen. Wie Fröbel betont Montessori die „nachgehende Erziehung" für die frühen Jahre der Dynamik lebendigen Wachstums, aber sie bleibt für sie die wesentliche Haltung schlechthin.

Bedeutet diese Haltung des Zurücktretens, des Raumgebens, daß der Erzieher unwichtig wird? Pestalozzi und Fröbel sehen als Beispiel solcher Haltung die Mutter. Sie tritt in ihrem Haus wenig mit Worten hervor, sie hat nichts von einer Kathederhaltung an sich, sie betont sich selbst nicht und ist doch im Haus und, wie Pestalozzi beschreibt, im Volk die große Erzieherin durch die ständige Arbeit am Aufbau einer Häuslichkeit, die der Mensch zu seinem Wachstum und geistigen Erwachen braucht. Die Mutter ist in allen Dingen ihres Hauses gegenwärtig.

Die Erzieherin im Kinderhaus oder in der Schule achtet darauf, den Kindern die Umgebung zu bereiten, sorgt, daß sie in Ordnung sei und das rechte Maß in allem bestehe. Sie darf sich nicht darauf beschränken, ein Spiel oder ein Pensum vorzubereiten und gute Lektionen zu geben. Wahrhaft anwesend muß sie sein im Ganzen dieses Lebensbereiches der Kinder. Wohl wird der Erzieher bei den größeren Kindern auch zum Lehrer, die Autorität seines Wortes tritt mehr als bei den kleinen Kindern hervor, doch geht die Richtigkeit der Grundhaltung über ihre Bedeutung bei den kleinen Kindern hinaus. Hilfe zum Leben kann verschiedene Formen annehmen, verschiedene Mittel gebrauchen. Ich erinnere an Sokrates, der sich seinen Schülern gegenüber nicht als Lehrer ausgab, sondern als ein Helfer zum geistigen Leben, der seine Kunst eine Hebammenkunst nannte, eine Geburtshilfe zum eigenen Leben des Schülers, die den unwissenden jungen Menschen dazu brachte, in sich selbst das Wissen zu entdecken, das der Geist ihm schenke, der in ihm mit Hilfe der nachgehenden Fragen des Lehrers erwachen sollte. Diese sokratische Haltung ist in der Geschichte der Pädagogik immer wieder genannt worden, aber ihr Sinn wurde mißverstanden, wenn man das Frage- und Antwortspiel einer durchschnittlichen Klassenstunde als Sokratik ansah. Wohl sprach Sokrates, wie Plato in seinen Dialogen darstellt, zu seinen Schülern schließlich selbst das klare Wort der Wahrheit, aber erst nachdem er ihnen durch seine Fragen Stimulantien zum eigenen Denken gegeben und in ihnen die Natur befreit hatte, die nach Wahrheit auslangt, ja die der Wahrheit schon verbunden ist und Wissen wie aus einem Strom der Erinnerung schöpft.

In seinem Buch „Führen, Lehren, Unterweisen" weist der amerikanische Pädagoge Gilbert Highet auf solche sokratische Haltung des Erziehers als eine wesentliche pädagogische Grundhaltung hin, wie sie selten verwirklicht werde. Er nennt als Beispiel den Tutor der alten englischen Universitäten, der den Studenten nicht mit Wissen versorgt, sondern seine Hilfe so einsetzt, daß der Student selbst zur Besinnung und zur Arbeit kommt [2].

Nicht ohne Berechtigung darf man die von Montessori geforderte Grundhaltung des Erziehers mit der sokratischen vergleichen. Wie Sokrates sich seine Schüler auf dem Markt, in den Gymnasien, in den Werkstätten suchte, wie er nicht verlangte, daß diese demütig zu ihm kamen, sondern ihnen nachging, sich unter das Volk mischte, sich nicht erhöhte, obwohl er zu der bedeutsamsten Lehrergestalt der abendländischen Geschichte wurde, so wird, wenn man den Vergleich auch in Bescheidenheit gebrauchen muß, in Kinderhaus und Montessori-Schule die Erzieherin und Lehrerin sich nicht auf einem Katheder isolieren und sich selbst betonen.

Das Kind ist schwach und in seinem Wesen labil. Dieser Schwäche gegenüber hat sich die erzieherische Haltung zu bewähren. Es geht um das Ethos des Pädagogen, um liebevolle und ritterliche Hilfe — oder um Tyrannei. Unterdrückung verursacht im Kind viele Schäden. „Befreien wir die unterdrückte Seele des Kindes, wie durch Zauberspruch wird dann all das Böse verschwinden, das Böse, soweit es durch die Unterdrückung entstand." Montessori will damit „keine neuen sittlichen Prinzipien aufstellen". „Die menschliche Unvollkommenheit wird immer einer Autorität bedürfen, die uns die Wahrheit lehrt, uns den richtigen Weg zeigt, damit wir nicht irregehen."[3] Der Erzieher, ob Vater, Mutter oder Lehrer, soll sich aber hüten, seine Autorität zu mißbrauchen. „Es gibt kein größeres Hindernis für die Entfaltung der kindlichen Persönlichkeit als einen Erwachsenen, der mit seiner ganzen überlegenen Kraft gegen das Kind steht. Es handelt sich... um die Begrenzung des Einschreitens. Dem Kind muß geholfen werden... doch schon ein Zuviel dieser Hilfe stört das Kind."[4]

„Kein Erwachsener kann das Kind zu den Äußerungen seines tiefsten Wesens bringen. Ein Kind kann sich nur äußern, wenn eine Position der Ruhe, der Freiheit und Ungestörtheit gegeben ist, die nicht durch den Erwachsenen beeinträchtigt wird."[5]

---
[2] G. Highet, Führen, Lehren, Unterweisen — Erziehung als Kunst (Verlag E. Klett, Stuttgart, Jahr 1950), S. 133 ff.
[3] M. Montessori, Das Kind in der Familie (1954), S. 26 f.
[4] Dies., Grundlagen meiner Pädagogik, in: Handbuch der Erziehungswissenschaft, hrsg. von Eggersdorfer, Ettlinger, Raederscheidt, Schröteler, Bd. 3, Tl. 1. S. 280 f.
[5] Ebd. S. 281.

Gegenüber kleinen Kindern tritt der Charakter der erzieherischen Haltung als einer Lebenshilfe stärker als bei größeren Schülern hervor, weil diese Kinder weniger durch Worte als durch Tun und Umgang gebildet werden. Je jünger sie sind, um so mehr brauchen sie zu ihrem Werden ein Tun, das die eigene Bewegung in Anspruch nimmt, die Sinne übt und zu Organen des Geistes macht. So sieht man es im Kinderhaus und in den ersten Schuljahren sinnenhaft deutlich, daß der Lehrer in der Montessori-Umgebung zurücktritt: Später wird diese Haltung des Zurücktretens als einer pädagogischen Grundhaltung geistiger bedingt sein.

Der Erzieher tritt zurück, und bei diesem Zurücktreten sieht er das Kind. Guardini sagte einmal, daß, wenn man etwas sehen will, der erste Schritt das Zurücktreten ist. Wer etwas sehen will, muß sich selbst vergessen. So schafft er in sich Raum für das zu Sehende. Die Art, wie die Persönlichkeit des Lehrers in der Pädagogik des 19. Jahrhunderts und noch des 20. Jahrhunderts, ja seit der Renaissance betont wurde, führte vielfach zu einer falschen Auffassung der Persönlichkeit und ihrer Wirkung. Es ist das Eigentümliche des persönlichen Seins, daß der Mensch sein Selbst gewinnt, wenn er von sich absieht, und daß er wirkt, wenn er ohne Absicht ist. Wie kann ein Lehrer zu einer erzieherisch wirkenden Persönlichkeit werden, wenn er sich selbst betont! Wenn der Hochschuldozent in rechtem Geist auf das Katheder steigt, so erhöht er die Wahrheit, auf die er den Blick der Hörenden lenken will. Gott ist die Wahrheit, der Mensch ist sein Ebenbild, daher ist alle Wahrheit personaler Erfassung und Verkündigung zugeordnet, und der Lehrer hat dadurch seine Würde, die er aber verliert, wenn er die Wahrheit in sein Ich zu verschließen sucht. Die Dinge tragen die Wahrheit in sich, und die Offenheit zu ihnen und zum Du muß gesichert sein.

Jeder Erzieher, der Kindern oder Schülern die Umgebung bereitet, der ihnen die rechten Dinge hinstellt und in sie einführt, schafft nicht nur die äußere Umgebung, so notwendig und unentbehrlich diese ist, er schafft durch sein Zurücktreten den inneren Raum, in welchen das Kind und der junge Mensch sich aufgenommen fühlen. Das Kind fühlt sich angenommen und bestätigt und in seinem Tun geschätzt. Dieser Erwachsene ist einer, der kraft seiner Macht und Verantwortung den Spielraum des Kindes, den Bildungsraum der jungen Menschen schützt und der die zu Erziehenden zu sich selbst ermutigt. Das Kind gewinnt Sicherheit; die Aufnahme durch den liebenden Erwachsenen löst in ihm die eigene Gebärde. Was dem Menschen zur Freiheit hilft, sind nicht in erster Linie äußere Mittel und freier Raum, auch nicht nur das Wegfallen von Unterdrückung; das wichtigste und unentbehrlichste zur Ermöglichung der Freiheit ist der andere Mensch, der zum Du wird. Die pädagogische Grundhaltung, wie Montessori sie sieht, wie sie aber nicht nur ein Montessori-Phänomen ist, bedeutet, daß der zu Erziehende durch den Erzieher in die menschliche Gemeinschaft aufgenommen wird und in ihr Lebensmöglichkeit und Aufgabe findet.

Es gehört zur Haltung der Zurückhaltung die Fähigkeit des Erziehers, an den Menschen im Kind zu glauben und daher auf seine Äußerungen warten zu können. Seine Tugend ist die Geduld. Der Erzieher weiß, daß er „der Natur", wie Pestalozzi sagt, „nichts hinzufügen" kann. Das Kind braucht den Menschen, der es anredet, mit ihm umgeht, es schützt und anregt, aber den Zyklus seiner Eigentätigkeit nicht unterbricht. „Wir unterbrechen die Beschäftigung der Kinder nicht und verlangen nicht, daß sie statt lesen plötzlich rechnen sollen oder anderes. Mit einer solchen Handlung glaubt man, den Bildungsgang des Kindes zu leiten, aber in Wirklichkeit führt man das Kind in Verwirrung und stört die Entwicklung seiner Bildung... Wir bauen nicht auf dem Kollektivunterricht auf. Wir bemühen uns, die sensitiven Perioden, diese Intervalle der inneren Entwicklung des Kindes, zu erkennen und ihnen in allem gerecht zu werden. Wir verlangen nicht, daß ein Kind dauernd aufnahmebereit sei, und legen eine vorübergehende Unaufmerksamkeit nicht als Mangel an gutem Willen aus."[6]

Der Lehrer, der „freie Arbeitswahl" der Kinder als zentrale Bildungsform in seiner Klasse einführt, kann sich nicht auf Stundenpensen festlegen. Er darf sich nicht auf eine Routine des Unterrichts, auf ein begrenztes Lehrgut fixieren, sondern muß im freien Raum stehen und um sich schauen können, unbefangen und unpedantisch sein, damit er den Fragen und Äußerungen der Kinder offenbleibt. Er braucht eine gute Allgemeinbildung, und was er nicht weiß, muß er mit den Kindern zu wissen erstreben. „Es genügt nicht, daß die Lehrerin sich darauf beschränkt, das Kind zu lieben und es zu verstehen, sie muß zuerst das Universum lieben und verstehen. Sie muß sich also selbst vorbereiten und arbeiten."[7]

Der Lehrer in einer Montessori-Schule unterrichtet unbefangener als der, welcher vor dem Klassenblock steht. Es kommt von selbst, daß letzterer sich seiner selbst zu sehr bewußt wird und im Blick der Kinder in die Versuchung gerät, sich zu maskieren. Selbstverständlich gab es stets Lehrerpersönlichkeiten von echter Substanz, die im Klassenunterricht ihren Blick auf die zu lehrende Wahrheit gerichtet hielten, von der Freude erfüllt, diese den Kindern mitzuteilen. Aber der Lehrer kann leicht in eine unechte Haltung geraten.

Eine solche kann auch entstehen, wenn er meint, „seine eigene Methode" finden zu müssen. Der Stil der Schule wird von denen bestimmt, die in

---
[6] Ebd. S. 282. [7] M. Montessori, De l'enfant à l'adolescent, S. 41.

einer Epoche dazu berufen sind. Der einzelne Lehrer wird sich danach richten und dabei seine Natürlichkeit und seine Individualität bewahren, statt von sich selbst Ungemäßes zu verlangen. Er wird bei einem Meister in die Lehre gehen. Die Lehrgänge, welche in „die Methode" einführen, helfen dazu. Nur dadurch daß eine solche Meisterlehre durch Montessori begründet wurde, ist es möglich, die Form der Montessori-Schule zu verbreiten, ja vielleicht zu einer allgemeinen werden zu lassen. Die Leiterin in Kinderhaus und Schule hat nicht wenig zu tun, sie gibt bei den Kleinen Lektionen mit sparsamen, bei den Größeren mit berichtenden, begeisternden Worten. Sie führt die Arbeitsmittel ein, erweckt Interesse für einen Gegenstand, sie beantwortet Fragen, sie erzählt. Die „Lektionen", die einzelnen oder Gruppen gegeben werden, fügen sich organisch in das Leben der Klasse ein, das von der intensiven Arbeit der einzelnen und der sich bildenden Gruppen bestimmt wird. Der Lehrer bewegt sich ungezwungen unter den Kindern, bereit, ihnen weiterzuhelfen, sich ihrer Fortschritte zu vergewissern, sich mit an vollendeter Arbeit zu freuen.

Eine solche Schulart fördert die Unterweisung im rechten Augenblick, sie nimmt den Gegenstand aus dem Schulbetrieb heraus und beläßt ihn in seinem freieren Raum. Der Ausspruch, der Lehrer habe seine Arbeit dem Material übergeben, das an seiner Stelle lehrt, ist schief, aber etwas Wahres ist auch daran. Tatsächlich soll das Arbeitsmaterial, welche Form es auch hat, ob es das Perlmaterial ist, das die Zahl für die kleinen Kinder materialisiert, ob es die Apparatur ist, die das physikalische Experiment ermöglicht, oder das bereitgestellte Buch, den Lehrer daran hindern, geschwätzig zu sein, und die Sachlichkeit der Arbeit fördern. Das Kind soll nicht um des Lehrers willen lernen, wenn es sich auch freut, sein Wohlgefallen und Interesse zu erregen. Das Kind findet sich der Sache unmittelbarer gegenüber, so kommt es zur Verantwortungsbereitschaft, weil es die Wahrheit realer erfährt. Daß der Lehrer seine Worte „zählt", daß seine Lektion sich organisch einfügt, sein Wort der Willkür entzogen wird und die Umstände ihn veranlassen, von der Sache und dem Kind her zu sprechen, das alles verursacht die eigentümliche Art der Atmosphäre, die in einer Montessori-Schule herrscht. Man merkt, die Kinder sind ihrer Arbeit zugewandt, aber sie sind auch dem Lehrer verbunden. Über beiden, Kindern und Lehrer, herrscht die Wahrheit, die bestimmt, was getan werden soll. Eine gewisse Sachlichkeit der Atmosphäre ist da, ein Fernsein von Sentimentalität, eine geistige Heiterkeit.

Jedem, der eine Montessori-Klasse ohne Vorurteil besucht, wird es offenbar, wie die Erzieherpersönlichkeit trotz ihrer Zurückhaltung sich reicher entfalten und dem Kind bei ungezwungenem Verkehr überzeugender begegnen kann. Erziehungsformen wie direkter Appell an das Gewissen des einzelnen Kindes, Ermahnung und Ermutigung finden bei Auflösung des Klassenkollektivs und der Befreiung von Kind und Erzieher zu ungezwungener Begegnung ihren Platz. O. F. Bollnow weist auf diese „unstetigen Formen" einer mit der Existenzphilosophie zu vereinbarenden zeitgemäßen Pädagogik hin[8]. Montessori betont auch, daß man die Art des „freieren" Umgangs nicht mit der heute oft gepflogenen Kameradschaftlichkeit verwechseln darf. „Die Erzieherin muß etwas Höheres sein, nicht ein Kamerad wie in manchen modernen Schulen. Die Erzieherin und die Kinder stehen nicht auf der gleichen Stufe. Es sind genug Kinder in der Klasse, ohne daß die Erzieherin ein Kind mit den Kindern wird. Die Kinder brauchen kein weiteres Kind, sie brauchen eine würdige, reife Persönlichkeit. Die Kinder müssen die Erzieherin wegen ihrer Bedeutung bewundern. Wenn keine Autorität da ist, so haben die Kinder keine Lenkung. Die Kinder brauchen diese Stütze."[9] Montessori bringt geradezu die dem Kind gegebene Freiheit, sich die Arbeit zu wählen und sich auf den Gegenstand des Interesses zu konzentrieren, mit dem Gehorsam gegenüber dem Lehrer in Verbindung. Das Kind ist nicht von vornherein fähig zu echtem Gehorsam, aber wenn es in der ihm liebevoll ermöglichten frei gewählten Arbeit sich selbst gefunden hat, so wird sein Blick frei. Es sieht nun den Lehrer, verehrt ihn und ist zum Gehorsam bereit. Gehorsam setzt das Hören voraus [10]. Dieses Hören muß sich im Kind erst üben, in dem stillen Empfangen dessen, was der Gegenstand sagt. Sie spricht hier vom kleinen Kind. Analog kann man so auch vom älteren sprechen, wie Erfahrung in Klassen zeigt, die sich durch freie Arbeit beruhigen und wo der Lehrer eine ganz neue Autorität gewinnt.

Der Geist des Menschen strebt nach Unabhängigkeit, die Entwicklung des Kindes zielt darauf hin, von dem Augenblick, wo es sich unbewußt gegen etwas wehrt, wo es sich selbst anziehen, selbst essen will, bis zu der Arbeit in der Schule. Die Existenz eines Wesens verwirklicht sich „nur durch die Loslösung"[11]. In der Schule besteht die Gefahr, daß die Kinder aus Furcht vor dem Lehrer, oder um ihm zu gefallen, lernen, oder um gute Zensuren zu bekommen. Wo solche Motive zu Hauptmotiven werden, wird der Geist des Kindes nicht frei, sondern das Kind gibt sich gefangen.

Die Grundgestalt der Montessori-Schule zeigt, daß indirekte Erziehung vorwaltet. Der Lehrer weiß, daß es das Kind irritiert, wenn er mit seinen Absichten nahe an es herankommt, er weiß, daß die Gefahr der pädagogischen Arbeit die Absichtlichkeit ist. „Man merkt die Absicht, und man ist

---
[8] O. Fr. Bollnow, Verändertes Menschenbild und sein Einfluß, in: Erziehung wozu, S. 35.
[9] Lehrgang in London 1946, 32. Vortrag.
[10] M. Montessori, La mente del bambino, S. 258 ff.
[11] Dies., Grundlagen..., a. a. O., S. 270.

verstimmt." Die Indirektheit der Erziehung in der Montessori-Schule wird vielfach nicht verstanden, weil sie ungewohnt ist und den demütigen Lehrer voraussetzt. Das Zurücktreten ist im Grunde aber bei jeder Form der Lehre wesentlich, denn immer tritt der Lehrende vor der Wahrheit zurück, ob er forscht oder die Wahrheit den Schülern vermittelt, die Wahrheit ist es, die ihn erfüllt. Wird die Wahrheit in einen „Stoff" verkehrt, den der Lehrer nur als Pensum mit in die Schule bringt und zu dem er die Schüler zwingt, so ist alles anders.

Es ist ein großer Unterschied, ob der Gegenstand des Unterrichts aufgefaßt wird als ein zu beherrschender „Stoff", dessen sich der Lernende bemächtigt, um Nutzen davon zu haben, tüchtig zu werden, weiterzukommen, oder ob die Haltung von Ehrfurcht vor der Wahrheit bestimmt ist. Der holländische Gelehrte F. J. J. Buytendijk veröffentlichte in den zwanziger Jahren ein Büchlein mit dem auffallenden Titel „Erziehung zur Demut"[12]. Es enthält Beiträge zur Pädagogik und bezieht sich auf die Pädagogik Montessoris. Buytendijk wählte den Titel, weil er als die wesentliche Änderung in der Haltung der Lehrenden und der Lernenden in der neuen Schule die Haltung der Demut ansieht, die nicht den Gegenstand beherrschen, sondern seine Wahrheit sehen, anerkennen und lieben will. Solch ein Sehen bedingt eine zweckfreie Haltung. Die Atmosphäre einer Schule wird sich ändern, wenn der Erziehende diese Haltung hat und auf die Lernenden überträgt. Dazu gehört, daß er diesen erlaubt, unmittelbar mit dem Gegenstand in Berührung zu kommen, wo es immer möglich ist.

Der erzieherische Beruf erfordert eine Haltung sittlicher Art, ist von dieser nicht zu lösen. Aus pädagogischen Gründen muß der Erzieher Eigenschaften erwerben. die er nur, kann man mit Montessori sagen, durch eine „Bekehrung" seines Wesens erreicht[13]. Diese besteht darin, daß er nicht auf sich sieht, sondern auf den andern Menschen, das Kind. Das bedeutet Eigenschaften wie Demut, Selbstlosigkeit, Geduld, Sanftmut; Tugenden, die ohne religiöse Einstellung kaum erreicht werden. Man kann, sagt Montessori, vom Erzieher nicht verlangen, vollkommen zu sein. Es gehöre aber zu seinem Beruf, ergebe sich als Forderung aus ihm, daß er die Grundtendenz zur Sünde, „die Hauptsünden" überwinde. Sie sieht den Charakter dieser Hauptsünden darin, daß sie auf Ertötung der Aktivität ausgehen und ins Leere führen. Da es aber Aufgabe des Erziehers ist, dem Leben im Kind zu helfen, so muß er diese Tendenz in sich überwinden: den Ärger und Lebensneid gegenüber dem Kind; den Stolz, der das Herz zuschließt; den Geiz, der dem Reichtum des Lebens entgegen ist; die Trägheit, die das Leben lähmt; die Begierlichkeit, die nicht auf das Leben mit den Dingen,

---

[12] Im Verlag A. Henn 1961 neu erschienen.
[13] Vgl. M. Montessori, The Child in the Church, S. 52 ff; dies., Kinder sind anders, S. 208 ff.

sondern auf ihren Genuß aus ist [14]. Seine Haupttugend ist die Geduld, die Fähigkeit, warten zu können und zu hoffen; mit ihr ist die Sanftmut, wie Bollnow aufzeigt, wesentlich verbunden [15]. Sanft ist, wer sich nicht zum Zorn hinreißen läßt. Montessori betrachtet Zorn und Ärger, die der Geduld entgegen sind, als schlimmste Untugenden eines Erziehers.

In ihrem 1916 erschienenen Hauptwerk „L'autoeducazione nelle scuole elementari" fordert Montessori vom Erzieher die Fähigkeit zu wissenschaftlicher Beobachtung des Kindes. Sie erhofft viel von der Wissenschaft für die Erforschung des Menschen, sieht aber besonders in ihrer späteren Zeit den Erzieher im Abstand vom Psychologen, der den Menschen als ein Objekt seines Studiums auffaßt, während der Lehrer eine warme Anteilnahme für das Kind haben muß, die erst dessen tiefere Natur erkennt. Sie gab einem ihrer Bücher den Titel „Das Geheimnis der Kindheit", weil sie überzeugt ist, daß man das letzte Wesen des Kindes nicht beobachtend erfassen kann, sondern daß Ehrfurcht es freigeben und ihm Raum bereiten muß [16]. Das Charakteristikum der Erzieherin in der Montessori-Schule ist und bleibt das Zurücktreten vor dem Geheimnis des Kindes. Sie versucht hinter der zweiten Natur des Kindes mit ihren Abwegigkeiten die eigentliche, die erste Natur zu entdecken. Die Natur des Menschen im Kinde zeigt dem Erzieher den Weg. Der Glaube an diese von Gott geschaffene Natur und der leidenschaftliche Wunsch, dieser Natur zu helfen, bestimmen seine Grundhaltung.

---

[14] Dies., a. a. O., S. 52 ff.
[15] O. F. Bollnow, Neue Geborgenheit (Kohlhammer, Stuttgart 1955), S. 72.
[16] Der Titel der deutschen Übersetzung heißt: Kinder sind anders.

AUSBLICK

Dieses Buch behandelt die allgemeinen pädagogischen Prinzipien Montessoris, bezieht sich aber hauptsächlich auf das Kinderhaus und die Grundschule. Die für die Selbsttätigkeit des Kindes in der Pädagogik Montessoris so wichtigen „Materialien" sind für das Kinderhaus und die ersten Schuljahre sehr vollständig durchgearbeitet. Auch für die Schuljahre bis zum 12. Lebensjahr sind Hilfen bereit.

Die pädagogischen Prinzipien in ihrer Einheit führen den Erzieher und Lehrer jedoch über die Grundschule hinaus. Für die weiterführende Schule tritt das konkrete „Material" zurück. Neben Bücherei, Experiment und Beobachtung gewinnt der „große" Vortrag des Lehrers, der in ein Arbeitsgebiet einführt, und seine Vermittlung technischer Hilfen für die Arbeit des Schülers an Bedeutung. In Holland bestehen mehrere Montessori-Lyzeen, die zum Abitur führen und seit Jahren gute Erfolge haben. Sie entsprechen in ihrer Pädagogik und Methode noch nicht allen Forderungen Montessoris, weil die Regierung und äußere Hindernisse dem bisher entgegenstanden.

Die Pädagogik Montessoris bezieht sich auf den ganzen Menschen von der Geburt an. Es handelt sich nicht einfach um eine Methode für die Schule. In ihren letzten Lebensjahren galt das Interesse Montessoris besonders der Pflege und Erziehung des Neugeborenen. Sie erreichte die Gründung eines Institutes für Pflegerinnen des Neugeborenen in Rom. Sie schrieb über die ersten Lebensjahre das Buch „La mente del bambino", englisch „The absorbent mind".

Montessori gewann ihre erste pädagogische Erfahrung bei schwachsinnigen und zurückgebliebenen Kindern. Ihre Schriften enthalten Anregungen für die Erziehung dieser Kinder. Viele ihrer „Materialien" sind bei diesen zuerst gebraucht worden und werden heute in Schulkindergärten und in Montessori-Hilfsschulen angewandt. Die Kinder der Hilfsschulen brauchen aber mehr Anleitung, und manche Materialien müssen für sie vereinfacht werden. In Deutschland besteht ein Montessori-Arbeitskreis für Hilfsschulen, geleitet von Rektor Walter Wüstefeld, Hilfsschule Stadt Münster (Westf.).

Die Pädagogik Montessoris gab auch Anregung für die Arbeit bei anderen behinderten Kindern. In Dublin (Irland) wurde für die Hospitalkinder ein besonderer Montessori-Kurs eingerichtet, der sie geistig anregt und dadurch auch körperlich fördert [1].

Die Ausbildung von Erziehern, besonders von Kindergärtnerinnen und Lehrern, in der Theorie und Praxis der Pädagogik Montessoris geschieht in Kursen, die von der Association Montessori-Internationale (AMI), Sitz Amsterdam, Koninginneweg 161, veranstaltet oder genehmigt werden. Die Montessori-Vereinigungen in den einzelnen Ländern veranstalten Kurse in Verbindung mit der AMI. In Deutschland besteht die Deutsche Montessori-Gesellschaft, Sitz Frankfurt a. M., Fellnerstr. 1, und die Montessori-Vereinigung für Kath. Erziehung, Sitz Aachen, Geschäftsstelle Köln, Krefelder Wall 54. Die AMI in Verbindung mit den Montessori-Vereinigungen der Länder wacht über die Verwirklichung der „Montessori-Methode", die manchen Verfälschungen ausgesetzt war. Das bedeutet nicht, daß die Pädagogik Montessoris in engen Kreisen eingeschlossen bleiben soll.

Manche Kindergärtnerinnen-Seminare behandeln und pflegen die Pädagogik Montessoris nicht nur flüchtig, sondern mit wachsender Gründlichkeit. An Pädagogischen Hochschulen wächst das Interesse für die Pädagogik Montessoris. Es ist zu bedauern, daß die Studierenden dieser Akademien nicht gründlich genug in die Pädagogik Montessoris theoretisch und praktisch eingeführt werden können, um diese in der Schule nachher gut zu verwirklichen. Zu begrüßen ist, daß die Kenntnis dieser Pädagogik sie wohl zu aufgelockertem Klassenunterricht führen wird. Es wäre jedoch zu wünschen, daß im Plan der Akademien selbst die Einführung in die Pädagogik Montessoris durch mehrere Semester und durch Hospitationen in Schulen durchgeführt würde, damit sie in den Schulen wirksamer werden kann. Es bedeutet zu wenig, wenn die Studenten nur undeutliche Begriffe für den Stil einer solchen Schule mitnehmen.

In den Kursen wird die Kenntnis der Montessori-Pädagogik vermittelt durch Vorträge, Einführungen in das Entfaltungsmaterial des Kinderhauses und die didaktischen Materialien der Schule und durch gründliche Hospitationen in Montessori-Kinderhäusern und -Schulen. Es ist zu bedauern, daß zur Zeit keine gedruckten Handbücher vorliegen. In Studienkonferenzen und Arbeitsgemeinschaften der Montessori-Kreise wird die pädagogische Arbeit theoretisch und praktisch weitergeführt. Gründliche Arbeit ist nötig. Für den, der ein gutes Haus bauen will, ist jeder Stein wichtig. Zugleich aber müßte das Anliegen Montessoris immer mehr im weiten offenen Raum gesehen werden. Das entspricht der Universalität der Einstellung Montessoris und der Tatsache, daß sie in ihrer Praxis nicht Nebenwege betrat, sondern von den ihr offenbar werdenden pädagogischen Grundphänomenen aus den Hauptweg fand.

---

[1] Dominican Convent-Sion-Hill (Blackrock, Dublin).

WERKE MARIA MONTESSORIS

Il metodo della pedagogica scientifica applicato all'educazione infantile nelle case dei bambini. P. Maglione & C. Strini (1909, Rom ³1926). Dieses Buch erschien überarbeitet unter dem Titel „La scoperta del bambino", Garzanti, ³1952. Französisch: Pédagogie scientifique, ²1952.
Antropologia pedagogica. Ed. Francesco Vallardi, Mailand.
L'autoeducazione nelle scuole elementari. P. Maglione & C. Strini, 1916. Neue Ausgabe bei Garzanti in Vorbereitung.
Il manuale. Neapel, Meran 1921.
Educazione e pace. Garzanti, ²1951.
Il bambino in famiglia. Tipografia Tuderte. Todi 1936.
Il segreto dell'infanzia. Garzanti, ⁴1952.
La formazione dell'uomo. Garzanti, ⁴1953.
La Mente del bambino (Mente assorbente). Garzanti, ²1953.
The absorbent mind, revised edition 1959, 5. Aufl. 1964.
Psico-Aritmética. Casa Editorial Araluce. Barcelona 1934.
Psico-Geometría. Casa Editorial Araluce. Barcelona 1934.
De l'enfant à l'adolescent. Desclée de Brouwer (o. J.).
Door Het Kind Naar Een Nieuwe Wereld. Heilo 1941.
Grundlagen meiner Pädagogik (in: Handbuch der Erziehungswissenschaft, Bd. 3, Tl. 1). Verlag Kösel und Pustet, München 1934.
To educate the human potential. Adyar, Madras (Indien).

BÜCHER ZUM THEMA „RELIGIÖSE ERZIEHUNG"

La Santa Messa spiegata ai Bambini. Garzanti, ²1949.
La Vita in Cristo. Ferri, Rom 1931 (die spätere Auflage bei Garzanti, 1949).
The Child in the Church. Sands & Co., London 1930.
God en het Kind. Uitgegeven door het Katholiek Comité „Actie voor God". Heemstede 1939 (ital.: Dio e Bambino, Erscheinungsort nicht zu ermitteln).
I Bambini viventi nella Chiesa. Neapel, Meran 1922.
L'éducation religieuse. Desclée de Brouwer 1956 (dieses Werk enthält: I bambini viventi nella Chiesa, La Vita in Cristo und La Sainte Messe [Le livre ouvert, Le Missel]). Diese dritte Schrift erscheint hier anscheinend erstmalig. Eine ital. Ausgabe konnte nicht festgestellt werden.

DEUTSCHE ÜBERSETZUNGEN

Vergriffen:
Selbsttätige Erziehung im frühen Kindesalter. Verlag Julius Hoffmann, Stuttgart 1928 (erschien 1969 neu bearb. unter dem Titel: „Die Entdeckung des Kindes").
Mein Handbuch. Verlag Julius Hoffmann, Stuttgart 1922.
Erziehung für Schulkinder. Verlag Julius Hoffmann, Stuttgart 1926 (1. Band der Autoeducazione, 2. Band nicht übersetzt).
Das Kind in der Familie und andere Vorträge. Selbstverlag der Montessori-Schule, Wien X, Schölers Verlag, Wien (o. J.).
Kinder, die in der Kirche leben. Die religionspädagogischen Schriften von Maria Montessori. Hrsg. und übers. von Helene Helming. Verlag Herder, Freiburg 1964.
Über die Bildung des Menschen. Herausgegeben und eingeleitet von Paul Oswald und Günter Schulz-Benesch. Verlag Herder, Freiburg i. Br. 1966.

Im Buchhandel sind zur Zeit erhältlich:

Kinder sind anders (Il segreto dell'infanzia). Verlag Ernst Klett, Stuttgart 1952, ⁴1956.
Das Kind in der Familie. Neue Ausgabe. Verlag Ernst Klett, Stuttgart 1954.
Von der Kindheit zur Jugend. Herausgegeben und eingeleitet von Paul Oswald. Verlag Herder, Freiburg i. Br. 1966.
Grundgedanken der Montessori-Pädagogik. Aus Maria Montessoris Schrifttum und Wirkkreis. Zusammengestellt von Paul Oswald und Günter Schulz-Benesch. Verlag Herder, Freiburg i. Br. 1967.
Die Entdeckung des Kindes. Erziehung im frühen Kindesalter. Neu bearbeitet und herausgegeben von Paul Oswald und Günter Schulz-Benesch. Verlag Herder, Freiburg i. Br. 1969.
Das kreative Kind (Der absorbierende Geist). Herausg. und eingeleitet von Paul Oswald und Günter Schulz-Benesch. Verlag Herder, Freiburg i. Br. 1972.
Frieden und Erziehung. Herausgegeben und eingeleitet von Paul Oswald und Günter Schulz-Benesch. Verlag Herder, Freiburg i. Br. 1973.

Weitere *Literatur zur Montessori-Pädagogik* in deutscher Sprache, z. Z. im Buchhandel:
F. J. J. Buytendijk, Erziehung zur Demut, Aloys Henn Verlag, Ratingen 1961.
F. J. J. Buytendijk, Das Menschliche, K. F. Koehler Verlag, Stuttgart. Darin: „Gelebte Freiheit und sittliche Freiheit im Bewußtsein des Kindes".
H. J. Jordan, Mehr Freude mit Kindern. Erfolgreiche Erziehung in der Familie nach Ideen von Maria Montessori. Verlag Herder, Freiburg i. Br. 1968.
Die Schriften von Lubienska de Lenval, einer früheren Mitarbeiterin Montessoris, behandeln besonders religiöse Erziehung im engen Anschluß an Montessoris pädagogische Anregungen: Erziehung zum bewußten Menschsein. Verlag Herder, Freiburg i. Br. 1966; – dies., Die Stille im Schatten des Wortes. Matth. Grünewald-Verlag, Mainz; – dies., Kinder leben aus der Bibel. Otto Müller-Verlag, Salzburg.
Paul Oswald, Das Kind im Werk Maria Montessoris, Verlag Irene Setzkorn-Scheifhacken, Mülheim 1958.
Günter Schulz, Der Streit um Montessori, Verlag Herder, Freiburg i. Br. 1961. Dieses Buch enthält die umfassendste Bibliographie, die bisher zum Thema Montessori erschienen ist.
E. M. Standing, Maria Montessori. Leben und Werk. Verlag Ernst Klett 1957.
Van Veen-Bosse, Konzentration und Geist. Die Anthropologie in der Pädagogik Maria Montessoris. In dem Werk „Neue Aspekte der Reformpädagogik", Quelle & Meyer, Heidelberg 1964.
„Montessori", herausgegeben von Günter Schulz-Benesch, 1970, Wissenschaftliche Buchgesellschaft Darmstadt. Eine Sammlung von Aufsätzen verschiedener Autoren zur Pädagogik Montessoris.
Das Buch von Heinrich Spaemann: Orientierung am Kinde, Meditationsskizzen zu Mt. 18. 3. Patmos-Verlag, Düsseldorf, nennt nicht Montessori, gibt aber ihrer Auffassung vom Kind den von ihr auch genannten religiösen Hintergrund.
Die Entfaltungsmaterialien Montessoris und die didaktischen *Materialien* können von Deutschland aus bestellt werden bei der *Firma Nienhuis,* Den Haag (Holland), Oosterhesselenstraat.

ABBILDUNGEN

HERKUNFT DER ABBILDUNGEN

Sämtliche Vorlagen entstammen dem Archiv der Verfasserin. In folgenden Schulen wurden die Aufnahmen hergestellt:

Aachen, Kinderhaus am Fröbelseminar, das von 1927 bis 1936 bestand: 3, 5, 6, 7, 8, 10.

Aachen, Städtische Montessorischule, die von 1931 bis 1936 bestand: 11, 13, 14, 15, 16, 17, 18, 19, 20, 24, 25, 26, 27, 28, 29, 30, 31, 32, 33, 34, 35, 36, 37.

Berlin-Tempelhof, Schulkindergarten: 4.

Essen-Kupferdreh, Städtische Montessorischule, 1952: 21, 22.

Frankfurt/M., Montessorischule Im Trutz, an der Anna-Schmidt-Schule: 9, 12, 23 (1956).

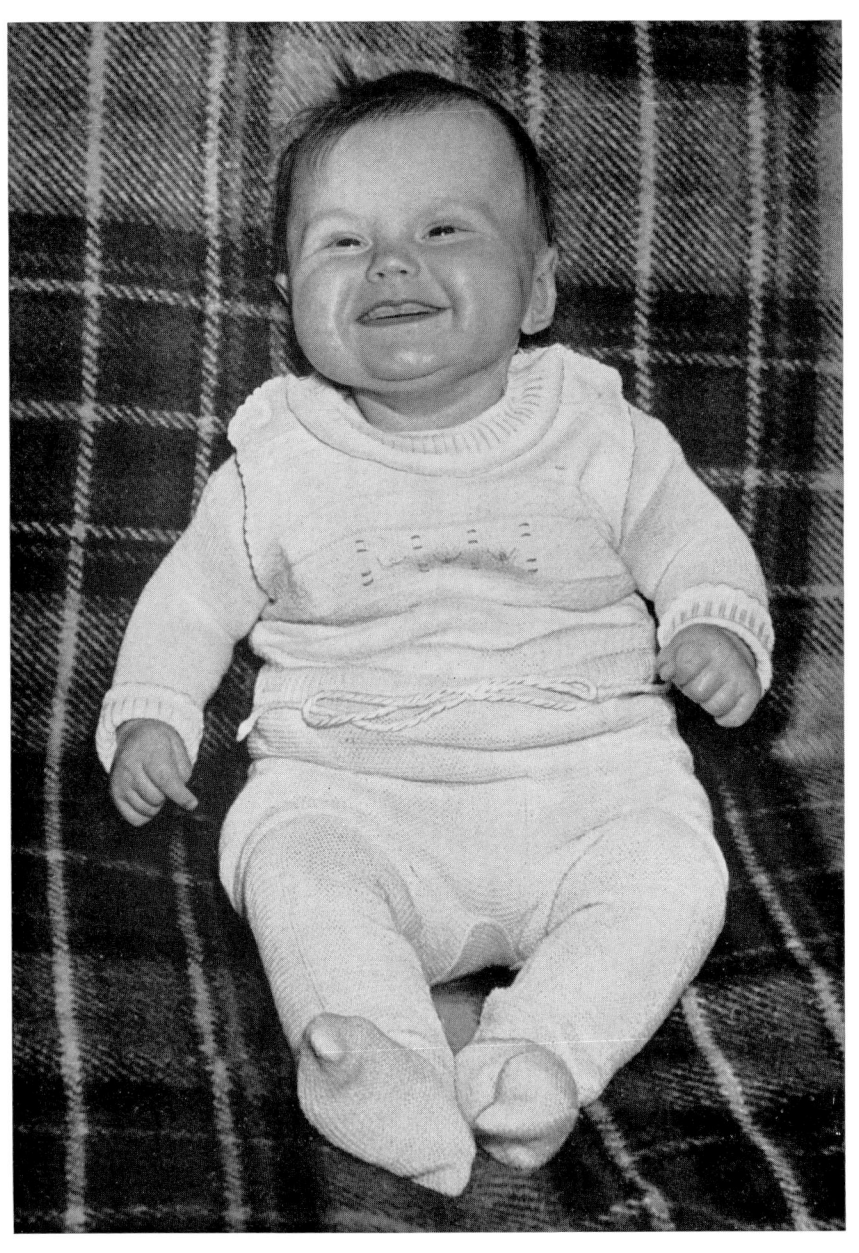

1 Christinchen ist vier Monate alt. Der Blick trifft den der Mutter
   mit menschlich schönem Ausdruck.

2 Die Zweijährige im St. Ultan's Hospital in Dublin beschäftigt sich damit, Reis von einem Gefäß in ein anderes zu schöpfen, ohne ein Körnchen vorbeifallen zu lassen. Eine Montessori-Kindergärtnerin leitet an mehreren Tagen in der Woche bei den kranken Kindern Tätigkeiten im Sinne Montessoris. Die Ärzte bestätigen den sehr günstigen Einfluß auf die Gesundung.

3 Die Dreijährige lernt das Schleifebinden.

4 Der kleine Junge des Schulkindergartens Berlin-Tempelhof putzt mit Hingabe Messing.

5 Das vier- bis fünfjährige, von zu Hause sehr ungeordnete Kind paart sorgsam die Farbtäfelchen, lernt Achtsamkeit und Unterscheidung.

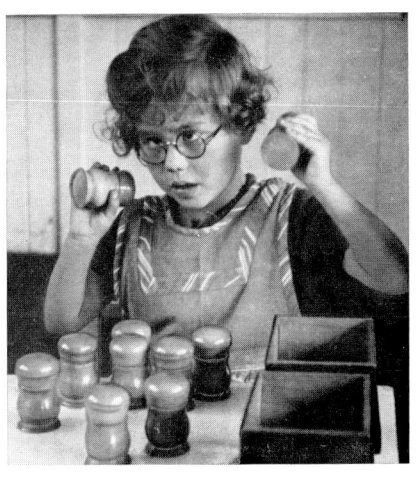

6 Holzdosen, die beim Schütteln verschiedene Geräusche ergeben, ordnet das Kind zu gleichen Paaren. Der Ausdruck des Horchens ist deutlich.

7 Eine Vierjährige webt. Ein Kasten mit Resten bunter Wolle steht bereit. Rahmen, die fest auf dem Tisch aufliegen, erleichtern die Arbeit.

8 Eine Vierjährige macht die Übung des Gehens auf der Linie.

9 Acht Kinder der ersten zwei Schuljahre sind mit verschiedenen Arbeiten beschäftigt. Zu den Perlen auf dem Fußboden werden Kärtchen mit Ziffern gelegt. Die Lehrerin im Hintergrund gibt einem Kind eine Lektion.

10 Berührung der Sandpapier-Buchstaben nach Einführung durch die Lehrerin. Der Laut wird vom Kind ausgesprochen.

11 Marianne, erstes Schuljahr, liest den Namen eines Steins, und Ruth sucht aus der Sammlung den rechten dazu.

12 Das kleine Mädchen ist daran, lesen zu lernen. Zu den Namen der Dinge legt es auf besonderen Karten die Artikel, und es holt zu jedem Namen den Gegenstand herbei: erstes Schuljahr.

13 Die Kinder haben mit dem beweglichen Alphabet Sätze gelegt und unterscheiden die Wortarten durch Hinzufügen farbiger Symbole.

14 Gundula kann lesen und liest aus dem dicken Grimmschen Märchenbuch einem andern Kind vor.

15 Unter Karten mit den Ziffern 1 bis 10 werden die Plättchen (Chips) in entsprechender Anzahl paarweise angeordnet.

16 Kinder des ersten Schuljahres üben das Zählen an langen, in Zehner geteilten Perlenketten.

17 Übung mit der „Fressenden Schlange", Addition, Umwechseln in Zehner und Fehlerkontrolle erfolgen dabei.

18 Übung des Einmaleins auf der Multiplikationstafel, in welche die Reihen von 3, 5 usw., hier 9 Perlen, gelegt werden.

19 Arbeit von Additionen, Subtraktionen oder Multiplikationen mit Hilfe des Rechenrahmens. Die Perlen sind Symbole für Einer, Zehner, Hunderter, Eintausender, Zehntausender usw. Übung des Umwechselns in niedere und höhere Einheiten.

20 Division größerer Zahlen mit Hilfe von Perlenmaterial in Röhrchen von zehn Perlen und der Multiplikationstafel.

21 Ein Kind des vierten Schuljahres macht Multiplikationen größerer Zahlen mit Hilfe des sogenannten Schachbretts und Perlen.

22 Jungen des sechsten Schuljahres berechnen Flächen mit Hilfe des Montessori-Materials.

23 Eine Schülerin hat einen zusammengesetzten Satz analysiert und erklärt den anderen Kindern den Vorgang (vgl. Abb. 44).

24 Die Kinder sind mit den Vögeln vertraut. Hier pickt ein Vogel das Futter aus der Hand.

25 Die beiden Schwestern berühren interessiert und liebevoll die knospenden Kastanienzweige.

26 Kinder des ersten Schuljahres legen Namenkärtchen zu knospenden Zweigen, nachdem die Lehrerin die Einführung gegeben und die Namen aufgeschrieben hat.

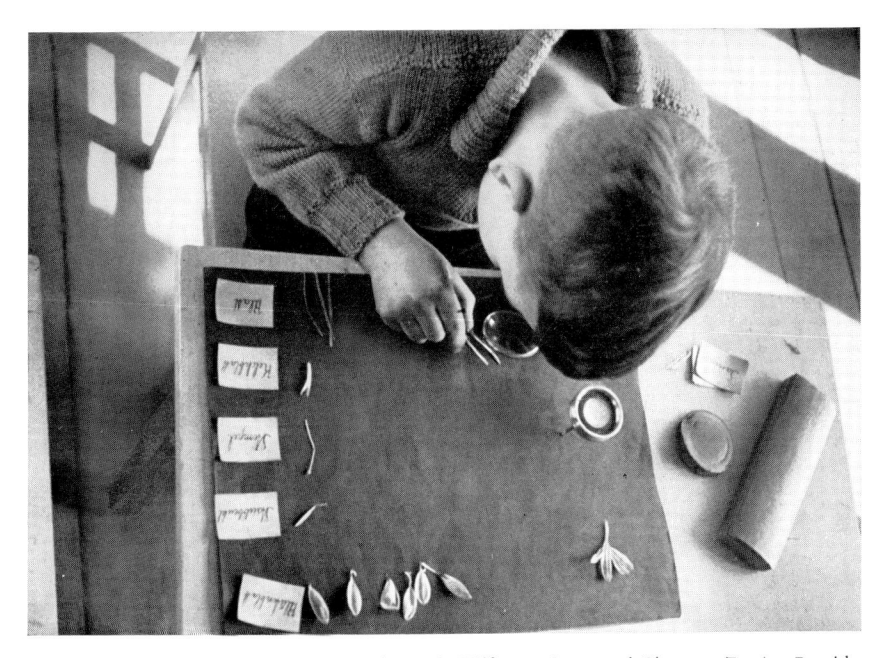

27/28 Franz untersucht den Bau einer Blüte mit Hilfe von Lupe und Pinzette. Zu den Bezeichnungen der Blütenteile legt er diese selbst.

29 Der große Globus interessiert die kleinen Kinder; er wird ihnen ein Symbol, sie ahnen, was Erde und Land und See bedeuten.

30 Ernst und Franz, erstes Schuljahr, haben das Schulgrundstück ausgemessen und zeichnen einen Grundriß.

31/32 Erwin steckt in die „stumme" geographische Karte Fähnchen mit Namen.

33/34 Für Kinder des ersten Lesealters liegen „Befehlszettel" in einem Körbchen bereit, die eine Leseübung bedeuten und Aufgaben stellen, z. B. die eines chemischen oder physikalischen Versuches.

35/36/37 Der Lehrer spielt Laute, ein Kind bläst Flöte; die Kinder, die dazu Reigen tanzen, sind erfüllt von Fröhlichkeit.

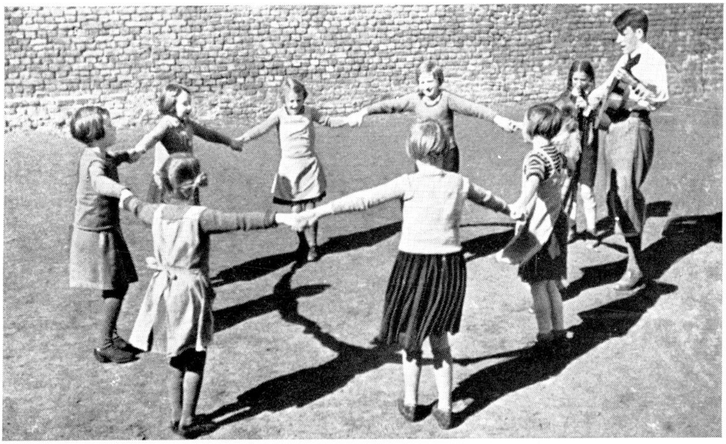

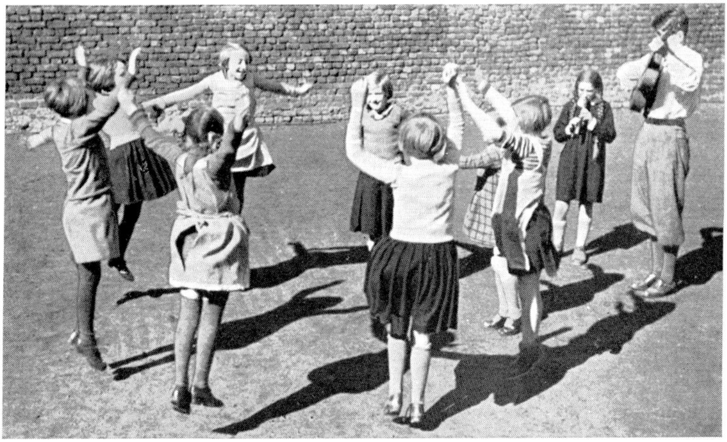

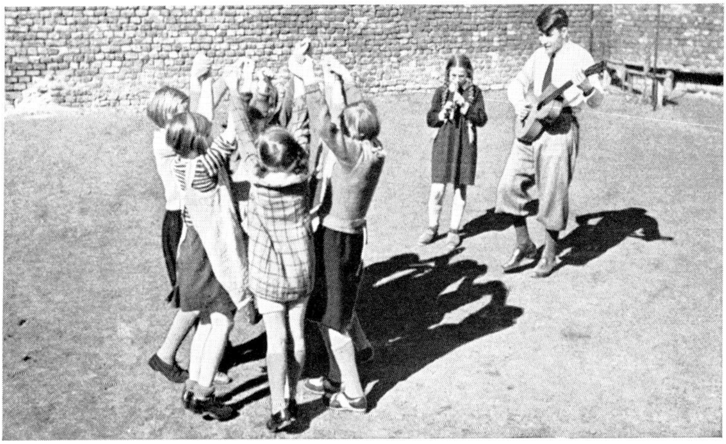

38/39 In einer einklassigen Landschule hat der Lehrer freie Arbeit im Sinne Montessoris eingeführt. Interesse und Arbeitsfreude sind eingekehrt.

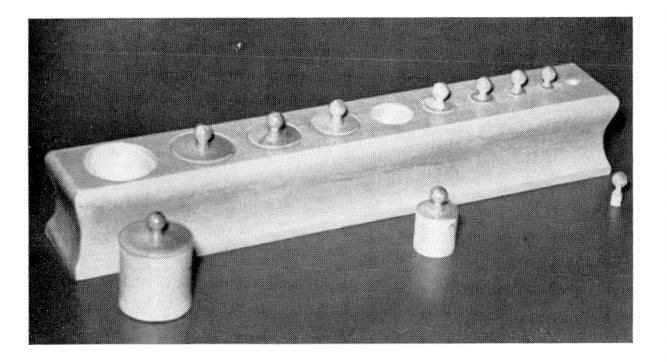

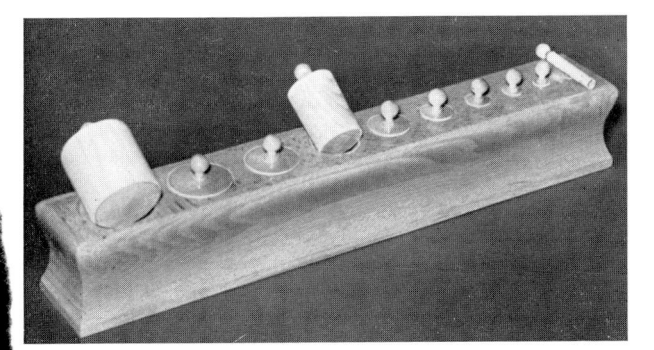

40/41 Einsatzzylinder.   42 Der Turm.

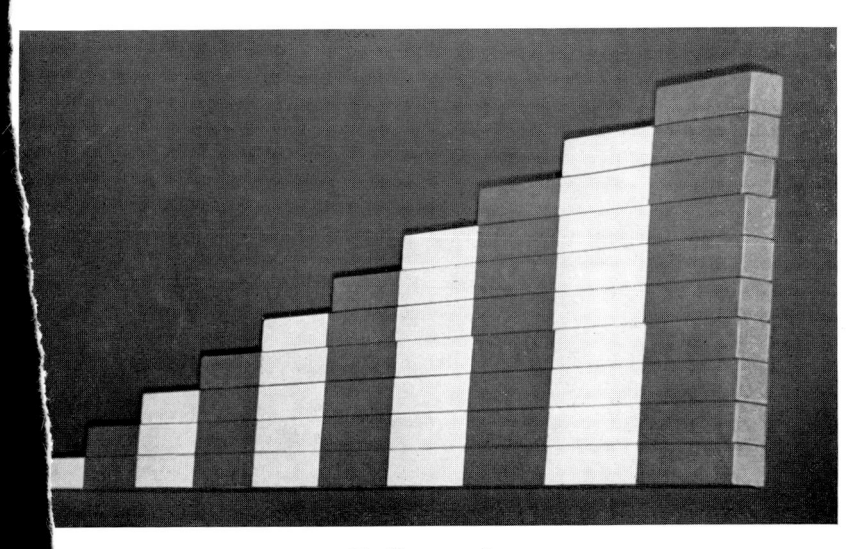

43 Die blau-roten Stangen.

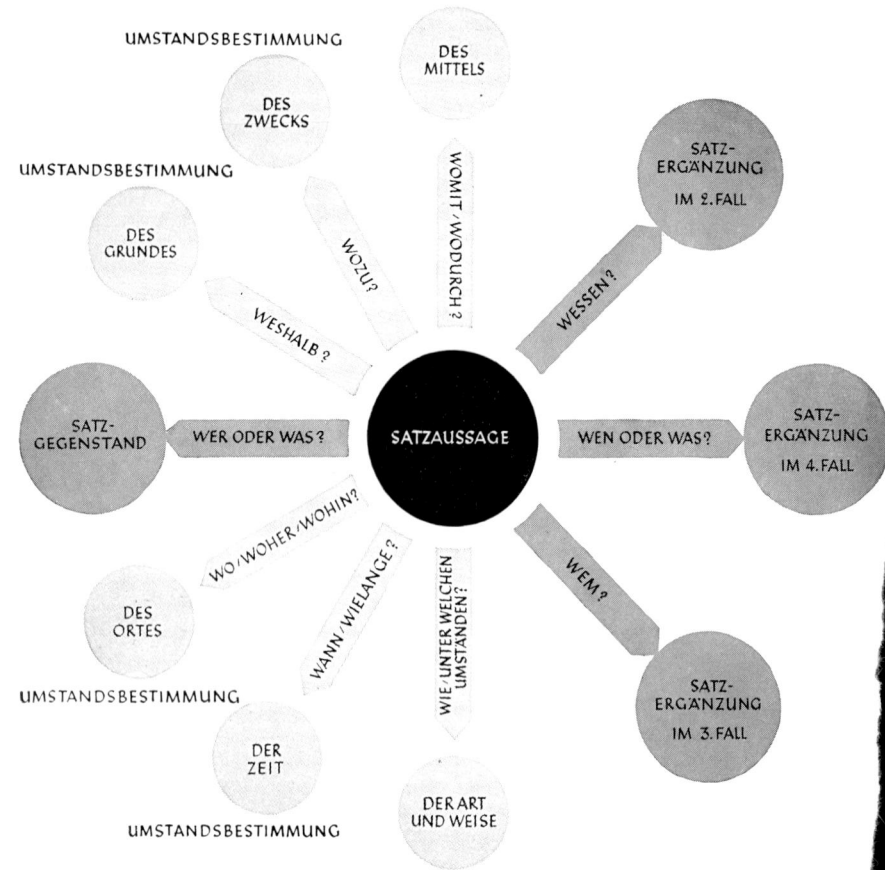

44 Holzscheiben und Pfeile als Hilfe für die Satzanalyse.